六訂版

経済産業省

「経理・財務サービス・スキルスタンダード」
を活用した

会社「経理・財務」の
基本テキスト

一般社団法人 **日本CFO協会** 編著

税務研究会出版局

は　し　が　き

◆「経理」と「簿記・会計」の違い

　「経理」の仕事というと「簿記」や「会計」を思い浮かべる人が多いと思いますが、「簿記」「会計」と「経理」は大きな違いがあります。「簿記」「会計」は会社の活動を正確に記録し、会社の財政状態を正確且つ客観的にとらえるための技術です。このおかげで国境を越えて多くの会社と取引したり、また様々な会社に投資したりすることができるのです。「簿記」「会計」は会社の財政状態を知るためには不可欠な世界共通言語といってもいいでしょう。

　では「経理」とは何でしょうか。経理は理論や技術ではなく、会社を正しく経営していくために必要な考え方や実務のことです。

　例を挙げれば、ある商品を売った場合、まだ代金を回収していなければ簿記では〈売掛金／売上高〉の仕訳が行われるだけですが、経理という点ではその手続きを通じて与信管理、受注契約、請求、代金回収などの様々な検討や実務処理が行われます。簿記や会計を学ぶだけではこうした実務をどのようにすればいいのかはわかりません。栄養や食品についての知識がどれだけあっても、それだけでいい料理ができないのと同じです。

　経理という実務は「簿記」や「会計」のように理論や技術として世界共通で認識されたものではなく、様々な会社で独自のやり方で行われてきました。先ほどの売上に関する実務でも、同じグループの会社でありながらも親会社と子会社では違ったプロセスで行われているということが10年以上前では珍しくありませんでした。いわゆる属人的に仕事が行われていたということです。ここに目を付けたのが経済産業省でした。

◆経済産業省の取組み

　2004年に経済産業省が「経理・財務サービス・スキルスタンダード」を公表しました。これは、日本を代表する先進企業の経理・財務の幹部の方々に集まって頂き、経理・財務の業務プロセスを標準化、可視化し、さらにその業務に必要なスキルを具体的に明らかにしたものです。2008年には「経理・財務サービス・スキルスタンダード2.0」を公表し、経理・財務の業務について、どのようなリスクがあって、そのリスクをどのように統制すればよいのか、いわゆるリスクとそのコントロールといった内部統制の視点を加えました。このスタンダードを活用することで自分の会社の経理・財務の業務を見直したり、整備できていない部分を補ったりすることができるようになりました。

　経済産業省は属人的なやり方で会社によって様々なやり方で行われていた経理の仕事や実務プロセスを標準化することで、会社を転職したとしても新しい職場で経理の仕事をするときに困らない社会を作り、シェアード・サービスやアウトソーシングなど経理という仕事の市場の成長を促すこ

とが狙いでした。いまやシェアード・サービスやアウトソーシングも普及してきましたが、何よりもこの標準化は経理という仕事の高度化を大きく支援したことは言うまでもありません。

ところで、経理という言葉を説明していたはずですが、途中から財務という言葉が加わっています。財務は主に資金の管理や資金の調達・運用といった業務のことで、経理の一部として説明されることも少なくありませんが、ここではあえて経理とは分けて財務という言葉を使っています。経理部というところで経理も財務も行っていたり、財務部という組織で経理を行っていたりする会社もあります。また会計部、会計課など、経理と財務という言葉を使っていないことも多々あります。実際には言葉の定義があいまいな経理・財務ですが、経理・財務サービス・スキルスタンダードでは、経理と財務を正確に定義して記述していることが特徴です。

◆「経理・財務サービス・スキルスタンダード」
　経理・財務サービス・スキルスタンダードは、経理・財務の業務を定義して、それぞれの業務の機能やプロセスの内容を説明した「業務マップ」と、それぞれの業務・機能・プロセスのフローをチャート形式でまとめた「プロセスマップ」の二つが主な内容で、ホームページからダウンロードして自由に加工できるようになっています。
　しかし、このスタンダードは非常に膨大な記述から構成されていて、経理・財務の経験が比較的浅い企業人が、実務を体系的に勉強するには不向きです。そこで企画されたのがこの本で、経理・財務サービス・スキルスタンダードの中から基本的な業務を厳選して、わかりやすくコンパクトに解説していますので、経理・財務業務の全体像がよくわかるようになっています。なお、本テキストでは、業種や業態、会社の規模にかかわらず、ほぼ全ての会社で汎用的に行われている基礎的な内容に絞って解説してあり、企業買収のように一般には日常的な仕事ではないものは除外しています。

◆経理・財務スキル検定（FASS）
　本テキストは、日本CFO協会が経済産業省の委託を受けて開発し、2005年から実施している経理・財務スキル検定「FASS」（以降、「FASS検定」）の対象範囲をほぼ網羅しています。FASS検定は、経理・財務の実務スキルを客観的に評価することを目的としたもので、多くの企業において経理・財務のスキルアップを目的に活用されており、既に7万4千人を超える方が受験しています。2012年からは英語・中国語をはじめとした7か国語での受験が可能となっており、世界中の経理・財務分野の企業人が受験しています。本テキストで学んだことを確認するためにも、是非、FASS検定の受験にもチャレンジして頂ければと思います。

◆最後に
　近年、デジタルテクノロジーの発展などビジネスにおける環境変化は目まぐるしいものがあります。当然、経理・財務の仕事もこれに対応して変化し高度化が進められています。六訂版の刊行に

あたっては、五訂版以降の法令や会計基準の改正による影響はもちろんのこと、テクノロジーの進化がもたらす様々な影響にも対応する形で最新の経理・財務の実務を織り込んでいます。本テキストを積極的に活用していただき、よりレベルの高い企業人を目指して頂きたいと願っています。

　最後になりましたが、本テキスト六訂版の発行にあたり NTT ファイナンスの皆様をはじめ公認会計士の乾隆一様、税理士の金田一好子様に大変お世話になりました。この場をお借りして、心からお礼を申し上げます。

2023年 9 月
一般社団法人日本 CFO 協会
専務理事　谷　口　　宏

◆ も く じ ◆

〔用語（省略表現）の凡例〕

（略語）　　　　　（正式用語）

ＢＳ…………貸借対照表（Balance Sheet）

ＰＬ…………損益計算書（Profit and Loss Statement）

ＳＳ…………株主資本等変動計算書（Statement of Shareholders' equity）

ＣＦ…………キャッシュフロー（Cash Flow）

〔法令等の凡例〕

（略称）	（法令等の名称）	（略称）	（法令等の名称）
会	会社法	民	民法
会規	会社法施行規則	法法	法人税法
計規	会社計算規則	法令	法人税法施行令
金商	金融商品取引法	法規	法人税法施行規則
開示府令	企業内容等の開示に関する内閣府令	法基通	法人税基本通達
		連基通	連結納税基本通達
開示ガイド	企業内容等の開示に関する留意事項について（企業内容等開示ガイドライン）	措置法	租税特別措置法
		措置法令	租税特別措置法施行令
		措置法規則	租税特別措置法施行規則
財規	財務諸表等の用語、様式及び作成方法に関する規則（財務諸表等規則）	通則法	国税通則法
		通則法令	国税通則法施行令
		通則法規則	国税通則法施行規則
連財規	連結財務諸表の用語、様式及び作成方法に関する規則（連結財務諸表規則）	地法	地方税法
		地令	地方税法施行令
		地規	地方税法施行規則
財規ガイド	「財務諸表等の用語、様式及び作成方法に関する規則」の取扱いに関する留意事項について（財務諸表等規則ガイドライン）	消法	消費税法
		消令	消費税法施行令
		消規	消費税法施行規則
		消基通	消費税法基本通達
連財規ガイド	「連結財務諸表の用語、様式及び作成方法に関する規則」の取扱いに関する留意事項について（連結財務諸表規則ガイドライン）	耐用年数省令	減価償却資産の耐用年数等に関する省令
		電帳法	電子計算機を使用して作成する国税関係帳簿書類の保存方法等の特例に関する法律
会計原則	企業会計原則	IFRS	国際財務報告基準（International Financial Reporting Standards）
会計原則注解	企業会計原則注解		

（使用例）　会社法第362条第4項第5号　→　会362④五

（注）　本書の内容は、原則として、2023（令和5）年4月1日現在の法令等に基づいております。

本テキストのご利用にあたって

（1）　経理・財務サービス・スキルスタンダードとは

　2004（平成16）年5月27日に、経済産業省より「経理・財務サービス・スキルスタンダード」（以下「スキルスタンダード」といいます。）が公表されました。これは、今後の日本経済の重要な担い手となり得るサービス産業のうち、企業の競争力向上に貢献する「事業支援サービス」の市場構築を促すため、企業の経理・財務部門の業務プロセスと業務遂行に必要なスキルを可視化したものです。

　スキルスタンダードは、次の7つの資料で構成されています。

① 経理・財務業務全体を36のカテゴリーに分類した「**鳥瞰図**」（P.5参照）

② カテゴリーごとに詳細な業務プロセスにまで分解し、各業務プロセスの内容を解説する「**業務マップ**」

③ 業務プロセスを作業手順に沿ってフロー化した「**プロセスマップ**」

④ 業務の遂行に必要とされる知識スキルを列挙した「**【知識】スキルディクショナリ**」

⑤ 知識スキルごとにポイント及びスキルレベルの判定基準を示した「**【知識】スキルサマリ**」

⑥ 業務遂行のための行動を示した「**【行動】スキルディクショナリ**」

⑦ 「**【行動】スキルディクショナリ**」の項目ごとに、スキルレベルの判定基準を示した「**行動スキルサマリ**」

　「スキルスタンダード」は、「事業支援サービス」（言い換えればシェアードサービス、アウトソーシングサービス、人材派遣サービスなど）の委託側企業（会社が求める人材・スキル）、受託側企業（提供できる人材・スキル）及びそこに従事する社員等（自分が習得しているスキル）の三者の間をつなぐ共通言語（概念）として、今後幅広く活用されていくものとなります。

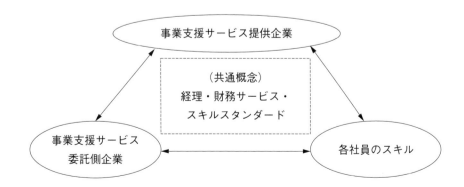

（2）　本テキスト作成の趣旨

　本テキストは「スキルスタンダード」を基本フレームとしつつ、さらに実務に即した解説を加えることにより、委託側企業、受託側企業及びそこに従事する社員等の三者が、共通言語である「スキルスタンダード」への理解を深める一助として頂くことのほか、経理・財務業務に従事する（あるいは今後従事する予定の）方々に、経理・財務業務の基礎を体系的に理解するための教材としてご活用頂くために、作成したものです。

　「スキルスタンダード」では、経理・財務部門の業務が売掛債権管理や法人税申告業務など、全部で36項目に分類されていますが、本書では、経理・財務業務の基礎的で汎用性のある内容とするため、「企業買収」、「資本政策」など、実務担当者のルーチン業務にそぐわない業務や、会社ごとに仕組みが大きく異なる「経費管理」などの管理会計関連業務については、記載の対象外とさせて頂きました（後述の「テキスト作成項目一覧表」を参照）。

　また、記載内容は、製造業・商業・サービス業など各業種の方々に幅広くご活用頂けるよう、経理・財務業務一般に共通する汎用性のある事項を記載しています。

（3）　テキストの構成と本書の使い方

　このテキストは、経理・財務サービス・スキルスタンダードの鳥瞰図で示されている「項目」（本テキストでは「大分類」と呼びます。）の区分ごとに、①分類とポイント・解説、②業務プロセスと取引仕訳、③詳細解説の３つのシートで構成されています。それぞれのシートにおける記載内容は次のとおりです。

①　分類とポイント・解説

　経理・財務業務を、大分類、中分類、小分類の３段階で展開し、小分類ごとにその業務内容を簡潔に説明したものであり、スキルスタンダードの「業務マップ」として示されたものとほぼ同内容のものです（**注**）。

　読者の皆さんにとって経験のない業務であっても、これを一読することにより、それが概ねどんな業務であるかを理解できます。一般的に「経理・財務業務」と呼ばれるものの全体像を理解しておくためにも、できればこの「ポイント・解説」の部分について、ひととおり目を通されることをお勧めします。

　（**注**）　「業務マップ」における記載区分との対応関係
　　　　〈本テキスト〉　　〈業務マップ〉
　　　　　大分類　…………　会社機能
　　　　　中分類　…………　経理・財務機能
　　　　　小分類　…………　業務プロセス

② 業務プロセスと取引仕訳

　「分類とポイント・解説」で示された各業務をフロー化したもので、業務実施にあたって必要となる資料や関連する業務とのつながりがわかるようになっています。スキルスタンダードの「プロセスマップ」として示されたものとほぼ同内容のものですが、本テキストでは更に、経理・財務の実務担当者の参考となるよう、会計処理が発生する業務部分に「仕訳処理」として一般的な仕訳例を示しました。ですから、業務上で発生する会計処理とセットで各業務への理解を深めることができます。

　なお、フロー図における網かけ部分は、例示業務や関連資料であることを意味しています。

③ 詳細解説

　各業務の中で特に「重要」あるいは「注意が必要」と考えられるものをいくつかピックアップし、それぞれについて、業務上使用する用語、業務実施にあたってのポイント・留意点、関連する法令などを具体的に解説しました。実務に携わるにあたって最低限必要となる事項を解説していますので、読者の皆さんが携わる業務については是非とも理解しておいて頂きたい内容です。

　なお、大分類の項目ごとに概ね２〜３の中分類をピックアップして解説していますので、「詳細解説」の記載が無い中分類項目があることをあらかじめご理解下さい。

　以上のような構成となっていますので、経理・財務業務全般について手早く概要を理解したい場合には、①分類とポイント・解説のシートだけを選んで読み進んで頂くことができます。また、特定の業務について体系的に理解したい場合には、該当の大分類について①分類とポイント・解説、②業務プロセスと取引仕訳、③詳細解説の３つのシートを読み進んで頂くことができます。以上のように、このテキストは、読者の皆さんの目的に合わせて使い分けできるようになっています。

【テキスト作成項目一覧表】

項番	項目（大分類）	備考	項番	項目（大分類）	備考
1	売掛債権管理		19	現金出納管理	
2	買掛債務管理		20	手形管理	
3	在庫管理		21	有価証券管理	
4	固定資産管理		22	債務保証管理	
5	ソフトウェア管理		23	貸付金管理	
6	原価管理	解説省略	24	借入金管理	
7	経費管理	解説省略	25	社債管理	
8	月次業績管理		26	デリバティブ取引管理	
9	単体決算業務		27	外貨建取引管理	
10	連結決算業務		28	資金管理	
11	外部開示業務		29	資産流動化業務	解説省略
12	中長期計画管理	解説省略	30	企業買収	解説省略
13	年度予算管理	解説省略	31	会社分割	解説省略
14	税効果計算業務		32	解散・清算	解説省略
15	消費税申告業務		33	株式公開	解説省略
16	法人税等申告業務		34	株式発行増資	解説省略
17	グループ通算制度		35	資本政策	解説省略
18	税務調査対応		36	ストックオプション	解説省略

（注）　表中の各項目は、経理・財務サービス・スキルスタンダードの鳥瞰図に対応しています。

経理・財務業務／鳥瞰図

（経済産業省「経理・財務サービス・スキルスタンダード」より）

経理業務

領域	経理業務																	
項目	[1]売上債権管理	[2]買掛債務管理	[3]在庫管理	[4]固定資産管理	[5]ソフトウェア管理	[6]原価管理	[7]経費管理	[8]月次決算業績管理	[9]単体決算業務	[10]連結決算業務	[11]外部開示業務	[12]中長期計画管理	[13]年度予算管理	[14]税効果監査業務	[15]消費税申告業務	[16]法人税等申告業務	[17]グループ通算制度対応	[18]税務調査対応
業務内容	売上業務	購買業務	残高業務	資産取得	製作	予算策定	年度予算管理	月次決算	決算準備	期中対応	決算短信	マネジメント計画策定支援	マネジメント予算策定支援	繰延税金資産・負債確定	日常対応	日常業務対応	事前準備	調査事前準備
	債権残高管理	債務残高管理	受払残高管理	減価償却費管理	残高管理	実績管理	日常管理	業績分析	決算手続	決算準備	決算発表	部門計画管理	部門計画管理		消費税申告・納付	法人税中間申告・納付	連結納税計算	調査対応
	滞留債権対応	値引・割戻	適正在庫管理	現物管理	減価償却費管理				役員報告	データ情報収集	商法決算					法人税確定申告・納付	連結納税申告・納付	
	値引・割戻			資産評価（減損）	メンテナンス対応				監査対応	決算手続	有価証券報告書作成							
				資産除却							アニュアルレポート作成							
				リース管理														
				固定資産税申告・納付														

財務業務／非定型業務（企業再編／資本政策 等）

領域	財務業務													非定型業務（企業再編／資本政策 等）				
項目	[19]現金出納管理	[20]手形管理	[21]有価証券管理	[22]債務保証管理	[23]貸付金管理	[24]借入金管理	[25]社債管理	[26]デリバティブ取引管理	[27]外貨建取引管理	[28]資金管理	[29]資金流動化業務	[30]企業買収	[31]会社分割	[32]解散・清算	[33]株式公開	[34]株式発行増資	[35]資本政策	[36]ストックオプション
業務内容	銀行振込入出金管理	受取手形	中期運用	［グループ向］債務保証	融資	借入実施	社債発行	ヘッジ取引	為替予約	中長期財務管理	事前準備	買収資金計画策定	事業再編方針策定	解散手続実施	株式公開体制整備	調達必要資金確定	資本政策策定	ストックオプションプラン策定
	小口現金管理	小切手入手	短期運用	［連帯保証］	［グループ向］融資	借入残高管理	社債残高管理	ポジション管理	期末評価	単年度資金管理	スキーム実行	プロジェクト体制整備	分割方策検討	清算事務手続	関係会社整備	調達方法確定	施策実行	付与手続
	現預金残高管理	支払手形	投資	債務保証残高管理	融資残高管理			時価評価	外貨預金管理			買収候補選定	分割体制整備	清算実行確定申告	申請書類整備	調達実行		権利行使対応
		小切手振出	残高管理	債務保証料管理	融資条件見直							買収検討最終化	分割実行		会計制度整備			
			売却									買収価格交渉			株式公開手続			
			評価									買収監査						
			受取配当金管理															

【経理・財務スキル検定（FASS検定）試験の概要と今後の展望】

● FASS検定構築の経緯 ●

　経理・財務スキル検定（FASS検定）とは、経済産業省の発案により現役経理財務部門から1,000人の方が集まって開発し、検定試験の"専門家"により実施された「経理・財務」の実務能力を測定する診断テストであり、特に経理・財務の現場における管理職昇進に向けた必須の試験としてご活用いただいております。

　経済産業省は、経理・財務部門の組織・人材配置の最適化と人材の流動化を目的として、経理・財務業務の流れや各業務に必要なスキルを整理した「経理・財務サービス・スキルスタンダード」を2003年に作成し、翌2004年には、経理・財務実務能力を測定する検定試験開発のための実証実験を行いました。約50社から経理・財務部門のマネージャーの方々にご協力を頂いて作成したパイロット版の試験問題を部下スタッフの方々に受験していただき、この結果データを検証・分析することで現場での有効性・適正性が証明された経理・財務スキル検定（FASS検定）を2005年下期よりスタートし、累計約76,000名の方々に受験いただいております（2023年3月末現在）。

● FASS検定の特徴 ●

（企業における実務経験が求められる試験）

　試験問題には会計処理基準やルールを問う試験問題も含まれておりますが、実務経験が無いと対応できない試験問題が多くあります。例えば、業務手続きにおける内部統制機能（業務処理統制）を問う試験問題などは、日常業務の経験を持って仕事のポイントをイメージできることが必要になります。まさに経理・財務の実務能力を測定する試験なのです。

（スキルアップに活用できる試験結果）

　FASS検定は合否の試験ではなく、実務能力を総合的に測定する試験なのでスコア（得点）とスコアに応じた5段階のレベル（A～E）及び分野別（資産・決算・税務・資金）の正答率をご提供しております。更に、受験した結果を次のステップアップにつなげていただける様に、各分野について、残念ながら不正解となってしまった主な試験問題の設問内容（設問意図・目的）をご提供し、これからどういった業務範囲を学習すべきかを特定いただくことができます。

● FASS グローバルテストの展開 ●

　企業活動のグローバル化や会計制度の国際化への対応に伴い、海外拠点を含めた企業グループ全体の経理・財務人材のスキル向上が課題になっています。そのため国境を越えた共通のモノサシとして経理・財務の実務スキルを測定できる「世界統一 FASS 検定」の検討・開発を経済産業省による「経理・財務人材育成事業」として2010年度にスタートし、より現場のニーズに対応した内容に再編を行い、2015年度より「KPMG グローバル・ジャパニーズ・プラクティス」のサポートのもと「FASS グローバルテスト」としてリニューアル致しました。

　試験範囲を海外法人／中堅・中小規模の経理・財務業務にフォーカスし、国の違いに関わらず標準的に求められるスキルに特化した試験となり、7ヶ国語（英語・中国語・韓国語・インドネシア語・ベトナム語・タイ語・日本語）から受験言語を選択することができます。

　これまで総勢約3,300名（2023年3月末現在）の現地スタッフの方々に受験いただいております。

　今後も企業の経理・財務人材管理にご活用いただける必須の試験として更なる充実化を進めていきます。

※関連 Web サイト
　　＜経理・財務スキル検定（FASS）＞　　　https : //www.cfo.jp/fass/
　　＜FASS グローバルテスト＞　　　　　　https : //www.cfo.jp/fass_global_test/

大分類　1　売掛債権管理

大分類	中分類	小分類	ポイント・解説
1 売掛債権 管理	1.1 与信管理	1.1.1 【新規】 限度設定	新規の取引先の財務情報等から与信の可否、取引限度額及び取引条件等を設定します。 判断材料のひとつとして、信用調査機関による評価結果を参考とすることができます。　詳細解説　P.19
		1.1.2 【継続】 評価見直	継続取引先に対し、最新の財務情報等に基づいて、取引限度額や取引条件の見直しを行います。特定の取引ではなく、同一取引先に対する会社トータルとしての債権回収状況をタイムリーに把握したうえで、評価見直しを検討することが望まれます。　詳細解説　P.19
	1.2 契約 （受注）	1.2.1 限度確認	継続取引先に対し、既定の与信限度額への充足状況を確認します。与信限度額を上回る見込みの場合は、取引内容の再検討を行います。　詳細解説　P.21
		1.2.2 契約内容 検証	契約内容を確認し、会社に不利な条件・条項の有無等を検証します。特段の理由が無い場合には、会社に不利な条件・条項が無くなるよう、契約先に対して契約条件の変更等を依頼します。　詳細解説　P.21
		1.2.3 反社 チェック	契約相手が反社会的勢力でないことを確認します。 　詳細解説　P.21
	1.3 売上計上 （収益認識に関する会計基準）	1.3.1 売上計上 （収益認識に関する会計基準）	約束した商品又はサービスの顧客への移転を当社が権利を得ると見込む対価の額で描写するように、収益を認識します。この原則に従って収益を認識するため、5ステップを適用します。 　詳細解説　P.23
	1.4 請求	1.4.1 請求手続	売上の計上基準が出荷基準の場合には、出荷の事実を確認し、取引先に対する請求書発行手続きを行います。
	1.5 決済	1.5.1 入金	入金額と入金内容を確認し、請求書発行記録と照合したうえで、振込入金処理を行います。
		1.5.2 債権消込	入金処理に伴い、対象債権明細の消込みを行います。毎月又は複数の取引先に対して同額の請求書を発行している取引の場合には、消込み誤りとならないように注意する必要があります。
	1.6 顧客別 債権管理	1.6.1 顧客別 元帳管理	債権残高を適正に把握し、与信管理の基礎データとするために、顧客別の元帳管理を行います。　詳細解説　P.26
		1.6.2 債権残高 確認準備	確認が必要とされる債権相手先を定義し、債権残高確認書の発行準備を行います。　詳細解説　P.26

分類とポイント・解説

分類とポイント・解説

大分類	中分類	小分類	ポイント・解説
		1.6.3 債権残高確認実行	債権残高確認書を債権相手先に発行します。 詳細解説 P. 26
		1.6.4 確認書回収	債権残高確認書を回収し、確認結果を取りまとめます。 詳細解説 P. 26
		1.6.5 債権回収状況管理	顧客別の債権回収状況を管理します。債権残高確認の結果、計上額に誤りがある場合には、根拠資料を揃えたうえで、必要な補正処理を実施します。 詳細解説 P. 26
	1.7 期日別債権管理	1.7.1 期日別債権残高報告	決済期日別に債権残高の内容を報告します。決済期日を超過した債権については、その理由を確認します。長期未回収分は滞留債権として管理することとなります。 詳細解説 P. 27
	1.8 滞留債権対応	1.8.1 滞留債権報告	滞留債権に関し、原因・対応策等を報告します。 詳細解説 P. 28
		1.8.2 貸倒引当金計上	滞留債権残高に対し、実質的に回収不能と見積もられる額について、貸倒引当金を計上します。合理的根拠に基づいて、期末の貸金残高に対する貸倒引当金の計上額を算定します。 詳細解説 P. 28
	1.9 値引・割戻対応	1.9.1 調整額検証(契約有)	契約に基づき、調整内容を検証します。
		1.9.2 調整額検証(契約無)	要因・経緯を確認し、調整内容を検証します。
	1.10 支払	1.10.1 請求内容検証	請求内容を検証します。
		1.10.2 支払依頼	請求の承認を踏まえ、支払依頼を行います。
		1.10.3 支払実行	支払処理を行います。
	1.11 クレジットカード取引	1.11.1 クレジットカード決済	クレジットカードによる決済を行った場合、通常の取引と異なるところがあるため、注意が必要です。

【1.1 与信管理】

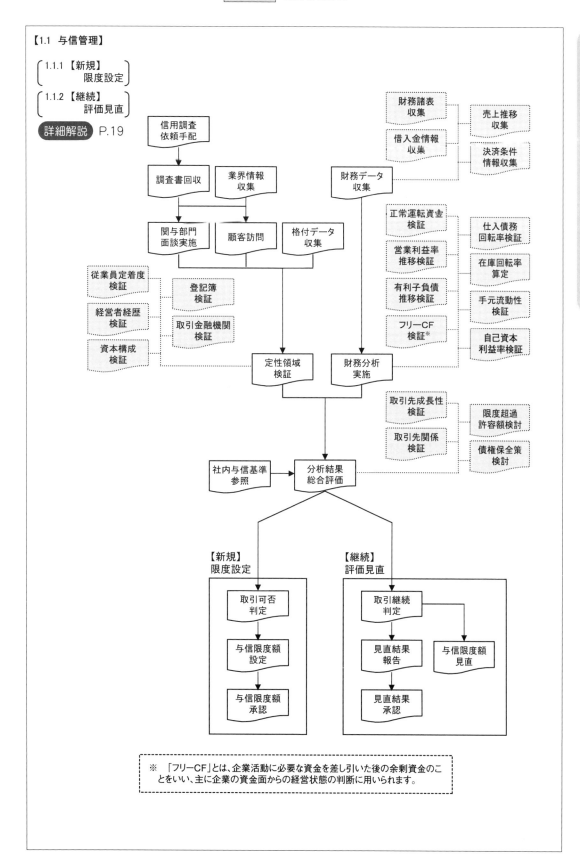

業務プロセスと取引仕訳

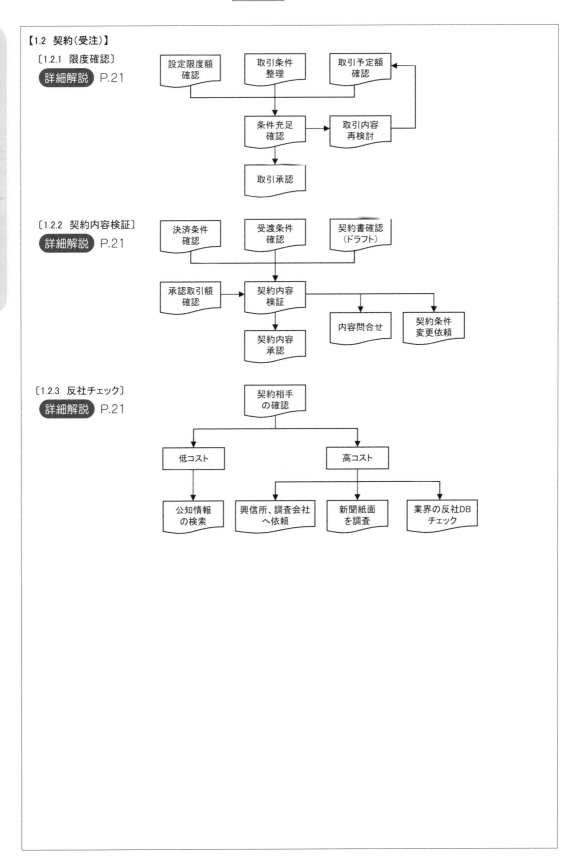

【1.2 契約（受注）】

〔1.2.1 限度確認〕
詳細解説 P.21

設定限度額確認 — 取引条件整理 — 取引予定額確認

条件充足確認 → 取引内容再検討

取引承認

〔1.2.2 契約内容検証〕
詳細解説 P.21

決済条件確認 — 受渡条件確認 — 契約書確認（ドラフト）

承認取引額確認 → 契約内容検証 → 内容問合せ / 契約条件変更依頼

契約内容承認

〔1.2.3 反社チェック〕
詳細解説 P.21

契約相手の確認

低コスト　高コスト

公知情報の検索　興信所、調査会社へ依頼　新聞紙面を調査　業界の反社DBチェック

【1.3 売上計上（収益認識に関する会計基準）】

〔1.3.1 売上計上（収益認識に関する会計基準）〕

詳細解説 P.23

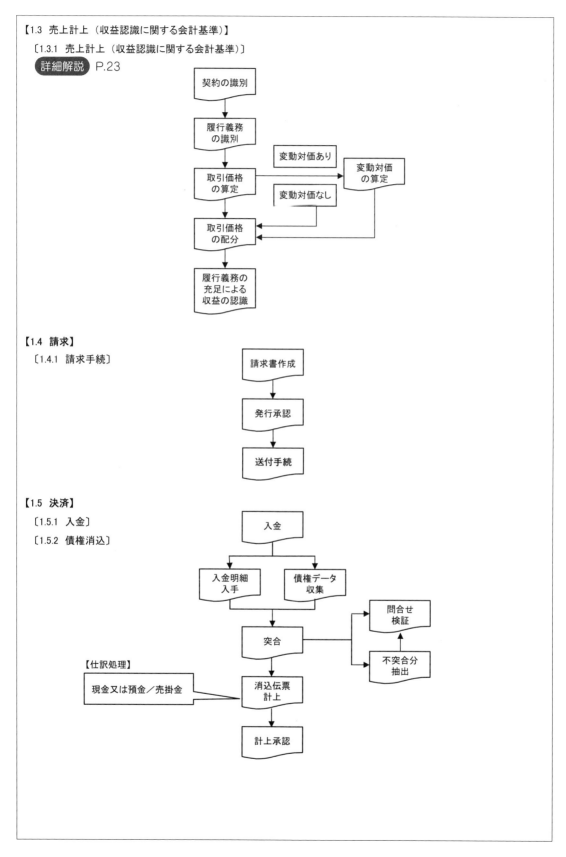

【1.4 請求】

〔1.4.1 請求手続〕

【1.5 決済】

〔1.5.1 入金〕

〔1.5.2 債権消込〕

【仕訳処理】

業務プロセスと取引仕訳

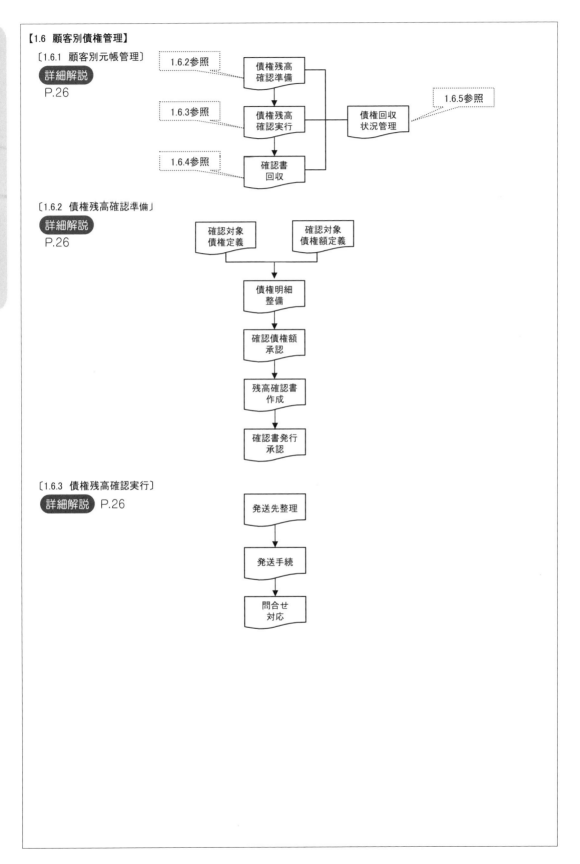

【1.6　顧客別債権管理】

〔1.6.1　顧客別元帳管理〕

詳細解説 P.26

1.6.2参照 → 債権残高確認準備

1.6.3参照 → 債権残高確認実行

1.6.4参照 → 確認書回収

債権回収状況管理　1.6.5参照

〔1.6.2　債権残高確認準備」

詳細解説 P.26

確認対象債権定義　確認対象債権額定義

債権明細整備

確認債権額承認

残高確認書作成

確認書発行承認

〔1.6.3　債権残高確認実行〕

詳細解説 P.26

発送先整理

発送手続

問合せ対応

業務プロセスと取引仕訳

〔1.6.4 確認書回収〕

詳細解説 P.26

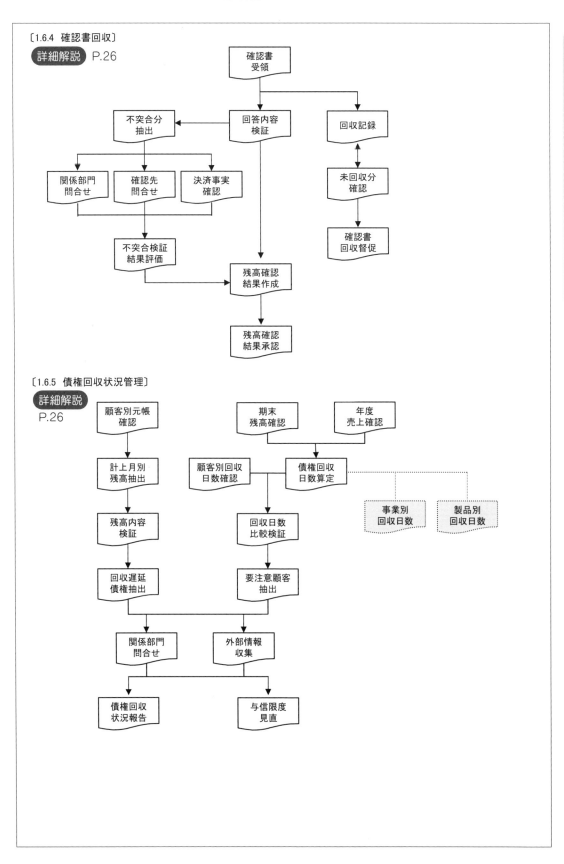

〔1.6.5 債権回収状況管理〕

詳細解説 P.26

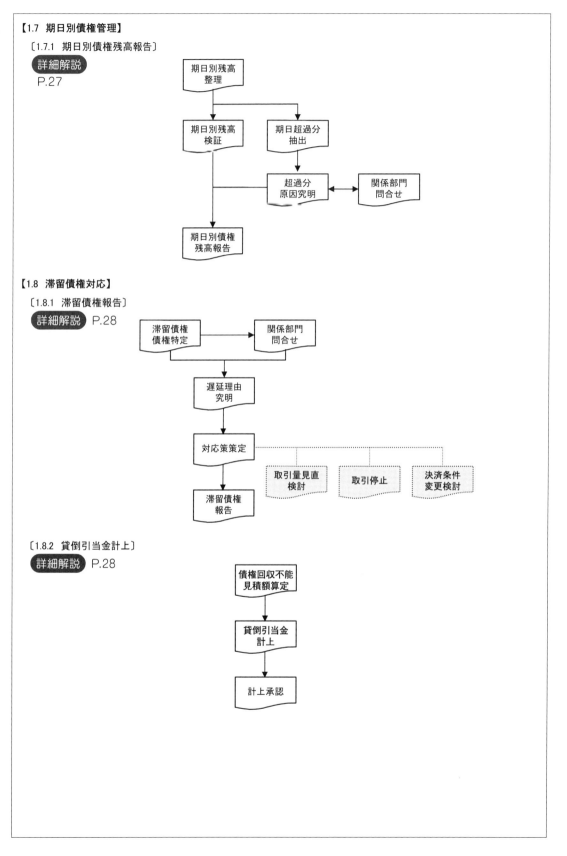

【1.7 期日別債権管理】

〔1.7.1 期日別債権残高報告〕

詳細解説 P.27

期日別残高整理

期日別残高検証 / 期日超過分抽出

超過分原因究明 ⇄ 関係部門問合せ

期日別債権残高報告

【1.8 滞留債権対応】

〔1.8.1 滞留債権報告〕

詳細解説 P.28

滞留債権債権特定 → 関係部門問合せ

遅延理由究明

対応策策定

取引量見直検討 / 取引停止 / 決済条件変更検討

滞留債権報告

〔1.8.2 貸倒引当金計上〕

詳細解説 P.28

債権回収不能見積額算定

貸倒引当金計上

計上承認

【1.9 値引・割戻対応】

〔1.9.1 調整額検証（契約有）〕

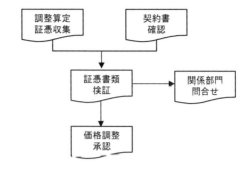

〔1.9.2 調整額検証（契約無）〕

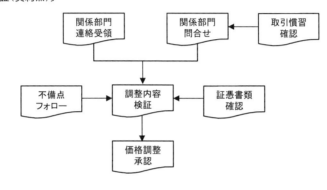

【1.10 支払】

〔1.10.1 請求内容検証〕

業務プロセスと取引仕訳

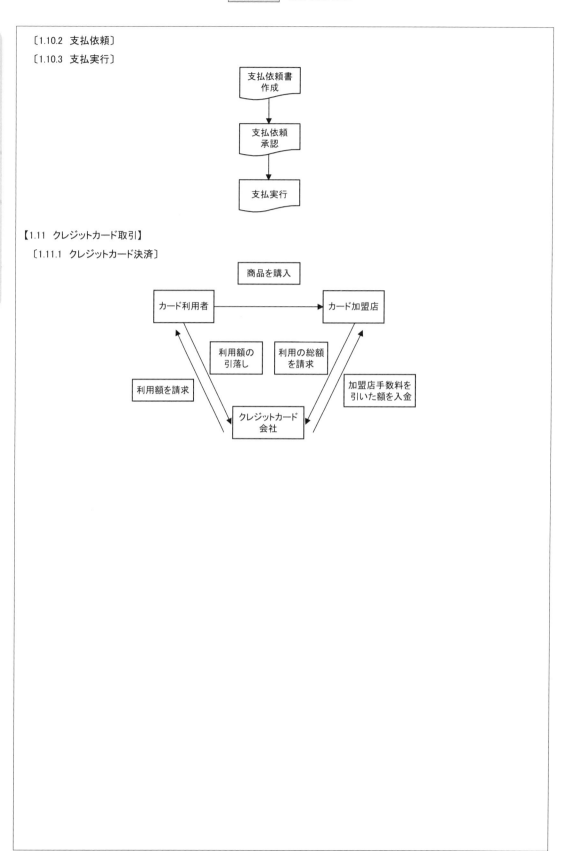

〔1.10.2 支払依頼〕

〔1.10.3 支払実行〕

【1.11 クレジットカード取引】

〔1.11.1 クレジットカード決済〕

中分類	1.1 与信管理	小分類	1.1.1 【新規】限度設定	1.1.2 【継続】評価見直	

【用語解説】

・与信とは
掛売りや貸付の実施などの形で債権を発生させる取引を行うこと。信用を供与すること。

・信用調査とは
受注契約の締結の前段として、契約予定の会社に対する債権回収見込みを把握・検証するために、取引先等の財務状況、債務の支払状況等を調査すること。信用調査機関へ依頼することが多いが、自社も同時に調査する。

・社内与信基準
与信判断を一定のレベルで的確に実施するために、あらかじめ社内で設定している判断基準のこと。取引先の会社概要や信用調査の結果に対応する与信可否基準・与信限度額などについて定めたもの。

【ポイント・留意点】

・与信管理の目的
取引先の倒産や詐欺被害の当事者となること等により債権の回収が不能となれば、予定していた利益が得られないだけでなく、当該取引にかかったコストがまるまる損失となってしまいます。そのようなことが幾つもの取引で発生したり、1件だけであっても金額が多額であったりすれば、会社の収支悪化にとどまらず、経営危機を招くことにもなりかねません。

そのような事態を未然に防止するために、与信管理（取引先に対する与信の可否・債権回収状況のチェック等）を充実させる必要があります。

・定性的データに基づく信用度の分析
取引先企業の信用度を検証する方法の一つとして、信用調査機関による評価結果が良好であるか、会社の財務状況が良好（親会社が社会的信用や収益性の高い企業）であるか、当該会社の主な取引先に倒産の可能性が高い会社がないか、契約時の債務支払条件が極端に悪くないか、取引金融機関との間でトラブルが発生していないか、というような定性的データの収集・分析があります。

・定量的データに基づく信用度の分析
取引先企業の信用度を検証するもう一つの方法として、定量的データである当該会社の財務データを収集・分析する方法があります。これには、売上高、経常利益、有利子負債などの決算値の年度推移による分析のほか、自己資本利益率、手元流動性比率、仕入債務回転率などの指標値による分析があります。

〔信用度の分析に使用する指標の例〕

収益性の指標⇒自己資本利益率(%)：$\dfrac{当期純利益}{自己資本} \times 100$

売上高営業利益率（%）：$\dfrac{営業利益}{売上高} \times 100$

詳細解説

$$安全性の指標 \Rightarrow 手元流動性比率(倍)：\frac{現預金＋流動資産の有価証券}{月間売上高}$$

$$仕入債務回転率(回)：\frac{売上原価}{仕入債務（＝支払手形＋買掛金）}$$

・必ず与信限度額等を設定すること

　　取引量が変動する継続的な取引契約において、初回の取引額を判断基準として与信を行い、かつ２回目以降の取引においても自動的に与信してしまうような仕組みであった場合には、その後の取引において、適正額を超えた多額の与信を行ってしまう可能性があります。そうならないためには、各取引先ごとに与信限度額を設定することとし、同一の取引先に対する債権額の合計が与信限度額を超えないよう、取引発生の都度、チェックがかかる仕組みとする必要があります。

・継続的（定期的）な債権残高状況のチェック

　　継続的な取引契約について一時的な滞納や取引額の大幅な増加があったり、同一取引先との間で複数の取引を並行して行っていたりすれば、債権残高が、その取引先に対して設定した与信限度額を超えてしまう可能性があります。取引量の急激な増加の後で取引先の倒産（計画倒産を含む。）が発生する事例もあるため、会社トータルとしての債権残高の状況をタイムリーに把握できるような仕組みを持ち、かつ債権残高の状況と与信限度額との対比チェックが継続的（定期的）に行われることが望まれます。

・与信限度の定期的な見直し

　　当初設定した与信限度額は、当該取引先の財務状況や業界の動向など、与信判断の前提条件が変化した場合にはそれに合わせて見直しを行う必要があります。

・承認権限者による承認の実施

　　「与信の可否」及び「与信限度額の設定・見直し」は、リスクマネジメントの観点から、社内規程等に定められた承認権限者による承認を必ず受けるとともに、その証跡を残しておく必要があります。

中分類	1.2 契約（受注）	小分類	1.2.1 限度確認	1.2.2 契約内容検証	1.2.3 反社チェック （契約書確認）

【用語解説】

・与信限度額とは

一つの取引先に対して与信を許容する最高限度額のこと。与信限度額を与信先ごとに設定することで想定以上の「焦付発生防止」が可能となる。

・取引条件とは

受注契約の締結における契約金額、納期、検収方法、支払方法、支払期限、瑕疵担保責任等の各条件のこと。

・反社チェック（コンプライアンスチェック）とは

契約を締結するにあたって、相手が反社（反社会的勢力）に関係していないか確認する手続きのこと。

【ポイント・留意点】

・取引条件設定の目的

契約を締結するにあたって、重要な条件の一つが契約金額です。有利な契約をするために、契約方法を決めたり、自社としての目標価格を算定すること、相手から提出された見積書の内容を精査することは非常に大切なことです。

・契約内容検証の目的

契約を締結するにあたっては、注意しなければならない基本的事項が多くあります。取引にはさまざまな法規制（注）があり、契約内容が法的に問題ないか検証します。また、社内的にはその取引が「契約責任者」の責任（権限）の範囲かどうかという社内規程・社内手続き上の問題等があります。

　（注）　注意すべき法令の例示
　　　　・独占禁止法（＝私的独占の禁止及び公正取引の確保に関する法律）
　　　　・下請法（＝下請代金支払遅延等防止法）
　　　　・景表法（＝不当景品類及び不当表示防止法）
　　　　・派遣法（＝労働者派遣事業の適正な運営の確保及び派遣労働者の保護等に関する法律）
　　　　・建設業法
　　　　・外為法（＝外国為替及び外国貿易法）

・行政官庁への許認可・届出

一般的な契約については特に届出等が必要なものはありませんが、国際契約（独占禁止法、外為法）など、契約自体に行政官庁の許認可や届出が必要な場合があります。また、建設業法のように、契約そのものではなく、契約内容を実施するにあたって行政官庁の許認可や届出が必要な場合もありますので注意が必要です。

・反社チェックの趣旨

2007年に政府が発表した「企業が反社会的勢力による被害を防止するための指針」を受け、各都道府県では2009年から2011年にかけて「暴力団排除条例」を制定しています。その条例の中では、取引前に相手が暴力団や総会屋、半グレ集団などの反社ではないことをチェックすることが推奨されています。

詳細解説

　反社と取引を行った場合、反社に対して資金提供を行ったとみなされる恐れがあり、暴排条例違反で罰科が科されたり、行政指導が行われたりするだけでなく、上場廃止や銀行からの融資停止というリスクを受ける可能性があります。

中分類	1.3 売上計上 （収益認識に関する会計基準）	小分類	1.3.1 売上計上 （収益認識に関する会計基準）	

詳細解説

【用語解説】

・収益認識に関する会計基準とは

　従来、企業会計原則において収益認識は発生主義でなく、原則として実現主義によることが定められていた。しかし、国際的な動向を踏まえて、日本においても、2018年3月30日に企業会計基準委員会から企業会計基準第29号「収益認識に関する会計基準」が公表され、2021年4月1日以降開始の連結会計年度・事業年度から全面適用されることとなった。

【ポイント・留意点】

・適用範囲

　以下を除き通常の営業活動により生じた収益です。

① 　金融商品に係る取引
② 　リース取引
③ 　保険法における定義を満たす保険契約
④ 　顧客又は潜在的な顧客への販売を容易にするために行われる同業他社との商品又は製品の交換取引
⑤ 　金融商品の組成又は取得に際して受け取る手数料
⑥ 　特別目的会社を活用した不動産の流動化に係る譲渡人の会計処理に関する実務指針の対象となる不動産の譲渡
⑦ 　暗号資産及び電子記録移転権利に関連する取引

・基本となる原則

　約束した財又はサービスの顧客への移転を当該財又はサービスと交換に企業が権利を得ると見込む対価の額で描写するように、収益を認識します。基本となる原則に従って収益を認識するために、次の5ステップを適用します。

ステップ1：契約の識別

　　　　　　収益の発生対象となる契約を特定します。

ステップ2：履行義務の識別

　　　　　　履行義務を特定します。例として「パソコン販売」と「保守サービス」を2つの履行義務として特定します。

ステップ3：取引価格の算定

　　　　　　契約全体における取引価格を算定します。

　　　　　　・変動対価：取引価格を算定する際、顧客と約束した対価のうち変動する可能性のある部分を変動対価といいます。変動対価の具体例としては値引、リベート、返金、インセンティブ、ペナルティ等があります。

　　　　　　・変動対価の計算方法

　　　　　　　① 　最頻値法

　　　　　　　　　最も可能性の高い単一の金額です。

　　　　　　　② 　期待値法（加重平均法）

　　　　　　　　　発生しうると考えられる対価の額を確率で加重平均した金額です。

ステップ4：取引価格の配分

一つの取引において、複数の履行義務がある場合にはそれぞれの履行義務ごとに取引価格を配分する必要があります。

ステップ5：履行義務の充足による収益の認識

履行義務を充足した時に、又は充足するにつれて収益を認識します。

【設例1】商品の販売と保守サービスの提供

〔前提条件〕

① 当期首に、A社はB社（顧客）と、標準的な商品Xの販売と2年間の保守サービスを提供する1つの契約を締結しました。

② A社は、当期首に商品XをB社に引き渡し、当期首から翌期末まで保守サービスを行います。

③ 契約書に記載された対価の額は12,000千円です。

④ 商品Xと2年間の保守サービスの独立価格（※）はそれぞれ15,000千円、3,000千円。

（※）独立価格：セットではなくそれぞれ単品で販売した時の価格

ステップ1：契約の識別

A社とB社の間での商品Xの販売と保守サービス契約

ステップ2：履行義務の識別

商品Xの販売と2年間の保守サービス契約

ステップ3：取引価格の算定

12,000千円

ステップ4：取引価格の配分

商品販売価格　$12,000 \times 15,000 / (15,000 + 3,000) = 10,000$　∴10,000千円

保守サービス　$12,000 \times 3,000 / (15,000 + 3,000) = 2,000$　∴2,000千円

ステップ5：履行義務の充足

当期

商品販売価格(10,000)＋保守サービス$(1,000 = 2,000 \div 2$年間$) = 11,000$　∴11,000千円

翌期

保守サービス　$2,000 \div 2$年間$= 1,000$　∴1,000千円

【設例2】返品権付の販売（変動対価あり）

〔前提条件〕

① C社は製品Xを単価1,000円で100個の契約締結、販売し、代金を現金で受け取りました。

C社の取引慣行では、顧客が未使用の製品Xを30日以内に返品する場合、全額返金に応じることとしています。A社の製品Xの原価は600円です。

② C社は、当該対価の額をより適切に予測できる方法として期待値による方法を使用することを決定し、製品X97個が返品されないと見積もりました。

③ C社は、計上された収益の額97,000千円（＝1,000円×返品されないと見込む製品X97個）の著しい減額が発生しない可能性が高いと判断しました。

④ C社は、製品Xの回収コストには重要性がないと見積もり、返品された製品Xは利益が生じるように原価以上の販売価格で再販売できると予想しました。

(1) 収益の計上

現金	100,000	売上	97,000	
		返金負債（※）	3,000	

　　※　将来に返品が予想される場合は、予想される返金額を差し引いた額で売上を計上します。

　　　　予想される返金額は「返金負債」勘定で処理を行います。

(2) 原価の計上

売上原価	58,200	棚卸資産	60,000（＝600×100）
返金資産（※）	1,800（＝600×3）		

　　※　返金負債の決済時に顧客から製品Xを回収する権利について返金資産を認識します。

【参考資料・法的根拠（条文）等】

「収益認識に関する会計基準」への対応について～法人税関係～（国税庁・平成30年5月）

収益認識に関する会計基準（企業会計基準第29号・改正2020（令和3）年3月31日）16、51／収益認識に関する会計基準の適用指針（企業会計基準適用指針第30号・最終改正2021（令和4）年3月26日）設例11

詳細解説

詳細解説	中分類	1.6 顧客別債権管理	小分類	1.6.1 顧客別元帳管理	1.6.2 債権残高確認準備	1.6.3 債権残高確認実行
				1.6.4 確認書回収	1.6.5 債権回収状況管理	

【用語解説】

・得意先元帳（売掛金元帳）とは

得意先の数が多い場合、その管理のために得意先ごとに口座を設けて、そこに個々の掛売りを記録整理する帳簿（補助元帳）をいう。

・債権残高確認とは

得意先に当社の売掛金等の債権の帳簿残高を文書で知らせて確認し、先方の帳簿残高と合致するか、差異があればその原因が何であるかを調査すること。

・債権回収状況管理表とは

売掛金等の債権が順調に回収されているかどうかを確認するために作成する管理表のことをいう。

【ポイント・留意点】

・得意先元帳（売掛金元帳）の記入方法

得意先元帳の借方・貸方欄及び残高欄の記入方法は、総勘定元帳の記入方法と全く同じです。得意先元帳の各口座の残高計と総勘定元帳の売掛金勘定残高は必ず一致します。得意先元帳には通常、日付・摘要・借方・貸方・残高の5項目が設けられています。借方欄には売上額や消費税等を記入し、貸方欄には回収額・値引・返品額や振込手数料等の相手科目を記入します。摘要欄には商品名・単価・数量等や回収内容等（振込み・小切手等）を記入します。

・債権残高確認の目的

得意先元帳における売掛金残高が、取引先の債務残高と一致しているかを確認します。売掛金は先方では買掛金として記録されているはずであり、送った商品が未着の場合や得意先の送金をまだ受け取っていない場合などは、必要な調整を行えば必ず合致するはずです。ところが誤って請求を二重に実施した場合や、相手が支払処理をもらした場合及び商品に不合格品があって支払を保留している場合等もあることから、差額がある場合にはその理由について調べる必要があります。確認は毎月行うことが理想的ですが、最低でも事業年度に1回は実施する必要があります。

債権残高確認を行うメリットとしては、得意先へ直接確認するため信憑性が高いこと及び営業担当者に対する牽制になること等があげられます。

・債権回収状況管理表の作成方法

債権管理の方法としては、債権管理の重点は回収の促進にあるので、①請求が正しく行われているか、②約定どおりに回収されているか、③回収が遅れている理由は何か、④手形のサイトは延びてないか、⑤不当な値引や返品がないか、等について一覧表にしてまとめます。管理表は毎月作成しますが、なるべく数ヶ月の動きを一度に見ることができるようにするのが効果的です。

中分類	1.7 期日別債権管理	小分類	1.7.1 期日別債権残高報告		

【用語解説】

・期日別債権管理とは

売掛金の残高が何ヶ月前の取引から発生しているか調べること。

【ポイント・留意点】

・期日別債権管理の目的

　　通常、売掛金は、期日現金による場合を除き、1～3ヶ月以内に回収されます。発生期日を調べた結果、一定期限（3ヶ月～）を超える売掛金があれば、クレーム発生や事務処理不備のほかに得意先の資金繰り悪化等が考えられます。約定した回収期限を超えている滞留売掛金を発見した場合は、直ちに営業責任者に連絡し、滞留原因と回収可能性・回収時期について検討を行い、場合によっては売掛金の保全手段を講じる必要があります。

中分類	1.8 滞留債権対応	小分類	1.8.1 滞留債権報告	1.8.2 貸倒引当金計上	

詳細解説

【用語解説】

・貸倒懸念債権

　経営破綻の状態には至っていないが、債務の弁済に重大な問題が生じているか、又は生じる可能性が高い債務者に対する債権をいう。

　債務の弁済に重大な問題が生じている債権とは、１年以上の延滞債権や弁済条件の大幅な緩和を行っている債権をいう。債務の弁済に重大な問題が生じる可能性が高い債権とは、業績が低調ないし不安定であるか、又は実質的に債務超過である場合で、債務の一部を条件どおりに弁済できない可能性の高い債権をいう。

・破産更生債権等

　経営破綻又は実質的に経営破綻に陥っている債務者に対する債権をいう。

　経営破綻の状況とは、破産、清算、会社更生、民事再生、手形交換所における取引停止等の事由をいう。

・一般債権

　経営状態に重大な問題が生じていない債権者に対する債権であり、貸倒懸念債権及び破産更生債権等以外の債権をいう。

・売掛金年齢表

　売上債権残高が当月末から何ヶ月前に発生したものかを月別に表示した表をいい、異常な回収遅延の早期発見のために作成する。

【ポイント・留意点】

・売掛債権の評価

　貸倒見積高（貸倒引当金）の算定にあたっては、債務者の財務状況及び経営成績に応じて、債権を一般債権、貸倒懸念債権、破産更生債権等の３つに区分します。

　滞留売掛金は売掛金台帳に基づいて売掛金年齢表を作成し、分析することにより把握できますが、滞留理由及び得意先の財務状況等を勘案して、個別に貸倒引当金の設定を検討する必要があります。

・貸倒見積高の評価方法

　貸倒見積高の評価は、債権の区分ごとに行います。

(1) 一般債権 …… 過去の貸倒実績率等合理的な基準により見積もりを行います。（貸倒実績率法）

$$貸倒実績率 ＝ \frac{分母の期末日以降の特定した算定期間の貸倒損失額}{過去の特定期末の債権残高}　の２～３期間分の平均値$$

(2) 貸倒懸念債権 …… ① 担保の処分見込額及び保証による回収見込額を除く部分のうちの必要額を見積もります。（財務内容評価法）

② 将来キャッシュフローの割引現在価値と債権額の差額を見積もります。（キャッシュフロー見積法）

(3) 破産更生債権等 …… 担保の処分見込額及び保証による回収見込額を除く全額を見積もります。（財務内容評価法）

・貸倒引当金の設定方法

　　貸倒見積高の算出方法には、①個々の債権ごとに見積もる方法（個別引当法）と、②債権をまとめて過去の貸倒実績率により見積もる方法（総括引当法）があります。

　　なお、貸倒引当金の繰入れ及び取崩しの処理は、引当の対象となった債権の区分ごとに行う必要があります。

・売掛債権の評価に関する税務上の取扱い

　　会計上は債権区分ごとに算定された引当金の計上が求められていますが、税務上は、適用法人を銀行、保険会社その他これらに類する法人及び中小法人に限定し、次のとおり貸倒引当金を計上します（法法52、法令96）。

　　金銭債権を一括評価金銭債権と個別評価金銭債権に区分し、前者は貸倒実績率又は法定繰入率を乗じた額によって貸倒引当金を算出し、後者は一定の基準で個別に評価した額をもって貸倒引当金を算出します。

　　なお、グループ通算制度を採用している場合には、一括評価金銭債権及び個別評価金銭債権から、同一グループ内の他の法人に対して有する金銭債権を除外する必要があります。このため、会計上の貸倒引当金よりも税務上の貸倒引当金が少なくなることがありますが、当該差額は税効果会計上の一時差異として、繰延税金資産を計上するか否かの検討が必要となります。

【参考資料・法的根拠（条文）等】

「会計処理ハンドブック＜第6版＞」（有限責任監査法人トーマツ編・中央経済社）

「問答式　会社会計経理の実務1」（新日本法規出版）

大分類　2　買掛債務管理

大分類	中分類	小分類	ポイント・解説
2 買掛債務 管理	2.1 購入契約	2.1.1 契約条件 検証（下請 法確認）	購入仕入契約内容を検証します。 詳細解説　P. 36
	2.2 仕入 （入荷基準）	2.2.1 仕入計上	仕入計上（入荷基準）を行います。 詳細解説　P. 38
	2.3 仕入 （検収基準）	2.3.1 仕入計上	仕入計上（検収基準）を行います。 詳細解説　P. 39
	2.4 期日別 債務残高 管理	2.4.1 期日別 債務残高 管理	期日別に債務残高の管理を行います。 詳細解説　P. 40
	2.5 決済	2.5.1 請求内容 検証	債務相手先からの請求内容を確認します。 詳細解説　P. 41
		2.5.2 支払依頼	請求内容承認を踏まえ支払依頼を行います。 詳細解説　P. 41
		2.5.3 債務消込	各債務明細を振り替えます。 詳細解説　P. 41
		2.5.4 支払実行	支払を実行します。 詳細解説　P. 41
	2.6 仕入先別 債務残高 管理	2.6.1 仕入先別 元帳管理	仕入先別の元帳管理を行います。 詳細解説　P. 42
		2.6.2 個別債務 残高管理	個別債務残高の管理を行います。 詳細解説　P. 42
	2.7 値引・割 戻対応	2.7.1 調整額検 証（契約有）	契約を踏まえた値引割戻内容を検証します。 詳細解説　P. 43
		2.7.2 調整額検 証（契約無）	契約で規定されていない値引割戻内容を検証します。 詳細解説　P. 43
	2.8 請求	2.8.1 請求手続	承認内容を確認し、取引先に対する請求書発行手続きを行います。
	2.9 決済	2.9.1 入金	入金確認を行います。

分類とポイント・解説

業務プロセスと取引仕訳

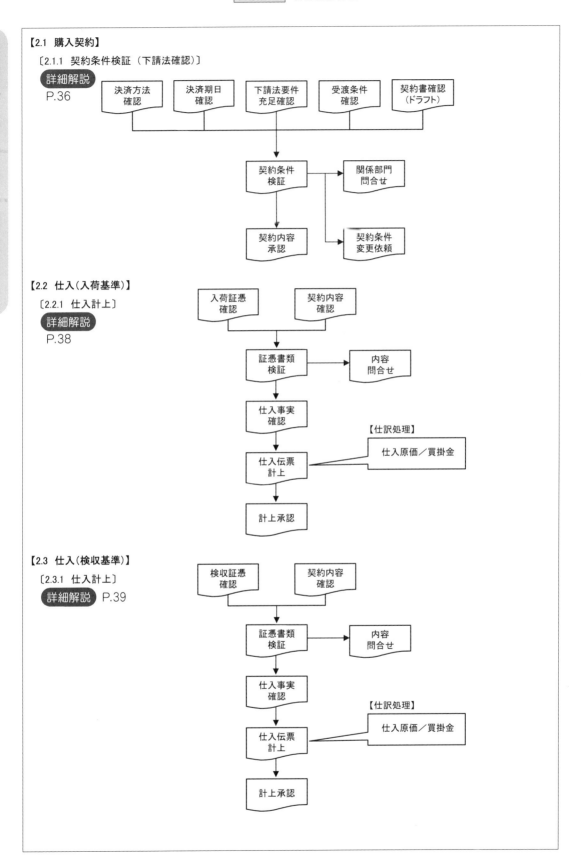

【2.1 購入契約】

〔2.1.1 契約条件検証（下請法確認）〕

詳細解説 P.36

決済方法確認 ／ 決済期日確認 ／ 下請法要件充足確認 ／ 受渡条件確認 ／ 契約書確認（ドラフト）

契約条件検証 → 関係部門問合せ

契約内容承認 → 契約条件変更依頼

【2.2 仕入（入荷基準）】

〔2.2.1 仕入計上〕

詳細解説 P.38

入荷証憑確認 ／ 契約内容確認

証憑書類検証 → 内容問合せ

仕入事実確認

【仕訳処理】

仕入伝票計上 → 仕入原価／買掛金

計上承認

【2.3 仕入（検収基準）】

〔2.3.1 仕入計上〕

詳細解説 P.39

検収証憑確認 ／ 契約内容確認

証憑書類検証 → 内容問合せ

仕入事実確認

【仕訳処理】

仕入伝票計上 → 仕入原価／買掛金

計上承認

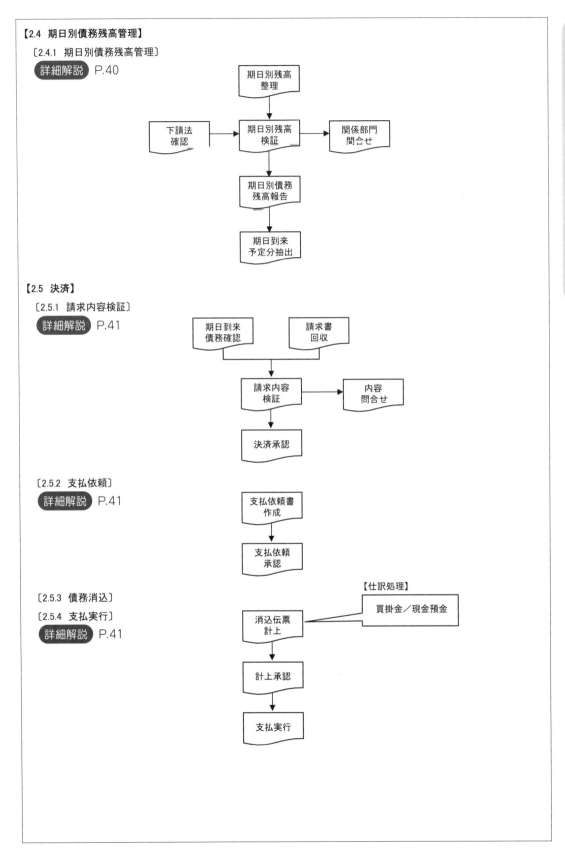

【2.4 期日別債務残高管理】

〔2.4.1 期日別債務残高管理〕

詳細解説 P.40

- 期日別残高整理
- 下請法確認 → 期日別残高検証 → 関係部門問合せ
- 期日別債務残高報告
- 期日到来予定分抽出

【2.5 決済】

〔2.5.1 請求内容検証〕

詳細解説 P.41

- 期日到来債務確認
- 請求書回収
- 請求内容検証 → 内容問合せ
- 決済承認

〔2.5.2 支払依頼〕

詳細解説 P.41

- 支払依頼書作成
- 支払依頼承認

〔2.5.3 債務消込〕
〔2.5.4 支払実行〕

詳細解説 P.41

【仕訳処理】
買掛金／現金預金

- 消込伝票計上
- 計上承認
- 支払実行

業務プロセスと取引仕訳

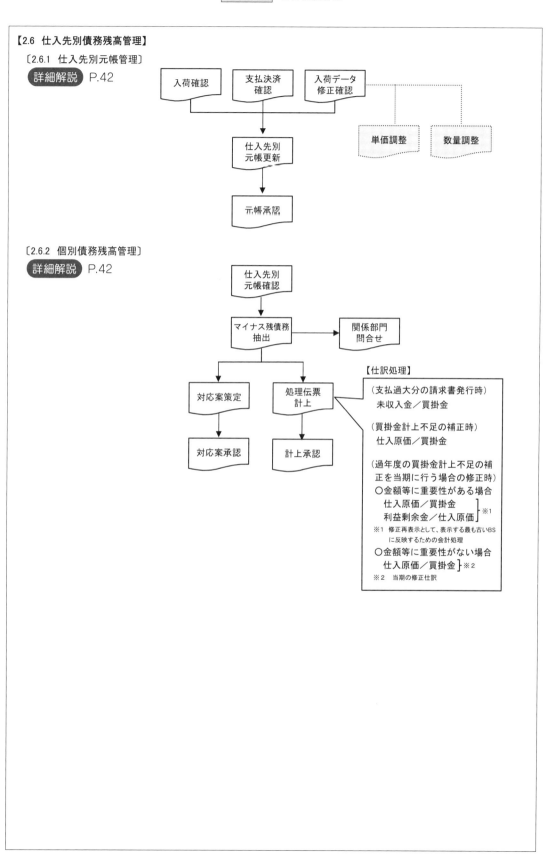

業務プロセスと取引仕訳

【2.6 仕入先別債務残高管理】

〔2.6.1 仕入先別元帳管理〕
詳細解説 P.42

入荷確認 / 支払決済確認 / 入荷データ修正確認

単価調整　数量調整

仕入先別元帳更新 → 元帳承認

〔2.6.2 個別債務残高管理〕
詳細解説 P.42

仕入先別元帳確認 → マイナス残債務抽出 → 関係部門問合せ

対応案策定 → 対応案承認

処理伝票計上 → 計上承認

【仕訳処理】

（支払過大分の請求書発行時）
　未収入金／買掛金

（買掛金計上不足の補正時）
　仕入原価／買掛金

（過年度の買掛金計上不足の補正を当期に行う場合の修正時）
○金額等に重要性がある場合
　仕入原価／買掛金
　利益剰余金／仕入原価 ］※1
※1　修正再表示として、表示する最も古いBSに反映するための会計処理
○金額等に重要性がない場合
　仕入原価／買掛金 ］※2
※2　当期の修正仕訳

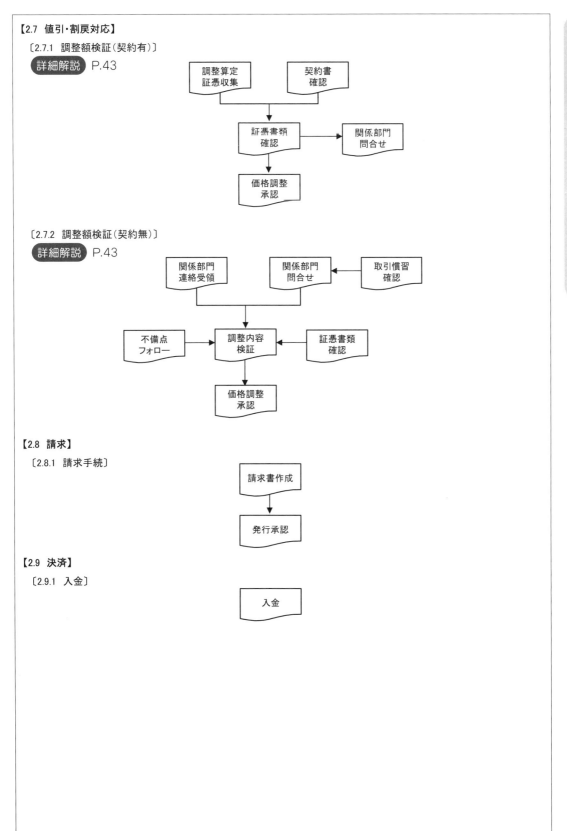

【2.7 値引・割戻対応】

〔2.7.1 調整額検証（契約有）〕

詳細解説 P.43

調整算定証憑収集

契約書確認

証憑書類確認

関係部門問合せ

価格調整承認

〔2.7.2 調整額検証（契約無）〕

詳細解説 P.43

関係部門連絡受領

関係部門問合せ

取引慣習確認

不備点フォロー

調整内容検証

証憑書類確認

価格調整承認

【2.8 請求】

〔2.8.1 請求手続〕

請求書作成

発行承認

【2.9 決済】

〔2.9.1 入金〕

入金

業務プロセスと取引仕訳

中分類	2.1 購入契約	小分類	2.1.1 契約条件検証（下請法確認）		

詳細解説

【用語解説】

・下請代金支払遅延等防止法（下請法）とは

　親事業者と下請事業者の公正な取引を目指し、立場の弱い下請事業者の利益を害することを防止するために、独占禁止法の特別法として制定された法律のこと。

【ポイント・留意点】

・下請代金支払遅延等防止法（下請法）の要件

　親事業者と下請事業者の受注発注に関する取引の中で、両者の間で様々なトラブルが生じることがあります。

　具体的には、親事業者による優越的地位の濫用等により行われる下記の事象等を排除し、迅速かつ効果的に下請事業者の保護を図ろうとするものです。

　また平成15年の改正により平成16年4月1日以降は、物品の製造に係る下請取引、物品の修理に係る下請取引に、情報成果物作成委託、役務提供委託、金型製造委託が追加されました。

　対象拡大に伴い資本金等の基準が見直され、情報成果物作成委託及び役務提供委託（政令で定めるものは除く。）の場合は、委託側（親事業者）の資本金が5,000万円超の場合で下請事業者が5,000万円以下、及び親事業者の資本金が1,000万円超5,000万円以下の場合で下請事業者が1,000万円以下の場合が、下請法の対象となりました。

1．親事業者の禁止事項（下請法4）

① 一旦注文した品物などの受取りを拒むこと。

② 注文品などを受け取った日から支払期日（最長60日）までにその代金を支払わないこと。

③ 注文したあと自己の都合でその代金を減額して支払うこと。

④ 受け取った注文品などを自己の都合で返品すること。

⑤ 注文するときに非常に低い単価を不当に定めること。

⑥ 自己の指定する物を強制して購入させ、又は役務を強制して利用させること。

⑦ 下請事業者が親事業者の違反行為について、公正取引委員会又は中小企業庁長官に対しその事実を知らせたことを理由として、不利益な取扱いをすること。

⑧ 有償で支給した原材料等の対価を、下請代金の支払期日より早い時期に支払わせること。

⑨ 一般の金融機関で手形割引を受けることが困難であると認められる手形を交付すること。

⑩ 自己のために金銭、役務その他の経済上の利益を提供させること。

⑪ 正当な理由なく給付の内容を変更させ、又は給付を受領した後に給付をやり直させること。

2．親事業者の義務

① 書面作成・交付・保存の義務

　親事業者は、下請事業者に物品の製造や修理を委託する場合、直ちに注文の内容、下請代金の額、支払期日、支払方法等を明記した書面（注文書）を下請事業者に交付（ただし、(1)正当な理由で記載内容が定まらない事項は記載不要、(2)その場合、当該事項の内容が定められた後直ちに当該事項を記載した書面を交付）するとともに、注文の内容、物品等の受領日、下請代金の額、支払日等を記載した書類を作成し、これを2年間保存しなければなりません（下請法3、5）。

②　支払期日を定める義務

下請代金の支払は、親事業者が下請事業者からの物品等を受領した日から60日以内において、かつ、できるだけ短い期間内に支払期日を定め、下請代金を支払わなければなりません（下請法2の2、4①二）。

③　遅延利息の支払義務

支払期日までに支払わなかったときは、親事業者は、下請事業者の物品等を受領した日から起算して60日を経過した日から支払をするまでの期間について、その日数に応じ、年利14.6％の遅延利息を支払わなければなりません（下請法4の2）。

3．その他

下請法の改正により違反行為に対する措置が厳しくなりました。再発防止措置等の勧告可能、勧告時に公表可能、罰金額の引上げ（50万円以下）などです。

【参考資料・法的根拠（条文）等】

下請代金支払遅延等防止法（平成21年法律第51号）

中分類	2.2 仕入（入荷基準）	小分類	2.2.1 仕入計上		

詳細解説

【用語解説】

・買掛債務とは

　商品、材料の仕入など通常の取引に基づいて発生した債務をいい、会計的に表現すると買掛金という。

・入荷基準とは

　工場や倉庫で、実際に物品を受け取った時点で仕入（買掛金）を計上する方法。品質上の問題があまり生じない物品であれば、検査せずに受け入れても、返品値引等の問題が起こらないため、有用な基準である。なお、入荷基準のほか、検収基準、仕入先発送基準、支払基準などがある。

【ポイント・留意点】

・計上基準の遵守及び期間帰属性について

　企業会計原則においては、「すべての費用及び収益は、その支出及び収入に基づいて計上し、その発生した期間に正しく割り当てられるように処理しなければならない。」として、費用及び収益を発生主義の原則に基づいて処理することを求めています。発生主義の原則に従った仕入原価の計上は、（A）財貨又は用役の受入、（B）支払対価の確定、の２つの要件が整ったときに初めて可能となります。また、それと同時に、仕入原価の金額に消費税相当額を加えたものを買掛金として認識することとなります。

　したがって、入荷基準においては、仕入先が発送した物品が自社に到着した日をもって仕入原価計上の日とする基準であることから、「到着日＝仕入原価計上日＝買掛金計上日」となります。

・有効な証憑書類について

　物品等の受入について、購買・会計等関連部署への連絡及び内部管理のため、帳票が整備されなければなりません。このために作成又は入手すべき書類及びその留意事項は次のとおりです。なお、これらの書類の作成日又は入手日の記載があることを確認し、日付順又は仕入先別等の区分により整理・保管します。

　納品書・送り状……納品書・送り状は、購買関連部署においても注文書控等と照合する。

【参考資料・法的根拠（条文）等】

　会計原則第二の１のA

【関連項目】

　2.3（仕入（検収基準））

中分類	2.3 仕入（検収基準）	小分類	2.3.1 仕入計上		

【用語解説】

・検収基準とは

　物品等を受け取った際、注文した規格に合わないもの・不良なものがないかを確認したうえで、そのようなものがあった場合は返品や値引等を行い、仕入（買掛金）を計上する方法を定めた基準。返品や値引等の実施後に買掛金計上を行う方法であり、買掛債務としては最も確実性が高く、また最も一般的な基準である。

【ポイント・留意点】

・計上基準の遵守及び期間帰属性について

　企業会計原則においては、前記「入荷基準」と同様の認識を求められております。

　したがって、検収基準においては、物品の到着後、検収が完了した日をもって仕入原価計上の日とする基準であることから、「検収合格日＝仕入原価計上日＝買掛金計上日」となります。

・有効な証憑書類について

　検収・受入について、購買・会計等関連部署への連絡及び内部管理のため、帳票が整備されなければなりません。このために作成又は入手すべき書類及びそれぞれの留意事項は次のとおりです。なお、これらの書類の作成日又は入手日の記載があることを確認し、日付順又は仕入先別等の区分により整理・保管します。

① 検収報告書……検収は、すべて、一連番号を付した検収報告書により行う。検収報告書控は、関連各部署へ回覧する。

② 検収不良報告書……検収不良報告書には、数量不足、品質不良等の不良原因を明記し、購買・会計等関連部署へ回覧する。また、不良原因に対して講じた是正処置を記入できるフォームにすると効率的である。

③ 納品書・送り状……納品書・送り状は、購買関連部署においても注文書控・検収報告書控と照合する。

④ 返品伝票・返品に関する物品受領書……返品伝票及び物品受領書は、ワン・ライティングにより作成すると効率的である。物品受領書には必ず返品先の受領印を入手する。返品伝票控及び物品受領書は、関連各部署へ回覧し、数量・単価等のチェックを行う。

【参考資料・法的根拠（条文）等】

　「会計処理ハンドブック〈第6版〉」(有限責任監査法人トーマツ編・中央経済社)／会計原則第二の1のA

【関連項目】

　2.2（仕入（入荷基準））

詳細解説	中分類	2.4 期日別債務残高管理	小分類	2.4.1 期日別債務残高管理		

【ポイント・留意点】

・期日別債務残高管理

　　買掛金は、仕入原価の計上とともに計上されますが、各々の買掛金の支払は取引先との支払条件や、下請代金支払遅延等防止法（2.1（購入契約）参照（P.36））により支払サイトが異なります。そこで、いつ支払うべきものかを管理する必要が出てきます。これが期日別債務残高管理です。期日別債務残高管理を行うことにより、支払遅延や早期支払に伴う早期資金流出等の防止が図られ、資金管理や資金運用の面においても重要なものです。

　　なお、買掛金以外の債務（未払金等）についても期日別債務残高管理は必要となります。

・滞留買掛金の処理

　　売掛金と同様、買掛金においても年齢調べ（1.8（滞留債権対応）参照（P.28））を行い、滞留買掛金の調査を行う必要があります。相手先から請求がないため長期間未払いとなっている場合、その滞留の発生原因を明確にしたうえで適切な処理を行う必要があります。発生原因としては、そもそも支払不要である場合、係争中の場合、記帳誤りの場合の他に、架空仕入の場合等が考えられるので、発生原因を明確にしないまま雑収入勘定に振り替えることは慎まなければなりません。

【関連項目】

　2.1（購入契約）

中分類	2.5 決済	小分類	2.5.1 請求内容検証	2.5.2 支払依頼	2.5.3 債務消込	2.5.4 支払実行

詳細解説

【ポイント・留意点】

・請求内容検証

　物品の検収・受入により仕入先に対して発生した債務は、仕入原価計上とともに買掛金として計上され、仕入先からの請求書に基づいてチェックがなされます。仕入計上に関する内部統制が適切になされていれば、計上時期・計上金額に関する内部牽制は実質的に行われていることになります。

　買掛金の計上に際して留意すべき点は、請求書の内容確認です。注文書控・検収報告書控等と照合し、物品の数量・単価等を検証し、また、返品・値引・割戻し等による金額の改定も関連書類により検証します。これらの手続きにより請求内容を確認することで、買掛金の計上額が確認されることになります。

・買掛金支払における主な留意事項

① **購買部門**
　・仕入先からの請求書と注文書控及び検収報告書等とを照合する。
　・請求金額、支払条件等を確認する。
　・社内で定められた責任者の承認を受けた後、会計部門へ記帳を依頼する。
　・仕入値引等による買掛金の減少取引については、責任者の承認を受ける。

② **会計部門**
　・請求書及び支払依頼書を仕入先元帳と照合した後、出納部門へ支払を依頼する。
　・支払日をもって仕入先元帳に記帳し、支払対象取引金額の消込を行う。

③ **出納部門**
　・支払条件に適合していることを再度確認する。
　・支払承認のある支払依頼書に基づき責任者の承認を受けて、支払を行う。

④ **領収書の管理**
　・原則として、総合振込・相殺等により領収書が発行されない場合を除き、領収書は必ず入手する。
　・領収書を受け取る際には、不正・誤謬の発生を防ぐため、仕入先からの領収書用の印影を印鑑証明等であらかじめ入手しておき、当該領収書の印影と照合する。
　・仕入先からの領収書は、日付順等により整理・保管する。

【参考資料・法的根拠（条文）等】

「会計処理ハンドブック〈第6版〉」（有限責任監査法人トーマツ編・中央経済社）

中分類	2.6 仕入先別債務残高管理	小分類	2.6.1 仕入先別元帳管理	2.6.2 個別債務残高管理	

詳細解説

【用語解説】

・仕入先別元帳とは

　　仕入先ごとの買掛金発生と支払の明細を記録して仕入先別の残高を明らかにした補助元帳のこと。

【ポイント・留意点】

・仕入先別債務残高管理の必要性

　　たとえ取引先が少数であっても、一取引先ごとの取引数は相当数にのぼるというのが一般的です。したがって、買掛金については、一般に仕入先別に買掛金の記録・集計を行い、支払の遅延、二重支払、取消等のトラブルが生じないように管理する必要がでてきます。

　　ちなみに、仕入先別元帳の合計額と総勘定元帳の買掛金残高は必ず一致します。もし、この両者が合わない場合は、仕入先別元帳か総勘定元帳のいずれかで転記ミスや計算誤りがあることになります。これらを発見し、正しい買掛金残高を記録・支払管理するためにも仕入先別債務残高管理は必要となります。

・仕入先別元帳の作成上の留意点

　　仕入先別元帳は、仕入額の計上及び支払の明細を記録していきますが、例えば、ある一定額以上の取引を実施したことによる値引や単価調整等が行われた場合は、計上していた買掛債務を修正する必要があります。これら修正要因について、仕入先別元帳を常に更新し、正しい残高管理を行う必要があります。また、毎月一定時期をとらえて、仕入先別元帳と買掛金残高及び総勘定元帳を突合し、不符合がないか確認する必要があります。

・仕入先別元帳にマイナス残債務が発見された場合

　　仕入先別元帳にマイナス残が発見された場合には、支払金額誤りや二重支払等の可能性があることから、関係部門と連携のうえ、直ちに原因を究明します。原因究明ができた場合は、処理伝票等を作成・処理するとともに、取引先等へ返還請求等の対応を行います。また、直ちに原因が究明できない場合であっても、過月等の遡及調査を実施し、原因を究明します。

　　もし、過月等の遡及調査を実施しても、なお原因が究明できない場合は、不符合額を特定のうえ、適切な会計処理（支払過大分の請求や債権残高の補正など）を実施することとなります。その際には、決裁権者等を明確にしたうえで、社内責任規程等に基づいて実施することとなります。

中分類	2.7 値引・割戻対応	小分類	2.7.1 調整額検証（契約有）	2.7.2 調整額検証（契約無）	

詳細解説

【用語解説】

・仕入値引とは
仕入商品の量目不足、品質不良、破損等の理由で、仕入代金から控除される金額をいう。

・仕入割戻しとは
一定期間に多額又は多量の仕入取引をしたときに、仕入先から受け入れる仕入代金の返戻額をいう。

仕入リベートともいう。

・仕入割引とは
仕入代金を約定支払日前に支払った時に支払額の減額を受けること。

【ポイント・留意点】

・仕入値引の計上時期
仕入値引計上の時期は、仕入先の了解により、値引金額が確定した日時となります。

・仕入割戻しの計上時期
税法では仕入割戻しの計上時期が定められています（法基通2－5－1～2－5－3）。

仕入割戻しの算定基準が定められており、かつその基準が契約等で仕入先から明示されている場合は、仕入日の属する事業年度に仕入割戻しとして計上します。売上割戻しの場合とは異なり、仕入日以降の通知を受けた日や割戻しを受けた日に計上することは認められていません。もし所定どおりに仕入割戻しとして計上しない場合は、その金額がその事業年度の益金に算入され、期末在庫に係る仕入割戻し分が課税所得となり、税務上の不利益が発生します。

算定基準が定まっていない場合、又は定まっていても仕入先から明示されていない場合は、仕入割戻額の通知日の属する事業年度に計上します。

・仕入割引の計上科目
仕入割引は実際の支払日から約定支払日までの受取利息となることから、支払日の属する事業年度の営業外収益に計上します。

【参考資料・法的根拠（条文）等】

法基通2－5－1～2－5－3

大分類 3 在 庫 管 理

3

大分類	中分類	小分類	ポイント・解説
3 在庫管理	3.1 残高管理	3.1.1 実地棚卸 検証	在庫の実地棚卸を行い在庫残高の検証を行います。 詳細解説 P. 47
	3.2 受払管理	3.2.1 受払検証	在庫商品の受払状況の検証を行います。 詳細解説 P. 48
	3.3 適正在庫 管理	3.3.1 滞留在庫 検証	在庫の数量管理面より適正在庫の検証を行います。 詳細解説 P. 49
		3.3.2 在庫年齢 管理	在庫の年齢管理面より適正在庫の検証を行います。 詳細解説 P. 49

業務プロセスと取引仕訳

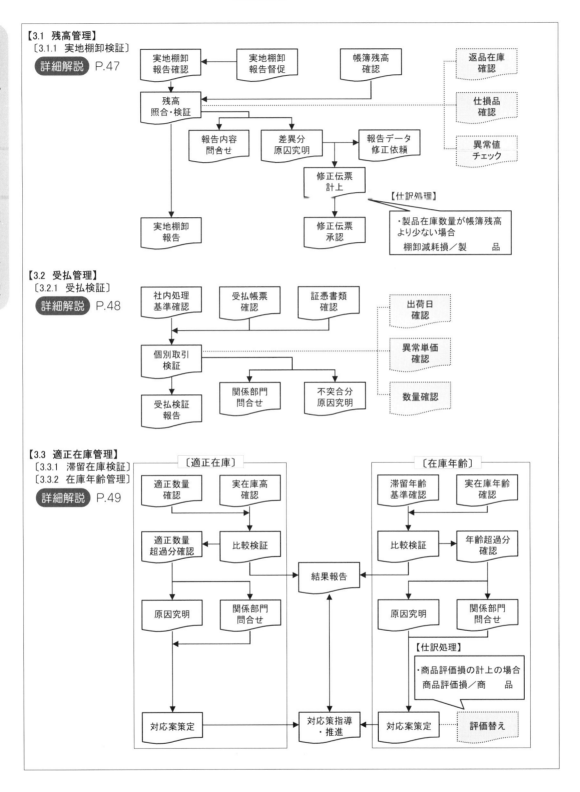

【3.1 残高管理】
〔3.1.1 実地棚卸検証〕
詳細解説 P.47

実地棚卸
報告確認

実地棚卸
報告督促

帳簿残高
確認

返品在庫
確認

残高
照合・検証

仕損品
確認

報告内容
問合せ

差異分
原因究明

報告データ
修正依頼

異常値
チェック

修正伝票
計上

【仕訳処理】

実地棚卸
報告

修正伝票
承認

・製品在庫数量が帳簿残高
より少ない場合
棚卸減耗損／製　　品

【3.2 受払管理】
〔3.2.1 受払検証〕
詳細解説 P.48

社内処理
基準確認

受払帳票
確認

証憑書類
確認

出荷日
確認

個別取引
検証

異常単価
確認

受払検証
報告

関係部門
問合せ

不突合分
原因究明

数量確認

【3.3 適正在庫管理】
〔3.3.1 滞留在庫検証〕
〔3.3.2 在庫年齢管理〕
詳細解説 P.49

〔適正在庫〕

〔在庫年齢〕

適正数量
確認

実在庫高
確認

滞留年齢
基準確認

実在庫年齢
確認

適正数量
超過分確認

比較検証

比較検証

年齢超過分
確認

結果報告

原因究明

関係部門
問合せ

原因究明

関係部門
問合せ

【仕訳処理】

・商品評価損の計上の場合
商品評価損／商　　品

対応案策定

対応策指導
・推進

対応案策定

評価替え

| 中分類 | 3.1
残高管理 | 小分類 | 3.1.1
実地棚卸検証 | | |

【用語解説】

・実地棚卸とは

　　実地棚卸は棚卸資産の在高を各事業年度終了時に実際に点検・計量することで、在庫を確定し、売上原価を確定するとともに、不良品や滞留品を発見して必要な処理を行うための手続きである。ただし、実際の点検・計量においては、期末一時点での実施が困難な場合は棚卸資産の性質などに応じ、継続適用を条件に部分計画棚卸その他合理的な方法により、期末棚卸資産の在高を算定することも認められる。

・簿価切下げとは

　　期末における棚卸資産の収益性が低下した場合に、帳簿価額を正味売却価額まで切り下げることをいう。

・棚卸減耗損とは

　　決算に際して実地棚卸により現物を確認し、帳簿残高に対して不足が生じ、かつ原因究明ができなかった場合に「棚卸減耗損」として処理する。「棚卸減耗損」は原価性の有無により、製造原価、売上原価の内訳科目（原価性あり）と営業外費用又は特別損失（原価性なし）に表示する。

【ポイント・留意点】

・在庫の実地棚卸を行い在庫残高を検証する

　　棚卸の実施に際しては、実施要領を作成し、棚卸基準日に実地棚卸を行う必要があります。実施要領には棚卸の実施計画や対象とする棚卸資産などを記載し、社内で統一的に実施する基準とします。実地棚卸の実施結果と帳簿残高を照合し、差異があった場合には内容の原因究明を行い、帳簿残高の修正等、必要な処理を行います。また、期末日に実地棚卸を実施する場合には、差異の原因究明や修正処理を短期間に行う必要があることから、スケジュールの管理も重要です。

・不良品や滞留品を発見する

　　実地棚卸では数量の確認を行うことのほか、実際に現物を確認することにより、不良な在庫となっているものがないか、過剰又は滞留している在庫がないかを点検し、在庫の適正化を計ることが必要です。過剰在庫や滞留在庫については品目や納入期間などにより社内で一定の基準を設け管理することが必要となります。

・棚卸差異を修正する

　　実地棚卸の結果、帳簿在庫数量より実際在庫数量が少ないことが明らかとなった場合は「棚卸減耗損」として処理を行います。実地棚卸時の差異を原因調査し、最終的に不明となった差額を製品勘定や原材料勘定から減額し、実際在庫金額と帳簿金額を一致させます。

【参考資料・法的根拠（条文）等】

　　法法29①／法令10、28、68／法基通　5－4－1、9－1－4、9－1－5、9－1－6／会計原則第三の5のA、会計原則注解10／棚卸資産の評価に関する会計基準（企業会計基準第9号・最終改正2019年（令和元年）7月4日）

【関連項目】

　　3.2.1（受払検証）、3.3.2（在庫年齢管理）

詳細解説	中分類	3.2 受払管理	小分類	3.2.1 受払検証		

【用語解説】

・棚卸資産の範囲とは

「棚卸資産の評価に関する会計基準」においては、棚卸資産は、商品、製品、半製品、原材料、仕掛品等の資産であり、企業がその営業目的を達成するために所有し、かつ、売却を予定する資産のほか、売却を予定しない資産であっても、販売活動及び一般管理活動において短期間に消費される事務用消耗品等も含まれるとしている。

また、法人税法においては商品又は製品、半製品、仕掛品、主要原材料、補助原材料、消耗品で貯蔵中のもの、それらの資産に準ずるものと規定されている。なお、事業の用に供する前の減価償却資産や取り外した減価償却資産で売却を予定して貯蔵中のものは、棚卸資産には含めない。

・棚卸資産の評価とは

「棚卸資産の評価に関する会計基準」においては、原則として購入代価又は製造原価に引取費用等の付随費用を加算して取得原価とし、個別法、先入先出法、平均原価法、売価還元法の中から選択した方法を適用して売上原価等の払出原価と期末棚卸資産の価額を算定する。

また、通常の販売目的（販売するための製造目的を含む。）で保有する棚卸資産については、期末における正味売却価額が取得原価より下落している場合には、当該正味売却価額をもって評価する。

なお、評価方法の選択にあたっては、事業の種類、棚卸資産の種類、その性質及びその使用方法等を考慮した区分ごとに選択し、継続して適用しなければならない。

【ポイント・留意点】

・社内処理基準を作成する

社内で取り扱う棚卸資産の種類や評価方法、管理方法、また、棚卸資産の引渡・受入に際し作成された証憑類の保存など、社内統一的な基準を作成し運用を図ります。定期的にその処理基準に則り、取引の検証を行うことが重要となります。

・在庫商品の受払状況を検証する

在庫とする棚卸資産の受払状況が社内処理基準により適正に実施されているか検証を行います。その際に受払事実を示す証憑書類や受払伝票と照合し、出荷日や受払価格、受払数量等を検証します。証憑書類には入出荷伝票、送り状、検品票、納品伝票、請求書、領収書等があり、棚卸表と同様に、棚卸資産の引渡・受入に際し作成された証憑書類として保存することを規定されています。

受払状況の検証結果による不符合分については、関係部門と原因究明を行い、受払検証結果とともに報告を行い修正を実施します。

【参考資料・法的根拠（条文）等】

法法29①／法令10、28、68／会計原則第三の５のA、会計原則注解10／棚卸資産の評価に関する会計基準

【関連項目】

3.1.1（実地棚卸検証）、3.3.1（適正在庫検証）、3.3.2（在庫年齢管理）

中分類	3.3 適正在庫管理	小分類	3.3.1 滞留在庫検証	3.3.2 在庫年齢管理	

詳細解説

【用語解説】

・適正在庫とは

　欠品を起こさずに市場ニーズに対応できる必要最小限の在庫量のことで，適正在庫とするためにはきめ細かな管理を行う必要がある。

・在庫回転率とは

　在庫管理がうまくいっているか、すなわち過剰在庫や滞留在庫が発生していないかをチェックするための数値であり、次の算式で求めることができる。商品別に求めることにより、商品の優劣を判定することができ、在庫回転率が大きいほどよく売れている商品を示す。

　　（算式）　　在庫回転率＝出庫金額÷在庫金額

　商業、流通業を主とする会社においては、次の計算式により、会社トータルとして回転率を管理することも必要となる。

　　（算式）　　棚卸資産回転率＝売上高÷期首・期末平均棚卸資産在庫高

　また、在庫回転率を日数に置き換えることにより在庫の滞留日数を表すことになる。

　　（算式）　　在庫回転期間（日）＝365÷在庫回転率

・デッドストックとは

　資産価値のない売れ残り品や不良在庫のことで、そのまま放置しておくと在庫全体に占める割合が高くなり在庫回転率の低下や現品管理の余分な稼動がかかることになるため、早期に処理する必要がある。

【ポイント・留意点】

・適正在庫数量の基準を定める

　どれだけの数量を在庫とすれば欠品などの品切れを起こさず、また、過剰在庫が発生しない在庫量とすることができるか、販売部門や管理部門と協議し算定の基準を設定します。在庫回転率など社内の指標を基に、納入期間や販売計画を考慮して設定することが重要となります。

・適正在庫数量の超過分を把握する

　定期的に適正在庫と設定した基準値と実際在庫量との比較を行い、過剰となっている在庫がないか、デッドストックとなっているものがないか検証を行います。検証方法についてはすべての品目に対して行うか、一部の主要な品目に対して行うかなど社内で統一した基準で実施することが好ましく、その基準値を超過した在庫を適時に把握できる仕組みとすることが重要となります。

・過剰在庫解消のための対応策を策定する

　過剰在庫となった場合に新たな仕入（発注）の抑止や販売計画の見直し、倉庫単位でバラツキがあれば他の倉庫へ転用するなどの解消計画を関係部門と策定し、指導・推進・進捗管理を行います。また、過剰在庫となる見通しがあるものについても月次での同様な管理が必要です。

・滞留年齢の基準を作る

　業種・業態・環境・季節変動などを考慮し、仕入時から経過した期間を管理する基準を設定します。例えば、注文から納入までの期間が短いものであれば滞留年齢を短くし、納入までの期間が長く季節変動がないものなどは基準を長く設定します。

詳細解説

・基準年齢超過分を把握する

　　基準年齢を超過したものが発生していないか検証を行いますが、その際に重要となるのは受入の記録であり、入荷伝票等により正確に記録しておくことが必要です。また、超過分を即時に一覧表で把握できる仕組みも重要となります。

・在庫年齢超過分の解消計画を策定する

　　年齢超過となった場合に関係部門において原因究明を行い、解消計画を策定します。販売見込の誤りによるものか、過剰な仕入によるものなのかなどを分析し、解消見込の有無を確認します。また、市場価格の下落、商品の陳腐化などに起因する場合は、評価減の実施も検討する必要があります。

【関連項目】

3.1（残高管理）、3.2（受払管理）

大分類 4 固定資産管理

大分類	中分類	小分類	ポイント・解説
4 固定資産管理	4.1 資産取得申請	4.1.1 申請内容検証	固定資産取得申請内容を検証し、会計処理の判定を行います。
	4.2 資産取得実行	4.2.1 仮勘定計上	固定資産の建設、製作等を行う場合において、建設、製作等に要する原価を確認し建設仮勘定に計上します。
		4.2.2 資産計上	固定資産の建設、製作等を行う場合において、完成を確認し建設仮勘定から資産勘定への計上を行います。 詳細解説 P.59
		4.2.3 資産計上（完成品）	固定資産の購入を行う場合において、購入額を確認し資産勘定に計上します。 詳細解説 P.59
	4.3 支払	4.3.1 請求確認	請求書等に基づき、購入先からの請求額を確認します。
		4.3.2 支払依頼	請求書等に基づき、請求内容を踏まえて出納担当者へ支払依頼を行います。
		4.3.3 支払実行	支払依頼に基づき、支払を実行します。
	4.4 減価償却	4.4.1 償却費算定	取得資産の耐用年数等を把握のうえ、減価償却費の算定を行います。 詳細解説 P.61
		4.4.2 償却費計上	算定した減価償却費を計上します。 詳細解説 P.61
		4.4.3 研究開発時償却費算定	特定の研究開発目的の機械装置等を取得した場合において、減価償却費を算定します。
		4.4.4 償却費計上	算定した減価償却費を計上します。
	4.5 現物管理	4.5.1 固定資産台帳管理	資産勘定へ計上した固定資産について、固定資産台帳を作成し、固定資産の管理を行います。
		4.5.2 現物実査	固定資産の現物実査を行い、必要により適切な会計処理を行います。
	4.6 資産評価（減損）	4.6.1 資産評価	減損会計基準に基づき、固定資産の評価を行います。 詳細解説 P.63
		4.6.2 評価減計上	評価結果を踏まえて減損損失を計上します。 詳細解説 P.63
	4.7 メンテナンス申請	4.7.1 申請内容検証	メンテナンス申請内容を検証し、会計処理の判定を行います。

大分類	中分類	小分類	ポイント・解説
	4.8 メンテナ ンス実行	4.8.1 完了確認	メンテナンス実行の確認を行います。
		4.8.2 記帳 （資産計上）	メンテナンスが資本的支出に該当する場合に、資産勘定への計上を行います。
		4.8.3 記帳 （費用計上）	メンテナンスが修繕費に該当する場合に、費用計上を行います。
	4.9 支払	4.9.1 請求確認	請求書等に基づき、購入先からの請求額を確認します。
		4.9.2 支払依頼	請求書等に基づき、請求内容を踏まえて出納担当者へ支払依頼を行います。
		4.9.3 支払実行	支払依頼に基づき、支払を実行します。
	4.10 資産除却 申請	4.10.1 申請内容 検証	除却申請内容を検証し、会計処理の判定を行います。
	4.11 資産除却 実行	4.11.1 除却伝票 計上	除却資産について、除却損計上を行います。
	4.12 リース料 支払	4.12.1 リース 購入申請	リース取引を申請します。 詳細解説 P.65
		4.12.2 リース取引 の会計処理 検討	リース取引は形態によって会計処理が異なります。契約しているリース取引がどの取引形態に属するのか判断基準に沿って検討します。 詳細解説 P.65
		4.12.3 リース料 の支払	請求書等に基づき、請求内容を踏まえて出納担当者へ支払依頼を行い、支払を実行します。

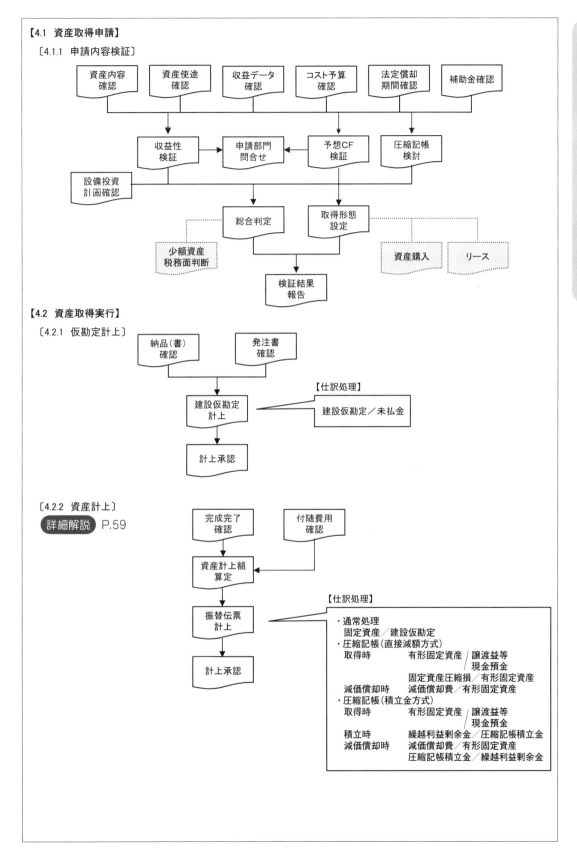

【4.1 資産取得申請】

〔4.1.1 申請内容検証〕

資産内容確認　資産使途確認　収益データ確認　コスト予算確認　法定償却期間確認　補助金確認

収益性検証　申請部門問合せ　予想CF検証　圧縮記帳検討

設備投資計画確認

総合判定　取得形態設定

少額資産税務面判断　資産購入　リース

検証結果報告

【4.2 資産取得実行】

〔4.2.1 仮勘定計上〕

納品(書)確認　発注書確認

建設仮勘定計上　【仕訳処理】　建設仮勘定／未払金

計上承認

〔4.2.2 資産計上〕
詳細解説 P.59

完成完了確認　付随費用確認

資産計上額算定

振替伝票計上　【仕訳処理】
・通常処理
　固定資産／建設仮勘定
・圧縮記帳(直接減額方式)
　取得時　　有形固定資産／譲渡益等
　　　　　　　　　　　　　／現金預金
　　　　　　固定資産圧縮損／有形固定資産
　減価償却時　減価償却費／有形固定資産
・圧縮記帳(積立金方式)
　取得時　　有形固定資産／譲渡益等
　　　　　　　　　　　　　／現金預金
　積立時　　繰越利益剰余金／圧縮記帳積立金
　減価償却時　減価償却費／有形固定資産
　　　　　　圧縮記帳積立金／繰越利益剰余金

計上承認

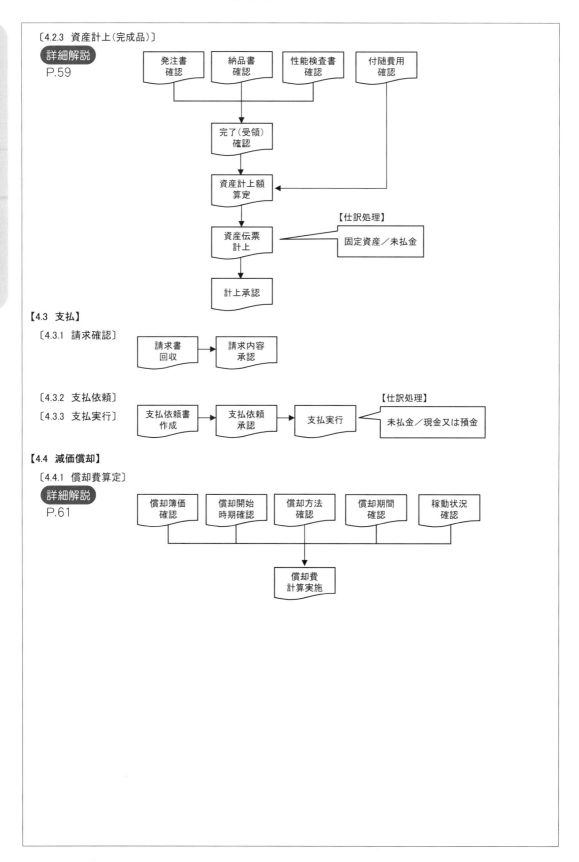

〔4.2.3 資産計上（完成品）〕

詳細解説 P.59

発注書確認 ─ 納品書確認 ─ 性能検査書確認 ─ 付随費用確認

完了（受領）確認

資産計上額算定

資産伝票計上 【仕訳処理】 固定資産／未払金

計上承認

【4.3 支払】

〔4.3.1 請求確認〕

請求書回収 → 請求内容承認

〔4.3.2 支払依頼〕
〔4.3.3 支払実行〕

支払依頼書作成 → 支払依頼承認 → 支払実行 【仕訳処理】 未払金／現金又は預金

【4.4 減価償却】

〔4.4.1 償却費算定〕

詳細解説 P.61

償却簿価確認 ─ 償却開始時期確認 ─ 償却方法確認 ─ 償却期間確認 ─ 稼動状況確認

償却費計算実施

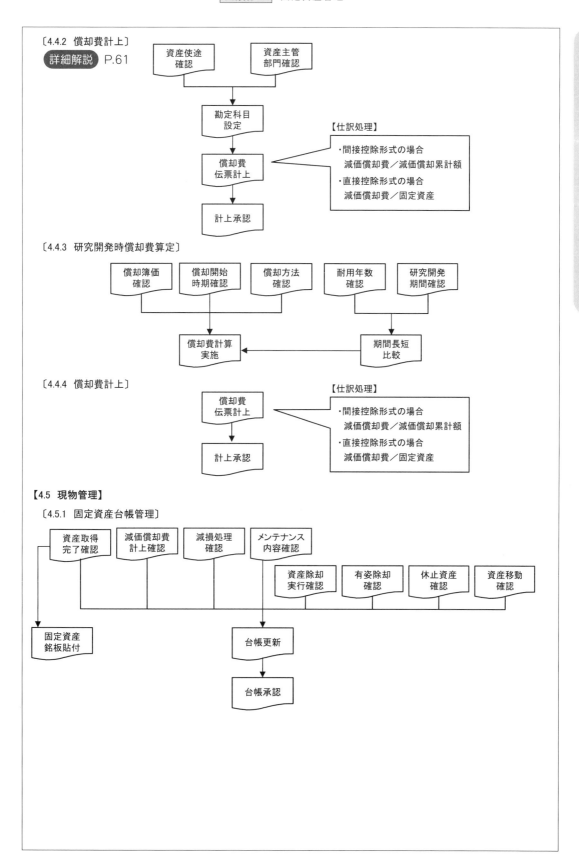

〔4.4.2 償却費計上〕

詳細解説 P.61

資産使途確認
資産主管部門確認

勘定科目設定

償却費伝票計上

【仕訳処理】
・間接控除形式の場合
　減価償却費／減価償却累計額
・直接控除形式の場合
　減価償却費／固定資産

計上承認

〔4.4.3 研究開発時償却費算定〕

償却簿価確認
償却開始時期確認
償却方法確認
耐用年数確認
研究開発期間確認

償却費計算実施
期間長短比較

〔4.4.4 償却費計上〕

償却費伝票計上

【仕訳処理】
・間接控除形式の場合
　減価償却費／減価償却累計額
・直接控除形式の場合
　減価償却費／固定資産

計上承認

【4.5 現物管理】

〔4.5.1 固定資産台帳管理〕

資産取得完了確認
減価償却費計上確認
減損処理確認
メンテナンス内容確認
資産除却実行確認
有姿除却確認
休止資産確認
資産移動確認

固定資産銘板貼付
台帳更新

台帳承認

業務プロセスと取引仕訳

業務プロセスと取引仕訳

〔4.5.2 現物実査〕

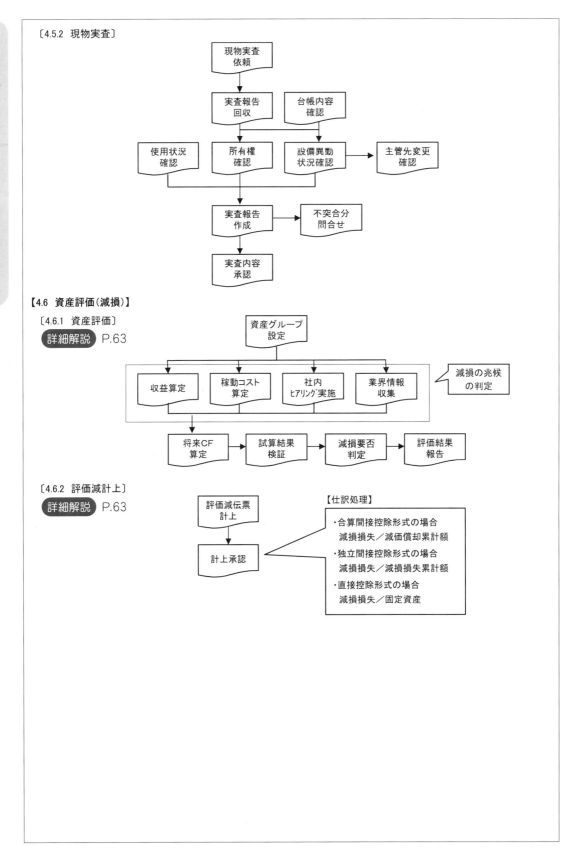

【4.6 資産評価（減損）】

〔4.6.1 資産評価〕
詳細解説 P.63

〔4.6.2 評価減計上〕
詳細解説 P.63

【仕訳処理】

・合算間接控除形式の場合
　減損損失／減価償却累計額
・独立間接控除形式の場合
　減損損失／減損損失累計額
・直接控除形式の場合
　減損損失／固定資産

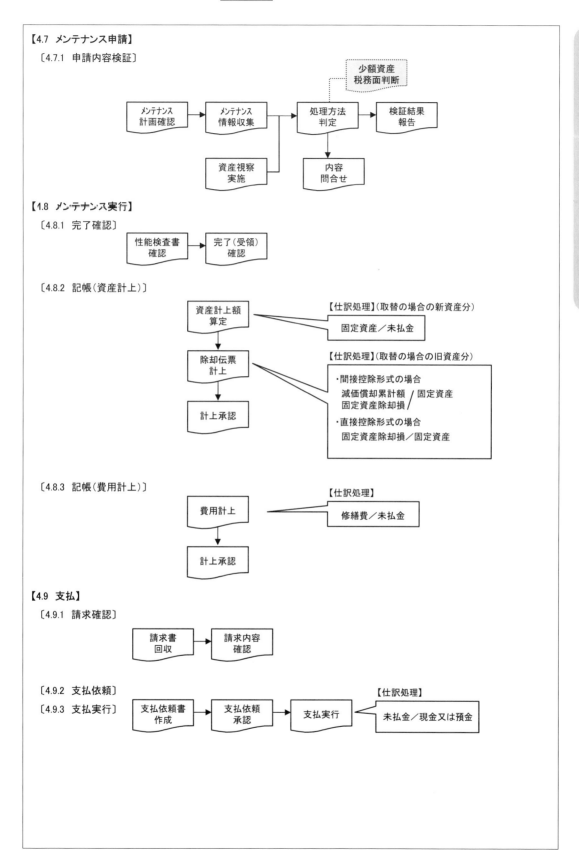

【4.7 メンテナンス申請】

〔4.7.1 申請内容検証〕

メンテナンス計画確認 → メンテナンス情報収集 → 処理方法判定 → 検証結果報告

少額資産税務面判断

資産視察実施

内容問合せ

【4.8 メンテナンス実行】

〔4.8.1 完了確認〕

性能検査書確認 → 完了（受領）確認

〔4.8.2 記帳（資産計上）〕

資産計上額算定

【仕訳処理】（取替の場合の新資産分）

固定資産／未払金

除却伝票計上

【仕訳処理】（取替の場合の旧資産分）

・間接控除形式の場合
減価償却累計額／固定資産
固定資産除却損／

・直接控除形式の場合
固定資産除却損／固定資産

計上承認

〔4.8.3 記帳（費用計上）〕

費用計上

【仕訳処理】

修繕費／未払金

計上承認

【4.9 支払】

〔4.9.1 請求確認〕

請求書回収 → 請求内容確認

〔4.9.2 支払依頼〕
〔4.9.3 支払実行〕

支払依頼書作成 → 支払依頼承認 → 支払実行

【仕訳処理】

未払金／現金又は預金

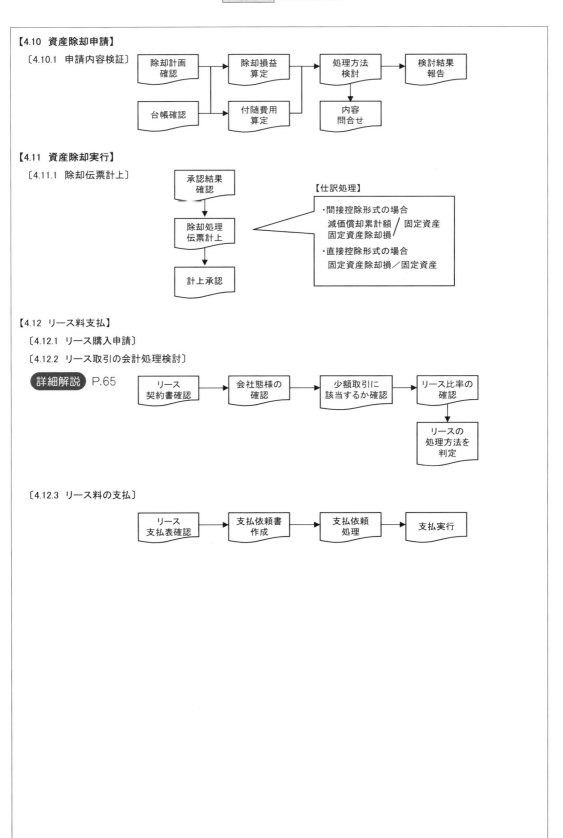

業務プロセスと取引仕訳

【4.10　資産除却申請】

〔4.10.1　申請内容検証〕

```
除却計画          除却損益          処理方法          検討結果
確認              算定              検討              報告

台帳確認          付随費用          内容
                  算定              問合せ
```

【4.11　資産除却実行】

〔4.11.1　除却伝票計上〕

```
承認結果
確認

除却処理          【仕訳処理】
伝票計上
                 ・間接控除形式の場合
                   減価償却累計額／固定資産
計上承認            固定資産除却損／

                 ・直接控除形式の場合
                   固定資産除却損／固定資産
```

【4.12　リース料支払】

〔4.12.1　リース購入申請〕

〔4.12.2　リース取引の会計処理検討〕

詳細解説　P.65

```
リース            会社態様の        少額取引に        リース比率の
契約書確認        確認              該当するか確認    確認

                                                     リースの
                                                     処理方法を
                                                     判定
```

〔4.12.3　リース料の支払〕

```
リース            支払依頼書        支払依頼          支払実行
支払表確認        作成              処理
```

中分類	4.2 資産取得実行	小分類	4.2.2 資産計上	4.2.3 資産計上（完成品）	

【用語解説】

・減価償却資産とは

　法人税法においては、棚卸資産、有価証券及び繰延資産以外の資産のうち次に掲げるものとする。

　「建物及びその附属設備」、「構築物」、「機械及び装置」、「船舶」、「航空機」、「車両及び運搬具」、「工具、器具及び備品」、「無形固定資産（鉱業権、漁業権、ダム使用権、水利権、特許権、実用新案権、意匠権、商標権、ソフトウェア、育成者権、営業権など法人税法で個別に定める権利）」、「生物（牛、馬、豚、綿羊及びやぎ、かんきつ樹、りんご樹など、法人税法で個別に定める樹木類）」。

・一括償却資産とは

　減価償却資産のうち、取得価額が20万円未満のものをいう。

・少額減価償却資産とは

　減価償却資産のうち、使用可能期間が１年未満のもの、又は取得価額が10万円未満のものをいう。

【ポイント・留意点】

・取得価額（原価）の範囲

　固定資産の取得原価は、減価償却費として各事業年度に適正な期間配分を行う必要があるので、取得事業年度のみでなく翌期以降の事業年度の財務諸表に影響を及ぼすことからも、その算定にあたっては適正に把握を行う必要があります。

　固定資産の取得にはさまざまな場合があり、それぞれに応じて取得原価の計算が異なりますが、例えば次により決定されることとなります。

＜購入＞

・購入代金に買入手数料、運送費、荷役費、据付費、試運転費等の付随費用を加えて取得原価とします。

＜自家建設＞

・適正な原価計算基準に従って製造原価を計算し、これに基づいて取得原価を計算します。

・減価償却資産の取得価額（税法基準）

　法人税法においては、例えば次により定められておりますが、財務会計上の扱いと同様と考えられます。ただし、使用可能期間が１年未満であるもの又は取得価額が10万円未満であるものは、その取得価額を損金経理したときは、所得金額の計算上損金の額に算入できます。また、一括償却資産においては、その取得価額を損金経理したときの所得金額の計算上損金の額に算入できる額は、その取得価額を36で除して当該事業年度の月数を乗じた額（事業年度の月数が12ヶ月の場合は３年均等償却）となります。したがって、一括償却資産は財務会計上で費用処理した場合には、税務会計上の扱いとの相違が生じます。

＜購入＞

・当該資産の購入の代価及び当該資産を事業の用に供するために直接要した費用の額。

＜自家建設＞

・当該資産の建設等のために要した原材料費、労務費及び経費の額及び当該資産を事業の用に供するために直接要した費用の額。

・圧縮記帳の会計処理

　　税法上の所定の要件を満たした取引において、譲渡益又は受贈益等が発生した場合には、その代替資産等の取得価額をその譲渡益又は受贈益相当額だけ減額（圧縮）して記帳することが認められています。

　　圧縮記帳は、計上した損失（圧縮損）と譲渡益等とを相殺して、その事業年度においては固定資産の譲渡等による所得が生じなかったものと同様の効果をもたらす課税上の手法です。

　　圧縮記帳には、以下の2つの方法による会計処理が認められています。

　・直接減額方式……譲渡益等を特別利益として損益計算書に計上する一方で、その金額分を有形固定資産の評価額を減額する方法

　・積立金方式………譲渡益等と同額の積立金を計上し、固定資産の耐用年数にわたり積立金を取り崩す方法

　　以上2つの方法のうち、前者の方法では、固定資産の本来の取得原価が貸借対照表に表示されないため、後者の方法がより望ましいと考えられています。

【参考資料・法的根拠（条文）等】

　法令13、54、133の2

中分類	4.4 減価償却	小分類	4.4.1 償却費算定	4.4.2 償却費計上	詳細解説

【用語解説】

・**定額法とは**

償却費が毎年同額となるように，取得価額に耐用年数に応じた償却率を乗じて計算する方法。

（算式） 取得価額×償却率……新規取得時、除却時には稼働月数も考慮する必要がある。

・**定率法とは**

償却費が毎年一定の割合で逓減するように、取得価額（第2回目以後の償却の場合は、当該取得価額から既に償却した額を控除した金額）に耐用年数に応じた償却率を乗じて計算する方法。

（算式） （取得価額－既に償却した金額）×償却率……新規取得時、除却時には稼働月数も考慮する必要がある。

〔平成19年度税制改正後の法人税法における減価償却について〕

●**定額法**

毎期均等額の減価償却費を計上する方法。

取得時期	算出方法
H19.3.31以前	（取得価額－残存価額）×旧定額法の償却率
H19.4.1以後	取得価額×定額法の償却率＜備忘価額1円を残す＞

新規取得時、除却時には稼働月数も考慮する必要がある。

●**定率法**

毎期期首未償却残額に一定率を乗じた減価償却費を計上する方法。

取得時期	算出方法
H19.3.31以前	帳簿価額（未償却残額）×旧定率法の償却率
H19.4.1以後	〔耐用年数の初期段階〕 　帳簿価額（未償却残額）×定率法の償却率（注1） 〔定額法への切り替え〕 　改定取得価額×改定償却率（注2）＜備忘価額1円を残す＞

新規取得時、除却時には稼働月数も考慮する必要がある。

（注1） 平成19年4月1日から平成24年3月31日までの間に取得した減価償却資産については耐用年数省令別表第九の償却率（250％定率法）、平成24年4月1日以後に取得した減価償却資産については同別表第十の償却率（200％定率法）を用いる。

（注2）

・250％償却（減価償却資産の取得時期が平成19年4月1日以降平成24年3月31日まで）

・200％償却（減価償却資産の取得時期が平成24年4月1日以降）

・**生産高比例法とは**

当該資産の使用度合に応じて減価償却費を計上するという観点から、按分基準に「生産高」を用いる償却方法。

・**直接控除方式とは**

減価償却累計額を、当該資産の金額から直接控除し、その控除残高を当該資産の金額として表示する方法。

詳細解説

・間接控除方式とは

　減価償却累計額を、当該資産に対する控除科目として、減価償却累計額の科目をもって表示する方法。

【ポイント・留意点】

・減価償却の方法

　財務会計上の減価償却は、「合理的に決定された一定の方式に従い、毎期計画的、規則的に実施されなければならない」とされており、不合理と認められる事情のない限り、法人税法の規定に基づいて算定することも妥当と認められています。

　法人税法においては、資産の区分に応じ、定額法及び定率法等により計算するものとされています。なお、会社が選定した償却の方法は、納税地の所轄税務署長への届出をしなければなりません（償却の方法を変更する場合は、その新たな償却の方法を採用しようとする事業年度開始の日の前日までに届出を行わなければなりません。）。

・法定償却期間

　法定償却期間（法定耐用年数）については、「減価償却資産の耐用年数等に関する省令」に定められており、取得資産の種類ごとに、構造又は用途の区分に対応する耐用年数が示されています。減価償却費の算定は、耐用年数に基づいた償却率を乗じて行われることから、耐用年数を誤った場合には適正な減価償却費が計上されず、財務諸表を歪めることとなるため、耐用年数の確認にあたっては特に注意が必要です。

・償却費を計上する勘定科目を定義する

　減価償却累計額の表示については、財務諸表等規則において定められており、有形固定資産については直接控除方式又は間接控除方式によること、また、無形固定資産については直接控除方式によることとされています。

・耐用年数等の見積りの変更

　固定資産の取得当初には予見することのできなかった市場価格の変動や新生産技術等により、正規の減価償却計算に適用している耐用年数又は残存価額が著しく不合理となった場合の会計処理にはキャッチ・アップ方式とプロスペクティブ方式という2つの方法があります。

　キャッチ・アップ方式とは、耐用年数の変更等に関する影響額を、その変更時に一時に認識し、修正した金額を臨時償却費として計上し、その後は新たな耐用年数で計算する方法です。

　一方で、プロスペクティブ方法とは、過年度の償却計算を修正せず、耐用年数等の変更を、将来の費用配分に影響させる方法です。

　現在、会計上の見積りの変更は、新しい情報によってもたらされるものであるとの認識から、国際的にみても、前者のキャッチ・アップ方式は認められておらず、プロスペクティブ方式のみ認められています。なお、正当な理由があった場合における減価償却方法の変更も同様の考え方です。

【参考資料・法的根拠（条文）等】

　減価償却に関する当面の監査上の取扱い（監査・保証実務委員会実務指針第81号・最終改正平成24年2月14日）／会計方針の開示、会計上の変更及び誤謬の訂正に関する会計基準（企業会計基準第24号・改正2020年（令和2年）3月31日）／法令48、48の2、52／耐用年数省令別表第一～第十一／財規25、26、30

中分類	4.6 資産評価（減損）	小分類	4.6.1 資産評価	4.6.2 評価減計上	

【用語解説】

・割引前将来キャッシュフローの総額とは

　　主要な資産（資産グループの将来キャッシュフロー生成能力にとって最も重要な構成資産）の経済的残存使用年数（税法耐用年数等に基づく残存耐用年数に著しい相違がある等の不合理と認められる事情のない限り、当該残存耐用年数を経済的残存使用年数と認められる。）等に基づいて算定された、当該資産を使用・売却することにより将来の各年度に獲得できると想定されるキャッシュフローの合計額。

・回収可能価額とは

　　資産グループ等の正味売却価額（資産グループ等の時価から処分費用見込額を控除して算定される金額）と使用価値（資産グループ等の継続的使用と使用後の処分によって生じると見積もられる将来キャッシュフローの現在価値）のいずれか高い方の金額をいう。

【ポイント・留意点】

・固定資産のグルーピング

　　「複数の資産が一体となって独立したキャッシュフローを生み出す場合には、減損の兆候の把握、減損損失の認識の判定及び減損損失の測定に際して、合理的な範囲で資産のグルーピングを行う必要がある。」とされていますが、これは、工場の製造設備の場合を例にすると、ある1台の機械だけでキャッシュフローを生み出すわけでなく、その機械と関連する他の機械設備、作業に使用される工具等とともに生産活動に貢献し、まとまったキャッシュフローを生み出していることから、複数の資産をまとめる単位を設定して会計処理を行わざるを得ないためです。

　　グルーピングにあたっては、資産と対応して継続的に収支の把握がなされている単位を識別し、グルーピングを決定する基礎としますが、その単位から生じるキャッシュインフローが、製品やサービスの品質、市場の類似性等によって、他の単位から生じるキャッシュインフローと相互補完的であり、双方の単位を切り離したときにキャッシュインフローに大きな影響がある場合には、その単位を同一グルーピングとすることに留意することが必要です。なお、資産の処分や事業廃止に関する意思決定を行った資産及び将来の使用が見込まれていない遊休資産のうち重要なものは、独立したものとして取り扱う必要があります。

・減損の兆候の把握

　　「減損の兆候がある場合には、当該資産グループ等について減損損失を認識するかどうかの判定を行う。」とされていますが、これは、すべての資産について減損損失の認識の判定を行うことが、過大な負担となることを考慮したものです。

　　減損の兆候の例示としては、「営業活動から生じる損益又はキャッシュフローが継続してマイナス」、「使用範囲又は方法について回収可能価額を著しく低下させる変化」、「経営環境の著しい悪化」、「市場価格の著しい下落」の場合があります。

・減損損失の認識の判定

　　減損の兆候がある資産グループ等については、減損損失の認識の判定を行いますが、判定にあたっては「割引前将来キャッシュフローの総額」と「帳簿価額」を比較し、「割引前将来キャッシュフローの総額」が下回っている場合に、減損損失を認識します。

詳細解説

・減損損失の測定

　減損損失を認識すべきであると判定された資産グループ等は、帳簿価額を回収可能価額まで減額し、当該減少額を減損損失として損益計算書に計上します。

　損益計算書への計上は、原則として特別損失としますが、減損損失の金額が会社の利益水準や剰余金の水準と比較して僅少である場合には、営業外費用として計上することも認められます。

・減損処理後の会計処理

　減損損失の計上を行った資産についての減損処理後の減価償却費の計上は、減損損失を控除した帳簿価額と残存価額、残存耐用年数に基づき行います。

　また、減損処理を行った資産について、回収可能価額が回復した場合であっても過去に認識（計上）した減損損失の戻入れを行うことはできません。

・財務諸表における開示

　減損損失の計上を行った資産の貸借対照表における表示は、原則、直接控除方式（減損処理前の取得原価から減損損失を直接控除し、控除後の金額をその後の取得価額とする方法）によることとされています。

　ただし、有形固定資産については、減損損失累計額として、取得価額から間接的に控除する間接控除方式によることも認められており、この場合には、減損損失累計額を減価償却累計額に合算して表示することも認められています。

　減損損失を認識した資産のうち重要なものは、損益計算書（特別損失）に係る注記事項として以下の項目を注記する必要があります。

- ・当該資産グループ等について、用途、種類、場所、その他当該資産グループ等の内容を理解するための内容。
- ・減損損失を認識するに至った経緯。
- ・減損損失の金額及び主な固定資産の種類ごとの当該金額の内訳。
- ・資産グループがある場合には、当該資産グループに係る資産をグループ化した方法。
- ・回収可能価額が正味売却価額の場合にはその旨及び時価の算定方法、回収可能価額が使用価値の場合にはその旨及び割引率。

【参考資料・法的根拠（条文）等】

固定資産の減損に係る会計基準の適用指針（企業会計基準適用指針第6号・最終改正平成21年3月27日）／財規26の2、95の3、95の3の2

| 中分類 | 4.12
リース料支払 | 小分類 | 4.12.1
リース購入申請 | 4.12.2
リース取引の会計処理検討 | |

【用語解説】

・リース取引とは

　特定の物件の所有者たる貸手（レッサー）が、借手（レッシー）に対し、合意された期間（以下「リース期間」という。）にわたり、これを使用収益する権利を与え、借手は、合意された使用料（以下「リース料」という。）を貸手に支払う取引をいう。

・ファイナンス・リース取引とは

　リース契約に基づくリース期間の中途において当該契約を解除することができないリース取引又はこれに準ずるリース取引で、借手が、当該契約に基づき使用する物件（以下「リース物件」という。）からもたらされる経済的利益を実質的に享受することができ、かつ、当該リース物件の使用に伴って生じるコストを実質的に負担することとなるリース取引をいう。

　ファイナンス・リース取引のうち、リース契約上の諸条件に照らしてリース物件の所有権が借手に移転すると認められるものを「所有権移転ファイナンス・リース取引」といい、それ以外を「所有権移転外ファイナンス・リース取引」という。

・オペレーティング・リース取引とは

　ファイナンス・リース取引以外のリース取引をいう。

・リース取引開始日とは

　借手が、リース物件を使用収益する権利を行使することができることとなった日をいう。

【ポイント・留意点】

・リース取引形態の判定

　リース取引はその形態、すなわちファイナンス・リース取引かオペレーティング・リース取引かによって会計処理が異なります。また、ファイナンス・リース取引であっても、それが所有権移転ファイナンス・リース取引か所有権移転外ファイナンス・リース取引かによって会計処理が異なることから、契約しているリース取引がどの取引形態に属するのかを判定する必要があります。

```
                               ┌─ 所有権移転ファイナンス・リース取引（売買処理）
            ┌ファイナンス・リース取引─┤
リース取引─┤                     └─ 所有権移転外ファイナンス・リース取引（売買処理）
            └オペレーティング・リース取引（賃貸借処理）
```

・ファイナンス・リース取引の具体的要件

　リース取引がファイナンス・リース取引に該当するかどうかは、上記ファイナンス・リース取引の定義を満たす必要がありますが、経済的実質から次の(1)又は(2)に該当する場合にはファイナンス・リース取引と判定されます。

　(1)　解約不能のリース期間中のリース料総額の現在価値が、当該リース物件を借手が現金で購入するものと仮定した場合の合理的見積金額の概ね90％以上であること。

　(2)　解約不能のリース期間が、当該リース物件の経済的耐用年数の概ね75％以上であること（ただし、上記(1)の判定結果が90％を大きく下回ることが明らかな場合を除く。）。

・所有権移転ファイナンス・リース取引の具体的要件

　ファイナンス・リース取引と判定されたもののうち、次の(1)から(3)のいずれかに該当する場合には、リース物件の所有権が借手に移転すると認められて所有権移転ファイナンス・リース取引

と判定され、それ以外のファイナンス・リース取引は所有権移転外ファイナンス・リース取引と判定されます。

(1) リース契約上、リース期間終了後又はリース期間の中途で、リース物件の所有権が借手に移転することとされているリース取引

(2) リース契約上、借手に対して、リース期間終了後又はリース期間の中途で、名目的価額又はその行使時点のリース物件の価額に比して著しく有利な価額で買い取る権利が与えられており、その行使が確実に予想されるリース取引

(3) リース物件が、借手の用途等に合わせて特別の仕様により製作又は建設されたものであって、当該リース物件の返還後、貸手が第三者に再びリース又は売却することが困難であるため、その使用可能期間を通じて借手によってのみ使用されることが明らかなリース取引

・オペレーティング・リース取引の会計処理

オペレーティング・リース取引については、通常の賃貸借処理に準じた会計処理、すなわち損益計算書における費用処理を行います。

・ファイナンス・リース取引の会計処理

ファイナンス・リース取引については、以上の該当要件を鑑みると、自社で設備を購入して使用することと経済実質的にほぼ同一とみなすことができることから、通常の売買処理に準じた会計処理、すなわちリース物件を資産計上すると同時に、貸方にはリース資産と同額をリース債務として計上します。リース資産については減価償却により、リース債務はリース料の支払に伴い残高が減少していきます。

所有権移転ファイナンスリースと所有権移転外ファイナンスリースはどちらも売買処理に準じた会計処理を行いますが、以下のような違いがあります。

・リース資産の償却について

所有権移転ファイナンスリース……所有権移転ファイナンス・リースは売買処理に準じた会計処理を行います。

BS　リース料総額の現在の価値と見積購入価額のいずれか低い方を計上

PL　・支払利息の計上（利息法）

・減価償却費の計上：自己所有の固定資産と同様

所有権移転外ファイナンスリース……所有権移転外ファイナンス・リースは売買処理に準じた会計処理を行いますが、リース比率によって処理方法を選択します。リース比率が10%以上の場合、原則処理に準じた会計処理を行います。リース比率が10%未満の場合、(2)か(3)どちらかの簡便処理を選択し、会計処理を行います。

(1) 原則処理

BS　リース料総額の現在の価値と見積購入価額のいずれか低い方を計上

PL　・支払利息の計上（利息法）

・減価償却費の計上：耐用年数はリース期間

(2) 簡便処理

BS　(1)と同じ

PL　・支払利息の計上（定額法）

・減価償却費の計上：(1)と同じ

　(3)　簡便処理
　　　BS　リース料総額を計上
　　　PL　・支払利息を認識しない
　　　　　・減価償却費の計上：(1)と同じ
・リース期間終了時の処理について
　　所有権移転ファイナンスリース……リース期間の中途又はリース期間終了時に所有権が移転した場合、自己所有の固定資産に振り替え、減価償却を継続します（リース適用指針43）。
　　所有権移転外ファイナンスリース……リース期間の終了時には、通常、リース資産の償却は完了し、リース債務も完済しているため、リース物件を貸手に返却する処理を除いて、特段の会計処理は不要となります（リース適用指針29）。

　　所有権移転ファイナンス・リース取引については下記の(1)又は(2)に該当する場合に、所有権移転外ファイナンス・リース取引については下記の(1)から(3)のいずれかに該当する場合は、オペレーティング・リース取引と同様な通常の賃貸借処理に準じた会計処理、すなわち損益計算書における費用処理を行うことができます。
　(1)　個々のリース物件に関するリース料総額がその物件を購入するとした場合に一括費用処理する基準額以下となるようなリース取引
　(2)　リース期間が1年未満となるリース取引
　(3)　企業の事業内容に照らして重要性の乏しいリース取引で、リース契約1件あたりのリース料総額が300万円以下のリース取引

【参考資料・法的根拠（条文）等】

リース取引に関する会計基準（企業会計基準第13号・改正平成19年3月30日）／

リース取引に関する会計基準の適用指針（企業会計基準適用指針第16号・最終改正平成23年3月25日）

大分類　5　ソフトウェア管理				5

大分類	中分類	小分類	ポイント・解説
5 ソフト ウェア 管理	5.1 ソフトウェア 制作申請	5.1.1 申請内容 検証	固定資産取得申請内容を検証し、会計処理の判定を行います。
	5.2 ソフトウェア 制作実行	5.2.1 【受注制作】 計上	受注制作目的で作成されるソフトウェアの会計処理を行います。 詳細解説 P.72
		5.2.2 【市場販売】 計上	市場販売目的で作成されるソフトウェアの会計処理を行います。 詳細解説 P.72
		5.2.3 【自社利用】 計上	自社使用目的で作成されるソフトウェアの会計処理を行います。 詳細解説 P.72
	5.3 ソフトウェア 台帳管理	5.3.1 台帳管理	ソフトウェアの台帳管理を行います。
	5.4 ソフトウェア 減価償却	5.4.1 償却費算定 （市場販売）	市場販売目的で作成されるソフトウェアの償却費を算定します。 詳細解説 P.73
		5.4.2 償却費算定 （自社利用）	自社利用目的で作成されるソフトウェアの償却費を算定します。 詳細解説 P.73
		5.4.3 償却費計上	算定された償却費にて減価償却費仕訳を計上します。 詳細解説 P.73
	5.5 クラウドサービスにおけるシステム開発費	5.5.1 クラウド サービス	サービスの種類により分類します。 詳細解説 P.74
		5.5.2 クラウド サービスの 会計処理	クラウドサービスはサービスの種類により分類し、研究開発費の範囲、ソフトウェアの減価償却方法・耐用年数等はそれぞれの会計処理に準じて行います。 詳細解説 P.74

業務プロセスと取引仕訳

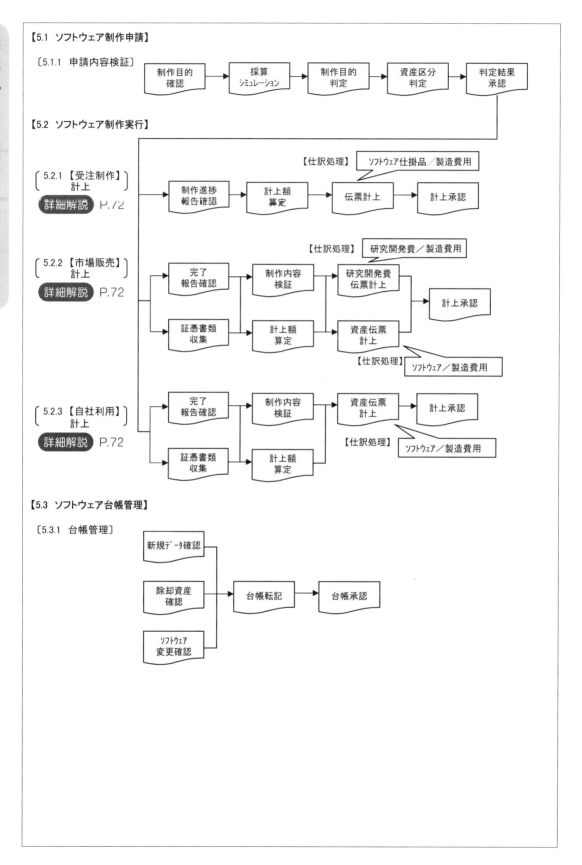

【5.1 ソフトウェア制作申請】

〔5.1.1 申請内容検証〕

制作目的確認 → 採算シミュレーション → 制作目的判定 → 資産区分判定 → 判定結果承認

【5.2 ソフトウェア制作実行】

〔5.2.1 【受注制作】計上〕 詳細解説 P.72

【仕訳処理】 ソフトウェア仕掛品／製造費用

制作進捗報告確認 → 計上額算定 → 伝票計上 → 計上承認

〔5.2.2 【市場販売】計上〕 詳細解説 P.72

【仕訳処理】 研究開発費／製造費用

完了報告確認 → 制作内容検証 → 研究開発費伝票計上 → 計上承認

証憑書類収集 → 計上額算定 → 資産伝票計上

【仕訳処理】 ソフトウェア／製造費用

〔5.2.3 【自社利用】計上〕 詳細解説 P.72

完了報告確認 → 制作内容検証 → 資産伝票計上 → 計上承認

証憑書類収集 → 計上額算定

【仕訳処理】 ソフトウェア／製造費用

【5.3 ソフトウェア台帳管理】

〔5.3.1 台帳管理〕

新規データ確認

除却資産確認 → 台帳転記 → 台帳承認

ソフトウェア変更確認

【5.4 ソフトウェア減価償却】

〔5.4.1 償却費算定(市場販売)〕

詳細解説 P.73

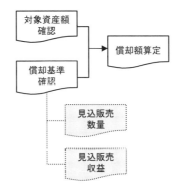

〔5.4.2 償却費算定(自社利用)〕

詳細解説 P.73

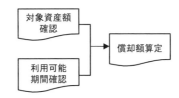

〔5.4.3 償却費計上〕

詳細解説 P.73

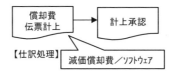

【5.5 クラウドサービスにおけるシステム開発費】

〔5.5.1 クラウドサービス〕

詳細解説 P.74

〔5.5.2 クラウドサービスの会計処理〕

詳細解説 P.74

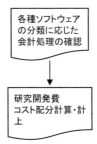

中分類	5.2 ソフトウェア制作実行	小分類	5.2.1 【受注制作】計上	5.2.2 【市場販売】計上	5.2.3 【自社利用】計上

詳細解説

【用語解説】

・ソフトウェアとは

　　コンピュータに一定の仕事を行わせるためのプログラムをいう。なお、システム仕様書・フローチャート等の関連文書はソフトウェアに含まれ、コンテンツは含まれない。

・受注制作目的とは

　　ユーザーによる受注契約に基づいて制作するもの。

・市場販売目的とは

　　制作したソフトウェアをパッケージ化（CD−ROM等）して不特定多数のユーザーを対象に販売することを目的としたもの。

・自社利用目的とは

　　自社の社内業務等に利用するもの。

【ポイント・留意点】

・制作目的別会計処理を実施する

　1．受注制作目的で作成されるソフトウェア

　　受注制作のソフトウェアは、特定のユーザーから、特定の仕様で個別に制作することを受託して制作するソフトウェアを指します。ソフトウェア仕掛品は棚卸資産に計上します。

　2．市場販売目的で作成されるソフトウェア

　　製品マスターの制作費は、研究開発費に該当する部分を除き、無形固定資産に計上します。なお、研究開発活動に該当する過程において発生した費用については、発生時に費用処理することとなります。

　3．自社利用目的で作成されるソフトウェア

　　将来の収益獲得又は費用削減が確実であることが認められる場合は、無形固定資産に計上し、確実であることが認められない場合又は確実であるか不明の場合は費用処理します。また、機械装置等に組み込まれて、これと一体不可分となっているソフトウェアの取得原価は、当該機械装置等の取得原価に含めて処理します。

・税務上の取扱い

　　平成12年4月1日以降取得のソフトウェアは無形固定資産に計上します（上記2、3で費用処理したものについても税務上は無形固定資産に計上することとなります。）。

【参考資料・法的根拠（条文）等】

研究開発費及びソフトウェアの会計処理に関する実務指針（会計制度委員会報告第12号・最終改正平成26年11月28日）／研究開発費等に係る会計基準の設定に関する意見書（企業会計審議会・平成10年3月13日）／法令13八

中分類	5.4 ソフトウェア減価償却	小分類	5.4.1 償却費算定 （市場販売）	5.4.2 償却費算定 （自社利用）	5.4.3 償却費計上

【ポイント・留意点】

・償却費の算定方法

1. 市場販売目的で作成されるソフトウェア

　無形固定資産に計上されているソフトウェアは、「見込販売収益」又は「見込販売数量」に基づいて減価償却を行います。ただし、毎期の減価償却費は残存有効期間に基づく均等配分額を下回ってはならないとされているため、見込販売収益等に基づく償却費と残存有効期間に基づく均等配分額を比較し、いずれか大きい金額を計上します。なお、販売可能な有効期間の見積もりは3年以内とすることが原則となります。

（市場販売目的ソフトウェアの販売見込み数量等の見直し時の償却費算出）

当事業年度の減価償却額

$$= \begin{matrix} \text{前事業年度末における} \\ \text{未償却残高} \end{matrix} \times \begin{matrix} \text{当期販売収益} \\ \text{（数量）} \end{matrix} \div \left(\begin{matrix} \text{当期販売収益} \\ \text{（数量）} \end{matrix} + \begin{matrix} \text{見直し後の販売収益} \\ \text{（数量）} \end{matrix} \right)$$

2. 自社利用目的のソフトウェア

　利用実態に応じて最も合理的と考えられる償却方法を採用すべきですが、一般的には当該ソフトウェアの利用期間を見積もって、利用期間にわたって定額法により償却を行うことが合理的であるとされています。なお、利用可能期間は原則として5年以内とされています。また、利用可能期間を見直し、当初見積もりから下方修正する場合は、対応する取得原価分を費用又は損失として処理する必要があります。

（自社利用ソフトウェアの利用可能期間見直し時の償却費算出）

当事業年度の減価償却額

　＝前事業年度末における未償却残高×当事業年度の期間÷見直し後の残存利用期間

・税務上の取扱い

　ソフトウェアの税務上の耐用年数は以下のとおりで、残存価額を「零」として定額法又は旧定額法により償却します。

複写して販売するための原本となるソフトウェア	3年
研究開発用ソフトウェア	3年
その他のソフトウェア	5年

【参考資料・法的根拠（条文）等】

　研究開発費及びソフトウェアの会計処理に関する実務指針（会計制度委員会報告第12号・最終改正平成26年11月28日）／法令48①四、48の2①四／耐用年数省令別表第三、別表第六

中分類	5.5 クラウドサービスにおけるシステム開発費	小分類	5.5.1 クラウドサービス	5.5.2 クラウドサービスの会計処理	

詳細解説

【用語解説】

・クラウドサービスとは

　　ネットワークを経由して情報処理サービスを提供するサービス形態。ユーザーはソフトウェアを「所有」するのではなく「利用」する。従来のサーバー、ネットワーク機器、ソフトウェアを保有する自主運用型（オンプレミス型）とは異なる。

【ポイント・留意点】

・クラウドサービスの分類

　　クラウドサービスはサービスの種類により以下のように分類します。

①　SaaS（Software as a Service）

　　電子メール、業務ソフトウェアなどのサービスをインターネット経由で提供します（ASP：Application Service Provider も一種）。

②　PaaS（Platform as a Service）

　　アプリケーションサーバーやデータベースなどアプリケーションを実行するためのプラットフォームをインターネット経由で提供します。

③　IaaS（Infrastructure as a Service）

　　ハードウェアやインフラ機能をインターネット経由で提供します。

・ベンダー側のクラウドサービスの会計処理

　　クラウドサービスはサービスの種類により以下のように分類し、研究開発費の範囲、ソフトウェアの減価償却方法・耐用年数等はそれぞれの会計処理に準じて行います。

①　ASP サービス等、契約に基づいて第三者への業務処理サービスの提供にソフトウェアを利用して対価を得る場合

　　・自社利用目的のソフトウェアとして会計処理を行います。

②　PaaS、IaaS 等で特定のユーザーに向けてソフトウェアを構築する場合

　　・受注制作目的のソフトウェアとして会計処理を行います

③　パッケージソフトウェアをダウンロード等により販売する場合

　　・市場販売目的のソフトウェアとして会計処理を行います。

（参考）

・ユーザー側のクラウドサービスの会計処理

　　ユーザー側の会計処理は設備環境、ハードウェア環境、OS・ミドルウェア環境、アプリケーションソフトそれぞれについて自社所有か外部利用かによって決まります。

　　自社所有：資産計上の後、減価償却費で費用配分

　　外部利用：期間（月額課金）や利用料（従量課金）に応じ費用配分します。

【参考資料・法的根拠（条文）等】

「Q&A 研究開発費・ソフトウェアの会計実務」（EY 新日本有限責任監査法人編・中央経済社）

| 大分類 6 | 原 価 管 理 | 6 |

| 大分類 7 | 経 費 管 理 | 7 |

（解説省略）

8

分類とポイント・解説

大分類	中分類	小分類	ポイント・解説
8 月次業績管理	8.1 月次決算実施	8.1.1 事前対応	為替や金利の市況より月次決算のための仮指標を設定します。 当月の決算日程を提示し伝票処理等の問合せ対応等、関係部門へのサポートを行います。　詳細解説　P.81
		8.1.2 決算整理手続	各種元帳の勘定残高を確認し不明なデータがないか確認します。仮勘定や経過勘定の残高が正しいか確認します。　詳細解説　P.82
	8.2 月次業績検証	8.2.1 予算対比資料作成	月別予算と比較した分析資料を作成し、年間計画額との増減を予測することにより、経営管理に役立てます。　詳細解説　P.84
		8.2.2 実績対比資料作成	前年同期実績との対比による増減分析によって経営状況の把握を行い、経営管理に役立てます。　詳細解説　P.84
		8.2.3 業績報告	早期に経営の状況及び問題点を把握して、対策の検討・実施を行い経営管理に役立てるために、マネジメント宛に月次状況についての報告・説明を実施します。　詳細解説　P.84
	8.3 予算見直	8.3.1 予算見直案検証	月次決算での問題点の解消施策や経営状況の改善施策を織り込んだ修正計画案を策定します。　詳細解説　P.85
	8.4 人件費 （社会保険関連）	8.4.1 対象社会保険確認	対象社会保険の確認を行います。　詳細解説　P.86
		8.4.2 社会保険料算定	社会保険の種類ごとに算定を行います。　詳細解説　P.87
		8.4.3 納付手続	算定された社会保険料を決められた時期に納付します。　詳細解説　P.89

業務プロセスと取引仕訳

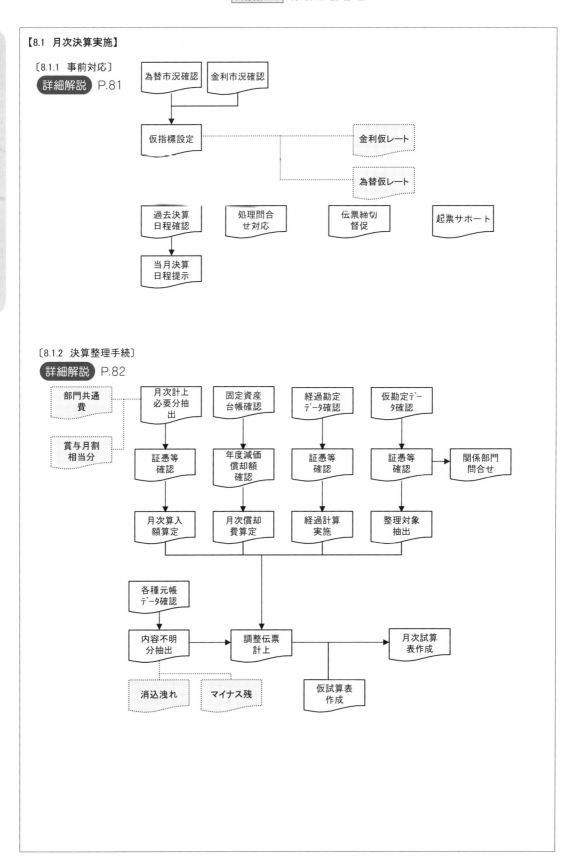

【8.1 月次決算実施】

〔8.1.1 事前対応〕
詳細解説 P.81

為替市況確認　金利市況確認

仮指標設定

金利仮レート

為替仮レート

過去決算
日程確認

処理問合
せ対応

伝票締切
督促

起票サポート

当月決算
日程提示

〔8.1.2 決算整理手続〕
詳細解説 P.82

部門共通
費

賞与月割
相当分

月次計上
必要分抽
出

固定資産
台帳確認

経過勘定
データ確認

仮勘定デー
タ確認

証憑等
確認

年度減価
償却額
確認

証憑等
確認

証憑等
確認

関係部門
問合せ

月次入
額算定

月次償却
費算定

経過計算
実施

整理対象
抽出

各種元帳
データ確認

内容不明
分抽出

調整伝票
計上

月次試算
表作成

消込洩れ　マイナス残

仮試算表
作成

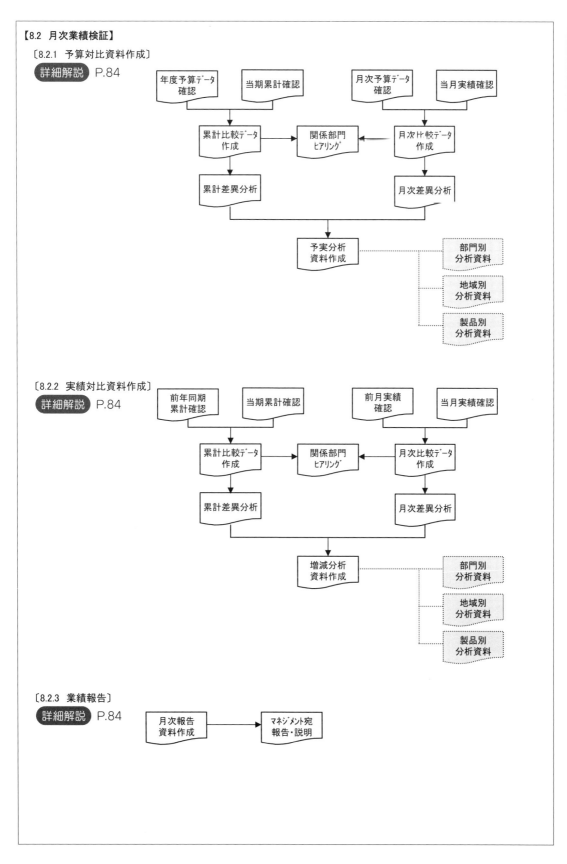

業務プロセスと取引仕訳

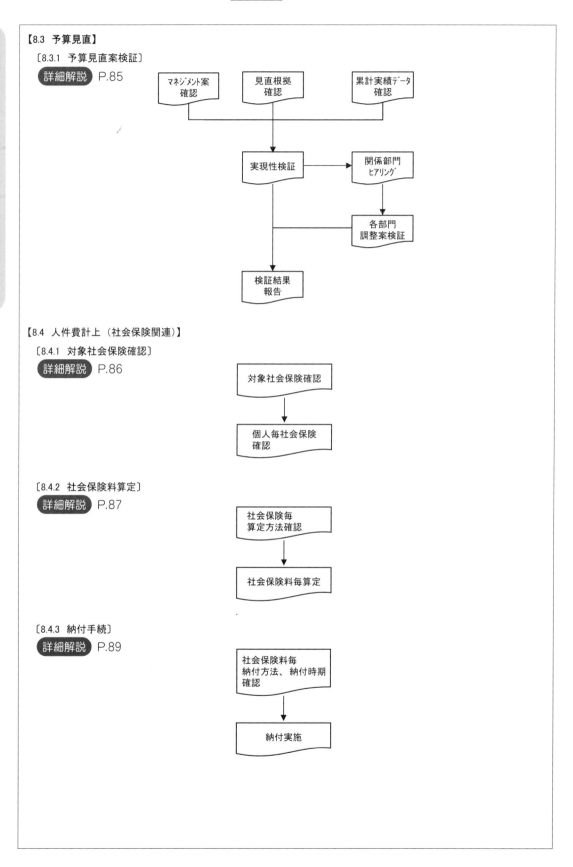

【8.3 予算見直】

〔8.3.1 予算見直案検証〕

詳細解説 P.85

- マネジメント案確認
- 見直根拠確認
- 累計実績データ確認

実現性検証 → 関係部門ヒアリング

各部門調整案検証

検証結果報告

【8.4 人件費計上（社会保険関連）】

〔8.4.1 対象社会保険確認〕

詳細解説 P.86

対象社会保険確認

個人毎社会保険確認

〔8.4.2 社会保険料算定〕

詳細解説 P.87

社会保険毎算定方法確認

社会保険料毎算定

〔8.4.3 納付手続〕

詳細解説 P.89

社会保険料毎納付方法、納付時期確認

納付実施

中分類	8.1 月次決算実施	小分類	8.1.1 事前対応		

【用語解説】

・月次決算とは

　事業年度末に行う法規による決算とは別に、主として経営管理に必要かつ有効な情報を提供する目的をもって、毎月の営業成績や財政状態を明らかにするために月々行われる決算のこと。

・為替とは

　遠隔地との決済に現金を使用すると現金輸送の危険が伴うことから、それを回避するために、現金に代えて為替手形や小切手で決済する仕組みを為替という。国内の為替を内国為替、国際間の為替を外国為替という。

・金利とは

　金銭を貸し借りする際の対価や使用料。利子、利息と同義語。

　金利とは調達した資金に対する利息の割合であり、いわば賃貸される資金の使用料あるいは賃貸料のこと。

　通常は日歩、月利、年利などの、ある一定の期間に対する比率で表示される。金利には、基準割引率及び基準貸付利率、預貯金金利、コール・レート、手形レート、公社債の利回り、海外金利などさまざまな種類があり、それぞれが独自の金利水準をもっている。

【ポイント・留意点】

・月次決算

　月次決算は次の目的をもって実施します。

①　早期に経営の現状を把握して、迅速な対策をとること。

②　年度計画の売上高、営業費、営業利益、純利益を目標とした進捗管理を行うこと。

③　年度決算の利益を早期に予測し、精度の高い決算見込をたてること。

④　月々の帳簿の整理を確実に実施することにより、年次決算をより適切に行うこと。

・為替市況確認

　商品（製品）の輸出入に伴う売上・仕入高の計上及び債権・債務額を把握するために、為替市況を確認します。

　為替の動きは企業の収益に影響を及ぼします。

　円高は輸出関連企業の株価にマイナス、輸入関連企業の株価にプラスに働きます（円安はこの逆）。

　例えば、円高の場合、売上のうち輸出が多くを占める企業は、円換算した輸出の手取り金額が減り、利益が減少します。また、石油などの原材料や製品の輸入代金の支払が減少するため、そうした取引の多い企業の収益は好転します。

　為替市場の状況は新聞・TVだけでなく、電子メディア（金融機関等のホームページ）等で確認することができます。

・金利市況確認

　金利は資金のコストであり、なるべく安いコストで資金調達が行えるよう、調達方法を工夫する必要があります。

・仮指標設定

　為替や金利は日々変動することから、月次決算上ではどの時点の数値を使用するかを、あらかじめ決めておく必要があります。

・月次決算日程の提示

　月次貸借対照表・月次損益計算書の作成だけでなく、計画及び前年同期実績等と比較し、変動の原因について増減分析を要約したものを、社内での月次報告業務に間に合うように経営者に提出する必要があります。

　月次決算値を速やかに把握するため、月次決算における各伝票類の締切は月末とは限らず、それより手前の一定の日としている場合もあります。

中分類	8.1 月次決算実施	小分類	8.1.2 決算整理手続		

【用語解説】

・決算整理とは

　月次決算締め時点の帳簿残高に、各決算整理事項に基づく帳簿残高を修正する手続きのことをいう。

　決算整理事項には、棚卸資産に関する事項、固定資産の減価償却に関する事項、経過勘定に関する事項等がある。

・元帳とは

　元帳には、総勘定元帳と、その明細簿であるところの売掛金元帳、買掛金元帳などの補助元帳がある。

・仮勘定とは

　正式な会計処理までのつなぎとして使われる勘定で、仮受金、仮払金のように、収入支出において、処理すべき勘定や金額が不明のため、一時的に使われる勘定のほか、建設仮勘定のように、建設が終わらないうちに使用するとかえって煩雑になるために、一時的に使われる勘定もある。そのほか、月次決算で、費用を毎月合理的に配分するために利用される場合がある。

・試算表とは

　複式簿記特有の検証手段（様式）であり、貸借平均の原理によって、総勘定元帳の各勘定の残高を集めると、借方の合計と貸方の合計は、転記、計算に間違いのない限り一致するはずである。もしも一致しなければ、そこまでの作業の中のどこかに誤りがあることを示している。このような機能があるために、この検証様式は試算表と名づけられている。試算表によるチェックを行うことができることから、複式簿記は信頼性が高いと言える。

　試算表は企業により毎日又は毎月一定の日に作成される。給料計算、売掛金の集金、電気代・ガス代の支払等、多くの活動が1ヶ月を周期としていることから、月単位で作成される場合が多く、月次試算表と呼ばれている。

【ポイント・留意点】

・各種元帳のデータ確認

　各種元帳に内容不明なデータがないか確認します。不明なデータは入力伝票の仕訳に誤りがないか確認します。

・仮勘定の整理

　一時的に使われる仮勘定について本来科目に振替処理を行う必要があります。

　また、固定資産取得に必要な費用で未完成分については建設仮勘定に振替を行います。

　各仮勘定の処理については次のとおりです。

① 　仮払金

　現金等を支出したが相手勘定が不明な場合（緊急事故の発生に際する支出）や、相手勘定は判明しているが金額が確定していない場合の概算払（出張旅費等）が該当します。

　仮払金は一時的使用のため、速やかに本来の勘定科目及び金額を確定し、正当な科目及び金額への振替処理を行わなければなりません。

② 　仮受金

　現金等を受け取ったが内容が未確定である場合に、それを仮計上する科目です。

　仮受金も一時的に使用する科目のため、速やかに本来の科目を確定し振替処理を行わなけれ

ばなりません。

③　建設仮勘定

　　有形固定資産で営業の用に供するものを建設した場合における支出及び当該建設の目的のために充当した材料を計上する科目です（財規ガイド22－9）。

　　無形固定資産を取得する場合にも使用することがあります。

④　その他

　　月次決算で、費用を毎月合理的に期間配分するために使用する科目です。例えば雇用保険料を支払基準で計上すると毎月の費用変動が大きいことから、「雇用保険料仮払金」等の科目を使用して、合理的に期間配分した金額を、毎月費用に計上する方法があります。

・月次試算表作成

　　月次試算表を作成することは簡単な決算書類を作成することと同様の役目をすることから、会社の財政状態や経営成績の変化を早く把握することができます。

【参考資料・法的根拠（条文）等】

財規ガイド22－9

中分類	8.2 月次業績検証	小分類	8.2.1 予算対比資料作成	8.2.2 実績対比資料作成	8.2.3 業績報告

詳細解説

【用語解説】

・年度予算とは

　　年度予算は、各部門の業務計画を前提とした業績目標達成のための数値計画であり、常に実績と対比することで統制手段として機能する。仕入や製造は、販売量の予測に基づき、販売量の予測は需要の予測に基づいて策定する。企業は各種の予測に基づいて、事業活動の調整を図っていく必要があり、予算は事業活動の調整の役割をするものである。

【ポイント・留意点】

・年度予算の策定

① 売上高予算と販売費予算

　　販売計画が即ち売上高予算であり、これに売上増加策などの計画を反映しつつ販売費予算を編成します。

② 製造費予算、購買予算、在庫予算

　　製造業の場合、生産計画を受けて製造費変動予算（材料費など）と製造費固定予算（人件費など）に区分して製造費予算を編成します。ここには、要員計画や設備投資計画も反映されることになります。

③ 一般管理費予算

　　一般管理費は、経常的な要素が多く、過年度傾向のみを参考に策定すると年々増加する場合が多くなります。したがって、総額枠を設定し部門ごとに割り当て、経費削減の計画を策定のうえ予算を編成するなどの対策も必要です。

④ 営業外損益予算

　　資金調達・運用計画のほかに資産売却等の特別損益、法人税等の金額も計算して編成します。

⑤ 設備投資予算

　　設備投資金額の発生時期、設備の稼働時期、減価償却の発生時期から予算を編成し、資金予算と連動させます。

⑥ 資金予算

　　損益予算に貸借対照表の増減額を加味し、資金の収入・支出を予算に編成します。

・予算対比資料

　　年度予算を月単位に展開して、月次決算値との収益・費用、資産・負債の対比による計画額との差異を分析し、年間計画額からの乖離の状況を把握します。

・過去実績対比資料

　　前年同期実績との比較を行い、経営成績の変化を分析し、経営管理に役立てます。

・業績報告

　　予算と実績を比較・分析した報告資料により、早期に経営の状況及び問題点を把握して、対策の検討・実施を行い経営管理に役立てるために実施します。年間計画に影響する場合は、対策の検討のほか、計画の見直しを図る必要も出てきます。

中分類	8.3 予算見直	小分類	8.3.1 予算見直案検証		

【用語解説】

・年度予算とは

8.2「年度予算とは」参照（P.84）

【ポイント・留意点】

・予算見直の策定

月次決算での問題点の解消施策や経営状況の改善施策を織り込んだ修正計画案を策定します。

・関係部門ヒアリング

修正計画の実現性について関係部門にヒアリングを行います。

・検証結果報告

修正計画案を経営者に報告します。

承認を得たら、修正計画に対する月別展開を実施し、それ以後の月次決算においては修正計画との対比による分析を実施します。

中分類	8.4 人件費 （社会保険関連）	小分類	8.4.1 対象社会保険確認		

詳細解説

【用語解説】

・社会保険とは

　「広義の社会保険」は病気やケガ、障害、老齢、死亡などに対して必要な給付を行う、国や自治体が運営する公的な保険となる。

　また、「広義の社会保険」は大きく分け「狭義の社会保険」と「労働保険」の2つがあり、これらにもいくつかの種類がある。

　「狭義の社会保険」は「健康保険」「介護保険」「厚生年金保険」の3つに分けられ、労働保険は「労災保険」「雇用保険」の2つに分けられる。

【ポイント・留意点】

・社会保険の種類

<table>
<tr><th colspan="3">保険の種類</th><th>保険の内容</th></tr>
<tr><td rowspan="7">（広義の）
社会保険</td><td rowspan="4">（狭義の）
社会保険</td><td>①　健康保険</td><td>従業員やその家族が病気、負傷した時の医療費が給付される保険</td></tr>
<tr><td>②　介護保険</td><td>高齢者の介護費や治療費が給付される保険</td></tr>
<tr><td>③　厚生年金保険</td><td>従業員の老後の生活のための費用が給付される保険</td></tr>
<tr><td>③-2　児童手当拠出金</td><td>子育て支援のための費用が給付される</td></tr>
<tr><td rowspan="3">労働保険</td><td>④　労災保険
　　（労働者災害補償保険）</td><td>従業員が業務上で死亡・負傷した際に対しての保証を行う保険</td></tr>
<tr><td>⑤　雇用保険</td><td>従業員が退職した時に必要な費用が給付される保険</td></tr>
</table>

中分類	8.4 人件費 （社会保険）	小分類	8.4.2 社会保険料算定		

【用語解説】

・社会保険料算定とは

社会保険料の算定については、種類ごと、事業種類ごと、都道府県ごとに、計算方法、料率が異なる。会社負担分と本人負担分がある。

本人負担分については通常毎月の給与支給時に、源泉所得税額等と同様に給与支給額から天引きする形式により徴収を行う。

【ポイント・留意点】

・社会保険の種類による計算

※ 東京都の場合（令和4年3月分〜（4月納付分））

※ 賞与に対する社会保険料の算定は、標準報酬月額（※1）を標準賞与額（※2）に入れ替えて計算します。

① 健 康 保 険 料（※3）：※全国健康保険協会管掌健康保険料（協会けんぽ）の場合
会社負担：標準報酬月額×4.905%
本人負担：標準報酬月額×4.905%

② 介 護 保 険 料：※全国健康保険協会管掌健康保険料の場合
会社負担：標準報酬月額×0.82%
本人負担：標準報酬月額×0.82%

③ 厚 生 年 金 保 険 料：※一般の場合
会社負担：標準報酬月額×9.15%
本人負担：標準報酬月額×9.15%

③-2 児 童 手 当 拠 出 金：※一般の場合
会社負担：標準報酬月額×0.36%
本人負担：なし

④ 雇 用 保 険 料：一般事業の場合
会社負担：額面給与（※4）×0.65%
本人負担：額面給与×0.3%

⑤ 労 災 保 険 料：※卸売業、小売業、飲食店又は宿泊業の場合
会社負担：額面給与×3／1000
本人負担：なし

※1 標準報酬月額
毎月の保険料の計算の基礎となるものであり従業員の月々の給料を1〜50の等級（厚生年金は1〜32）に分けて表すものです。
厚生年金保険料や、健康保険料の金額を算出する際に利用します。
毎年7月1日に算出し、この場合の給料には、基本給のほか、残業手当や家族手当、通勤手当、精勤手当、管理職手当などが含まれます。

※2 標準賞与額
標準賞与額は賞与支払届に記入し、賞与支払日から5日以内に年金事務所等へ提出します。

※3 日本の医療保険制度は、職域によって加入する保険が異なります。会社で働く社員などは、原

則として「協会けんぽ」か「健康保険組合」のどちらかに加入します。

・協会けんぽ　公的健康保険の1つ。全国健康保険協会が運営しており、主に中小企業が加入します。

・健康保険組合　社員数700人以上の企業（企業合同の場合は3,000人）が認可を受けて設立できます。

※4　額面給与

通常の賃金、賞与、手当等、労働の対象として支払うものすべてで、税金や社会保険料等を控除する前の支払総額。休業手当は含まれますが、休業補償は除かれます。

【参考資料・法的根拠（条文）等】

「社会保険・労働保険の届け出と手続きがこれ1冊でしっかりわかる本」（小岩和男監修・技術評論社）

中分類	8.4 人件費 （社会保険料）	小分類	8.4.3 納付手続		

【用語解説】

・年度更新とは

　労働保険料について前年度の確定保険料の精算と当年の概算保険料の納付の手続きを合わせて年度更新という。年度更新の期間は原則6月1日から7月10日。

・定時決定とは

　毎年その年の4月から6月の3か月間の給料の月平均額をもとに算定された標準報酬月額を算定基礎届に記入し、7月1日から7月10日までに年金事務所等へ提出することにより、その年の9月から翌年8月までの標準月額報酬が決定される。

【ポイント・留意点】

　社会保険料の種類ごとにより納付先が異なります。

・社会保険料の納付先、納付時期

　1.　①　健康保険料　②　介護保険料　③　厚生年金保険料：所轄の年金保険事務所

　　　③-2　児童手当拠出金：所轄の年金保険事務所

　　　全国健康保険協会管掌健康保険料（協会けんぽ）の場合、その月の末日までに日本年金機構に納付します。

　2.　④　労災保険料　⑤　雇用保険料

　　　労働保険（労災・雇用）の保険料は、毎年4月1日から翌年3月31日までの1年単位で算定されます。まずこの期間の賃金総額の見込み額を算定し、概算で申告・納付しておきます。

【参考資料・法的根拠（条文）等】

「社会保険・労働保険の届け出と手続きがこれ1冊でしっかりわかる本」（小岩和男監修・技術評論社）

大分類 9 単体決算業務

9

大分類	中分類	小分類	ポイント・解説
9 単体決算業務	9.1 事前準備	9.1.1 決算方針策定	会計規則・税法の変更により対応が必要な項目及び会計処理が未決である項目について検討を行い、監査法人への問合せ・協議を行ったうえで、決算方針を確定させます。 詳細解説 P.101
		9.1.2 スケジュール策定	関係部門との打合せを行い、決算日程の策定・承認・通知を行います。 　計算書類の監査日程や株主総会の開会期日及び招集通知発送日などを考慮して、監査役への書類提出日、取締役会、仕訳締等の日程を決めます。 　仕訳締日程を考慮して各伝票提出期限の通知やシステム運用との調整を行います。 詳細解説 P.101
		9.1.3 経理部門内担当割	決算業務を円滑に実施するにあたり、過去の決算担当割等を参考に当年度の決算担当割を策定します。 詳細解説 P.103
		9.1.4 共通事項確認見直	決算実施にあたり前提となる共通事項の確認・見直しを実施します。 詳細解説 P.103
	9.2 決算手続	9.2.1 関係部門サポート	伝票処理等において関係部門の決算作業をサポートします。 詳細解説 P.105
		9.2.2 売上高確定	部門別の売上高について年度目標との差異理由が判明しているか検証します。また、売上が売上計上基準の検証及び期間帰属判定の結果、実績の計上誤りによるものである場合には、修正伝票を計上します。 詳細解説 P.105
		9.2.3 原価確定	棚卸結果等に基づき在庫金額を算定し、前期繰越高と当期仕入高から当期の売上原価を算定します。 詳細解説 P.105
		9.2.4 共通費賦課	直接原価とならない部門間接費及び本社経費等について配賦方法や配賦基準を決めます。 　共通費の実績を定められた配賦方法等に基づいて配賦計算を行い、計上します。 詳細解説 P.106
		9.2.5 仮勘定整理	仮勘定について精算時期が到来している勘定が適切に精算処理されているか確認します。 詳細解説 P.106
		9.2.6 経過計算実施	経過勘定としてその発生した期間に区分するか、重要性の判断を行い、必要のない場合は短期前払費用とし、区分する場合は前払費用・前受収益・未払費用・未収収益分について算定します。 詳細解説 P.106

<table>
<tr><th>大分類</th><th>中分類</th><th>小分類</th><th>ポイント・解説</th></tr>
<tr><td></td><td></td><td>9.2.7
長短債権債務整理</td><td>決算期日後1年以内に決済されるものは、固定資産・固定負債から流動資産・流動負債に振り替えます。
詳細解説 P.107</td></tr>
<tr><td></td><td></td><td>9.2.8
勘定精査</td><td>勘定科目ごとの残高内容が正しいか確認を行い、誤っている場合は補正処理を行います。 詳細解説 P.107</td></tr>
<tr><td></td><td></td><td>9.2.9
各引当金計上</td><td>退職給付引当金及び貸倒引当金等について算定します。
詳細解説 P.108</td></tr>
<tr><td></td><td></td><td>9.2.10
決算数値確定</td><td>決算整理事項の処理を行い決算案を作成します。
詳細解説 P.108</td></tr>
<tr><td></td><td>9.3
役員報告</td><td>9.3.1
付議資料作成</td><td>定時株主総会に提出する貸借対照表・損益計算書・事業報告等の案について、取締役会に付議します。
詳細解説 P.109</td></tr>
<tr><td></td><td>9.4
監査対応</td><td>9.4.1
対応準備</td><td>取締役会にて承認を受けた決算案について、監査役の監査（会計監査人設置会社の場合は会計監査人及び監査役による監査）を受けなければなりません。
　会計監査の実施に向けて、監査日程や監査で使用する帳票・伝票類の範囲などの実施要領について、監査役（会計監査人設置会社の場合は会計監査人を含む。）や社内関係部門と事前調整を行います。 詳細解説 P.110</td></tr>
<tr><td></td><td></td><td>9.4.2
監査立会</td><td>会計監査に立会い、応対者、説明内容等について取りまとめた立会報告書を作成します。 詳細解説 P.110</td></tr>
</table>

分類とポイント・解説

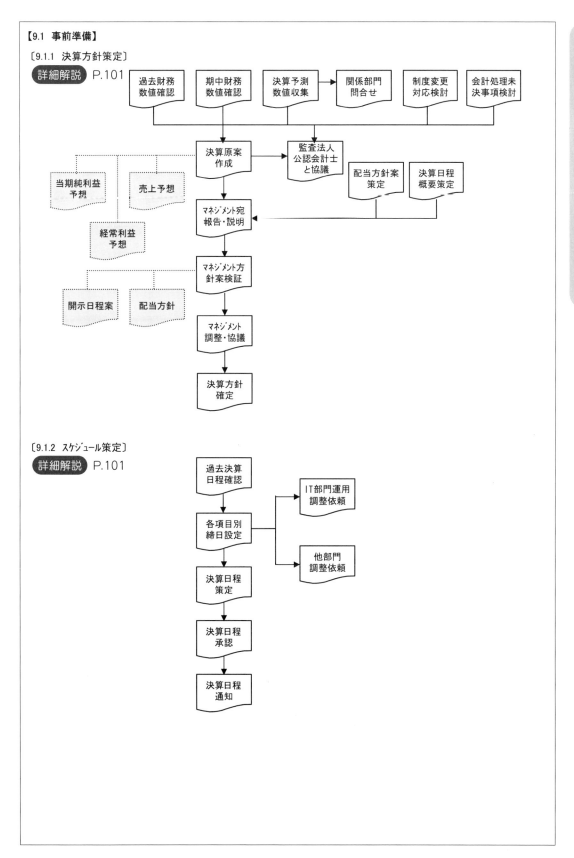

【9.1 事前準備】

〔9.1.1 決算方針策定〕

詳細解説 P.101

過去財務数値確認 → 期中財務数値確認 → 決算予測数値収集 → 関係部門問合せ → 制度変更対応検討 → 会計処理未決事項検討

決算原案作成 → 監査法人公認会計士と協議

当期純利益予想　売上予想

配当方針案策定　決算日程概要策定

マネジメント宛報告・説明

経常利益予想

マネジメント方針案検証

開示日程案　配当方針

マネジメント調整・協議

決算方針確定

〔9.1.2 スケジュール策定〕

詳細解説 P.101

過去決算日程確認

各項目別締日設定 → IT部門運用調整依頼

決算日程策定 → 他部門調整依頼

決算日程承認

決算日程通知

業務プロセスと取引仕訳

業務プロセスと取引仕訳

〔9.1.3 経理部門内担当割〕

詳細解説 P.103

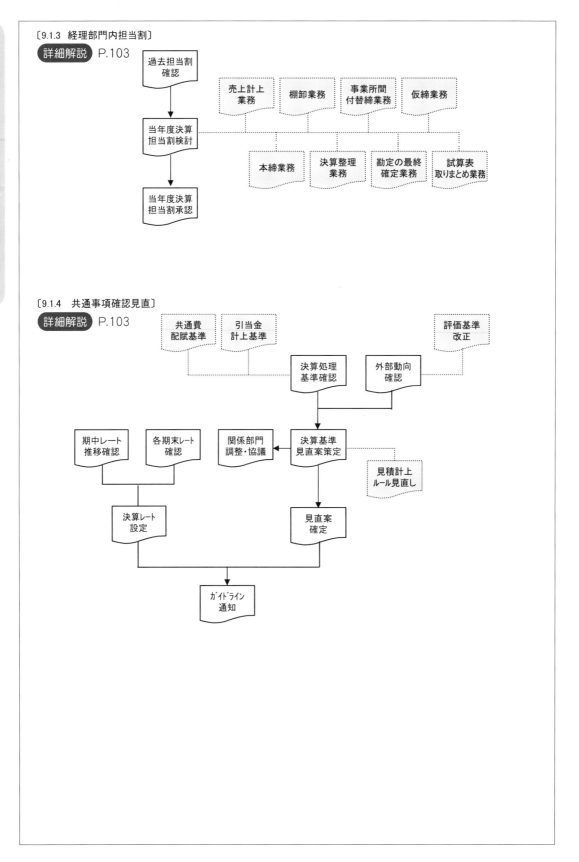

〔9.1.4 共通事項確認見直〕

詳細解説 P.103

【9.2 決算手続】

〔9.2.1 関係部門サポート〕

詳細解説 P.105

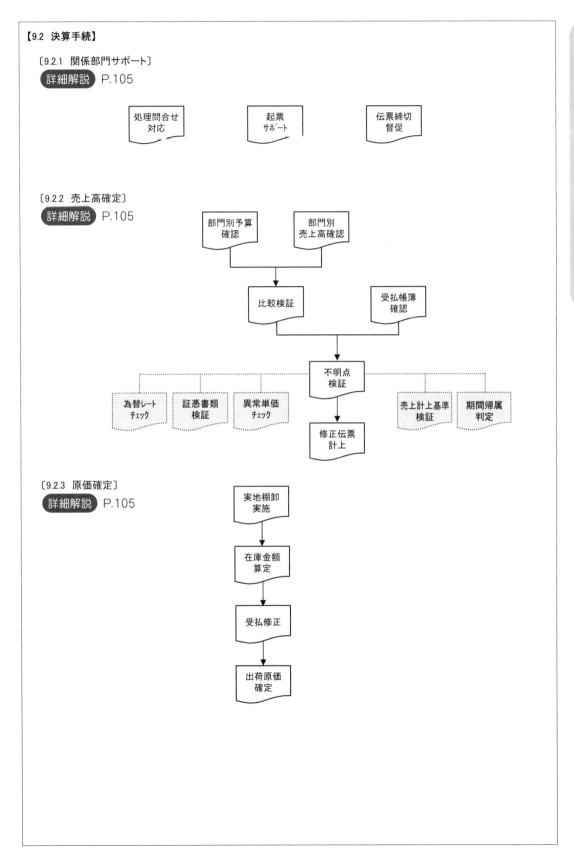

- 処理問合せ対応
- 起票サポート
- 伝票締切督促

〔9.2.2 売上高確定〕

詳細解説 P.105

- 部門別予算確認
- 部門別売上高確認
- 比較検証
- 受払帳簿確認
- 不明点検証
- 為替レートチェック
- 証憑書類検証
- 異常単価チェック
- 売上計上基準検証
- 期間帰属判定
- 修正伝票計上

〔9.2.3 原価確定〕

詳細解説 P.105

- 実地棚卸実施
- 在庫金額算定
- 受払修正
- 出荷原価確定

業務プロセスと取引仕訳

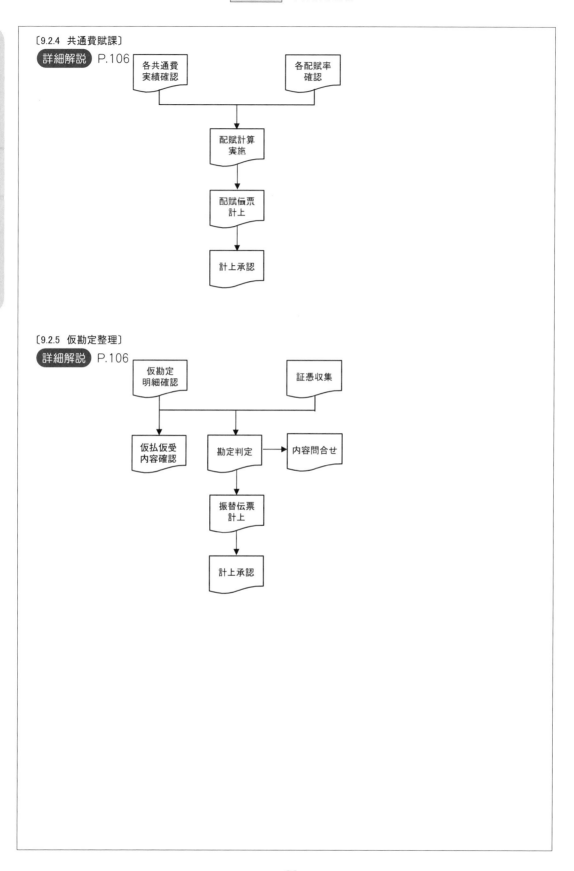

〔9.2.4 共通費賦課〕
詳細解説 P.106

各共通費実績確認 　　　 各配賦率確認

配賦計算実施

配賦伝票計上

計上承認

〔9.2.5 仮勘定整理〕
詳細解説 P.106

仮勘定明細確認 　　　 証憑収集

仮払仮受内容確認 　　　 勘定判定 → 内容問合せ

振替伝票計上

計上承認

〔9.2.6 経過計算実施〕
詳細解説 P.106

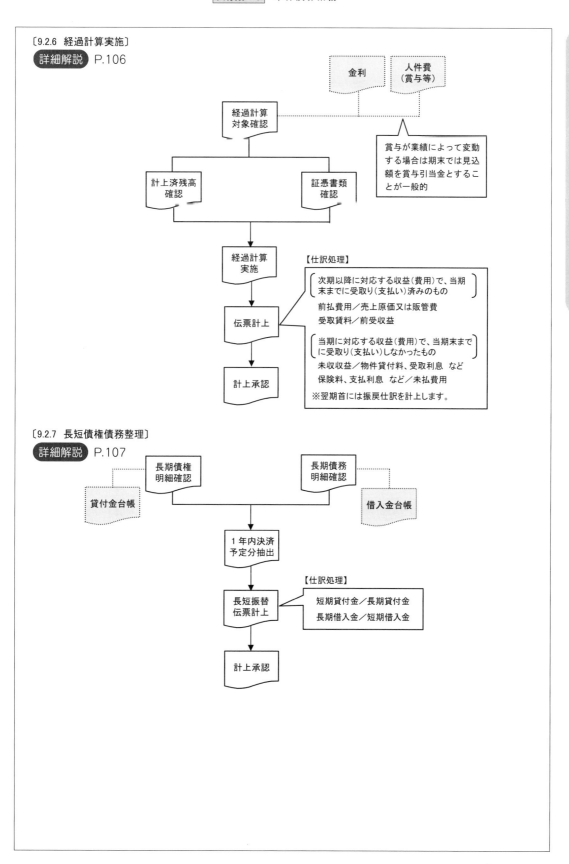

金利　　人件費（賞与等）

経過計算対象確認

賞与が業績によって変動する場合は期末では見込額を賞与引当金とすることが一般的

計上済残高確認　　　証憑書類確認

経過計算実施

【仕訳処理】

伝票計上

次期以降に対応する収益（費用）で、当期末までに受取り（支払い）済みのもの
前払費用／売上原価又は販管費
受取賃料／前受収益

当期に対応する収益（費用）で、当期末までに受取り（支払い）しなかったもの
未収収益／物件貸付料、受取利息　など
保険料、支払利息　など／未払費用

※翌期首には振戻仕訳を計上します。

計上承認

〔9.2.7 長短債権債務整理〕
詳細解説 P.107

長期債権明細確認　　　長期債務明細確認

貸付金台帳　　　借入金台帳

1年内決済予定分抽出

【仕訳処理】

長短振替伝票計上

短期貸付金／長期貸付金
長期借入金／短期借入金

計上承認

業務プロセスと取引仕訳

業務プロセスと取引仕訳

〔9.2.8 勘定精査〕
詳細解説 P.107

〔9.2.9 各引当金計上〕
詳細解説 P.108

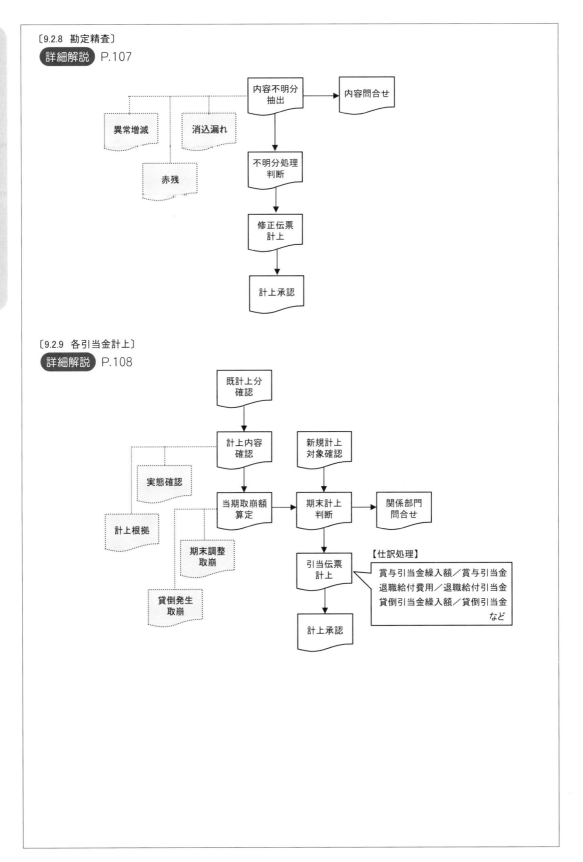

〔9.2.10 決算数値確定〕
詳細解説 P.108

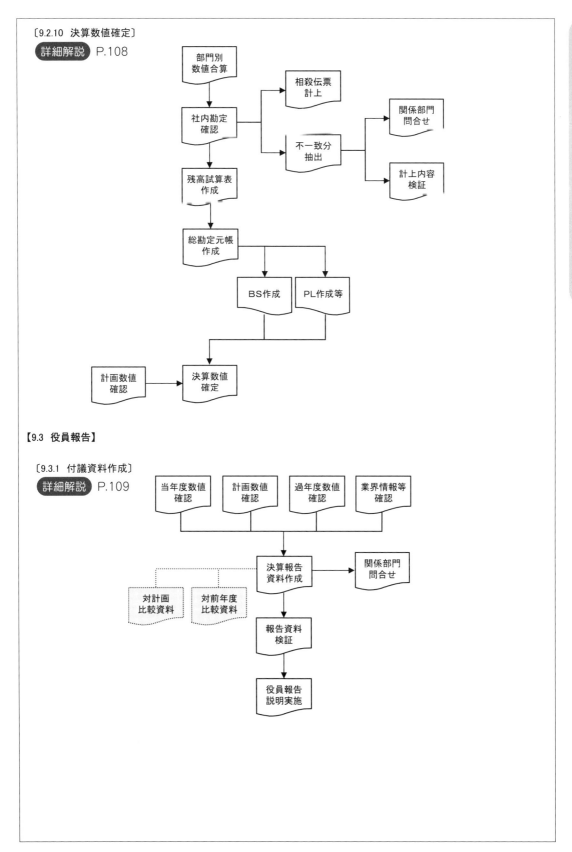

【9.3 役員報告】

〔9.3.1 付議資料作成〕
詳細解説 P.109

業務プロセスと取引仕訳

業務プロセスと取引仕訳

【9.4 監査対応】

〔9.4.1 対応準備〕
詳細解説 P.110

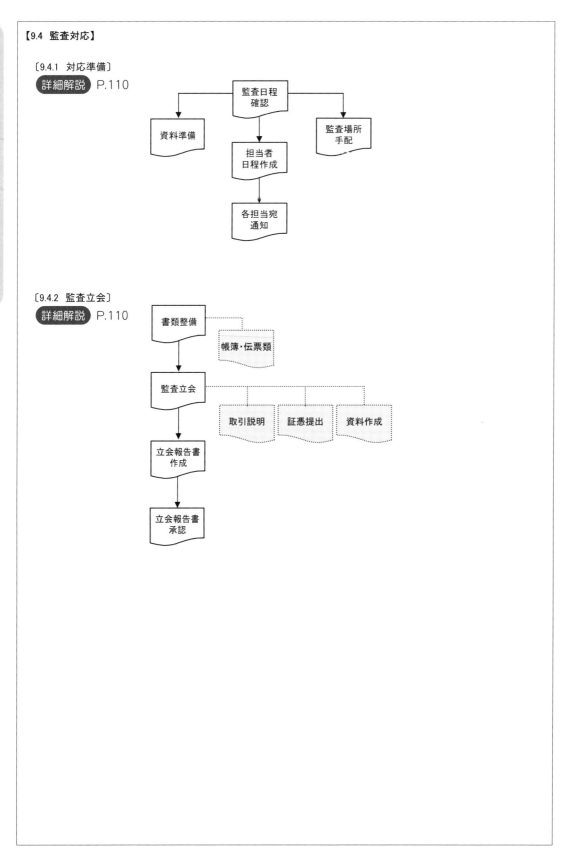

〔9.4.2 監査立会〕
詳細解説 P.110

中分類	9.1 事前準備	小分類	9.1.1 決算方針策定	9.1.2 スケジュール策定	

【用語解説】

・決算とは

　１期間の会計記録を整理し、その期間に発生した純損益を損益計算書で計算して、次の期間に貸借対照表で繰り越すべき諸勘定を決定する手続き。

　ある一定の期間の収入と支出の様子を調べ、事業の営業成績や財政状態を明らかにするための手続き。会社法では、事業年度は原則的に１年を超えることができないとしている（計規59）。

・単体決算とは

　企業単独の決算。自社とその子会社等を合わせたグループ企業ベースの決算を「連結決算」というのに対する用語（10（連結決算業務）参照（P.111））。

・決算方針とは

　会社が年度決算に際して採用する処理の方向付け。

・配当方針とは

　企業が獲得した累積利益（剰余金）のうち、出資者である株主に対し、その拠出資本使用の報酬たる配当としてどれだけの部分を支払うのかに関する企業の理念。

・決算日程とは

　財務諸表（金融商品取引法に基づく決算書類）や計算書類（会社法に基づく決算書類）作成の決算手続きを円滑に進めるための日程。会社法については、監査日程や株主総会の開会期日及び招集通知発送日を考慮し、監査役への書類提出日、取締役会への付議などの日程を決定することとなる。

【ポイント・留意点】

・決算方針の項目

　決算方針として検討しておかなければならない一般事項は次のとおりです。

① 売掛金、受取手形、貸付金などに含まれる不良債権の処理に関する事項
② 減価償却の方法、税法上の特別償却、加速償却（増加償却、割増償却）に関する事項
③ 棚卸資産の評価に関する事項
④ 固定資産の減損処理に関する事項
⑤ 未収収益、未払費用の計上に関する事項
⑥ 前払費用、前受収益などの繰延に関する事項
⑦ 諸引当金に関する事項
⑧ 租税特別措置法上の準備金、圧縮記帳に関する事項
⑨ 不動産、有価証券の評価に関する事項
⑩ 特別賞与、定期修理、資産の買換え等に関する事項
⑪ 会計規則及び税法等の制度変更への対応に関する事項
⑫ 繰延税金資産、繰延税金負債の計上もしくは取崩に関する事項
⑬ 後発事象の把握に関する事項
⑭ その他（為替処理の決算取扱い、オフバランス項目の変動把握に関する事項等）

詳細解説

・決算方針案の策定

　企業の決算は、決算予測値をもとに配当政策や税金を考慮して方針を決定する傾向があります。この場合は、会計処理に関する準拠性や継続性を遵守し適正な決算方針を策定する必要があります。

・監査法人・公認会計士との協議

　決算方針策定及び会計処理が未決の項目については、事前に監査法人・公認会計士との協議を行い、決算後の会計監査等に備える必要があります。

・配当方針案の策定

　株主に配当をいくら実施するか（又は実施しないか）及び利益の社内留保分について検討します。

　検討にあたっては、決算予測に基づき配当可能利益の算定が必要となります（会461）。

・決算日程概要の策定

　株式会社は毎決算期に、計算書類（貸借対照表・損益計算書・株主資本等変動計算書・個別注記表）及び事業報告並びに附属明細書を作成しなければなりません（会435）。会計監査人設置会社の場合、計算書類及びその附属明細書の監査期間が、会計監査報告では当該計算書類の全部を受領した日から4週間、監査役監査では会計監査報告を受領した日から1週間を超える期間を取締役、監査役、会計監査人の合意で設定することが可能とされており（計規130、132）、取締役会設置会社においては、取締役会の承認を受ける必要がある（会436）ことから、株主総会の開会期日及び招集通知発送日などを考慮して、決算案の作成・監査から定時株主総会での承認・報告までのスケジュールを策定します。

　総務部門において株主総会及び取締役会の開催日時の調整・確認を行います。

・取締役会等への報告・承認

　決算日の1ヶ月前の月次決算報告において、経常利益等の決算見込を報告するとともに、決算方針の検討及び承認を実施します。

　具体的には不良在庫の処分や評価減の実施、含み益のある有価証券の売却等の決算方針について検討・承認を行う必要があります。

　また、決算日程概要についても説明及び承認が必要となります。

【参考資料・法的根拠（条文）等】

　会461、435、436／計規59、130、132

中分類	9.1 事前準備	小分類	9.1.3 経理部門内担当割	9.1.4 共通事項確認見直	

詳細解説

【用語解説】

・部門内担当割とは

決算業務を円滑に実施するために、経理部門内の業務分担を行うこと。

・決算処理基準とは

共通費の配賦基準及び各引当金等の計上基準、有価証券・棚卸資産の評価基準、固定資産の減価償却方法、減損処理基準などをいう。

・共通費とは

2以上の部門にまたがって共通して消費された費用をいう。会議費、厚生費等は部門共通費となる。本社費用も広い意味での共通費となる。

例としては、製造管理部門（開発、特許など）や販売企画部門（広告宣伝、市場調査）等に発生する集約的費用がある。

・引当金とは

将来の特定の費用又は損失であって、その発生が当期以前の事象に起因し、発生の可能性が高く、かつ、その金額を合理的に見積もることができる場合には、当期の負担に属する金額を当期の費用又は損失として引当金に繰り入れ、当該引当金の残高を貸借対照表の負債の部又は資産の部に記載する。製品保証引当金、売上割戻引当金、返品調整引当金、賞与引当金、工事補償引当金、退職給付引当金、修繕引当金、特別修繕引当金、債務保証損失引当金、損害補償損失引当金、貸倒引当金等がこれに該当する。発生の可能性の低い偶発事象に係る費用又は損失については、引当金を計上することはできない。

・決算レートとは

期末決算において為替差損益等を算定するための外国通貨の換算レートをいう。

・決算基準とは（税務上の取扱い）

「一般に公正妥当と認められる会計処理の基準」に従う法人が自らに最も適した方法を採用する場合には、税務もこれを尊重してその企業意思を判断の基準とする考え方。法人自体の意思決定による会計処理が要求される一定の取引（内部取引、一定の外部取引）については、その法人が確定決算において表明した会計処理を前提として課税所得を計算するということである。確定決算基準（確定決算主義）と同義。

【ポイント・留意点】

・部門内担当割

過去の決算担当割等を参考に、当年度の決算担当割を策定します。

策定にあたっては業務の平準化や、担当者の組合せ及びローテーションにより経理部門社員全体のスキルアップを図ることができるように考慮します。

主な役割は、売上計上業務、棚卸業務、決算整理業務、勘定残高確認業務、連結決算報告業務、試算表取りまとめ業務等があり、関係各部門への周知及び調整等を行います。

・共通事項確認見直

企業における各事業部は利益責任単位ですから、共通費の配賦方法によって、事業部の業績評価は大きく異なってきます。共通費は、いくつかの事業にまたがって用役を提供する集約的な費用で、配賦基準には、①売上高基準、②用役利用基準、③規模基準、④総費用基準などがあります。用役利用基準は各事業部が受けた用役の程度によるもので、規模基準は、事業部の売上額や

詳細解説

従業員数による方法があります。

・各期末レート確認

外国通貨は決算日の為替レートで換算します。

・決算基準見直案策定

企業の意思決定による会計処理には、内部取引及び一定の外部取引があります。

内部取引としては、減価償却費の計算（法法31）、資産の評価損（法法33）、圧縮記帳等（法法42 〜50）、引当金勘定への繰入（法法52、53）があり、法人の外からは認識することが困難なので、損金経理を要求しています。

外部取引については、客観的な事実に基づいており、意思の判断が入る余地が原則としてないので、確定決算基準は適用されず、意思の判断の入り込む余地がある一定の外部取引についてのみ確定決算基準が取られています。

少額資産（法令133、134）の損金算入は、経費性が強いですが、剰余金処分との区別の観点から、損金経理を要求しています。外部取引のうち収益及び費用の認識基準の特例としての割賦販売基準（法法63）、延払基準（法法63）、工事進行基準（法法64）の選択についても確定した決算における所定の経理を要求しています。

また、決算基準の中でも会計方針の見直しや変更は、変更の合理性・適時性が求められるので、事前に会計監査人とも慎重に協議する必要があります。

【参考資料・法的根拠（条文）等】

会計原則注解18

中分類	9.2 決算手続	小分類	9.2.1 関係部門サポート	9.2.2 売上高確定	9.2.3 原価確定

詳細解説

【用語解説】

・起票とは

伝票を発行すること。伝票は取引の発生した部門で発行することが原則である。起票にはできる限り証憑（請求書や領収書等の企業の取引を証明する書類）を添付する。近年はITシステムの整備が進み、伝票に代えて「データ起票」が増えている。

・部門別とは

工場、支店あるいは購買部門、製造部門、販売部門といった業務単位。

・実地棚卸とは

棚卸資産の残高を確認するために、実際に現物を点検・計量することをいう（3.1.1（実地棚卸検証）参照（P.47））。

【ポイント・留意点】

・関係部門サポートの目的

経理処理に関する問合せ対応を行うことによって、各部門の伝票作成を正しく、速やかに行われるようにします。

・部門別売上高確認の目的

各事業部は企業における利益責任単位ですから、企業トータルとしての売上高が適正に計上されていることを検証する方法の1つとして、部門別の売上高について年度目標との差異理由が判明しているかチェックします。

・実地棚卸の目的

実地棚卸は、継続記録を行っている場合でも、少なくとも会計年度中1回はこの手続きを実施して帳簿残高と照合します。

棚卸は、会計監査人監査及び税務調査における会社決算の検証において、特に重要な判断材料となることから、棚卸の実施体制・手順を棚卸計画書により明確にし、実施することが重要となります。

・売上原価の算定

売上原価は、売上高に対応する商品の仕入原価又は製品の製造原価であり、算定方法は次のとおりです。

商品仕入原価　＝　期首商品棚卸高　＋　当期商品仕入高　－　期末商品棚卸高

製品製造原価　＝　期首製品棚卸高　＋　当期製品製造原価　－　期末製品棚卸高

【参考資料・法的根拠（条文）等】

会計原則第二の3のC

中分類	9.2 決算手続	小分類	9.2.4 共通費賦課	9.2.5 仮勘定整理	9.2.6 経過計算実施

詳細解説

【用語解説】

・共通費とは

　本社費用、製造管理部門（開発、特許など）や販売企画部門（広告宣伝、市場調査）等に発生する集約的な費用（9.1.4「共通費とは」参照（P.103））。

・配賦とは

　共通費や間接費を各部門の利用状況に応じた費用負担になるように配賦基準を設けて、各部門に負担させること。

・仮勘定とは

　8.1.2「仮勘定とは」参照（P.82）

・経過勘定とは

　時間の経過によって発生する費用や収益を調整するための貸借対照表勘定をいい、前払費用、前受収益、未払費用、未収収益がある。

【ポイント・留意点】

・共通費配賦

　共通費の配賦は費用科目又は費用科目グループごとに選んで行います。配賦基準は費用発生要因に応じた負担となるようなものを選びます。

　（例）　　＜費用科目＞　　　＜配賦基準＞

　　　　　　電力料…………各部門の電力使用量又は占有面積等

　　　　　　固定資産税……各部門の占有面積等

　　　　　　福利厚生費……各部門の従業員数等

・仮勘定の整理

　8.1.2「仮勘定の整理」参照（P.82）

・経過計算実施

　すべての費用及び収益について、その発生した期間に正しく割り当てられるように処理する必要があります（会計原則注解5）。

　（経過勘定の主な例）

　①　前払費用（資産）……既に支出済みだが翌期の費用に相当するもの（前払保険料等）

　②　前受収益（負債）……既に入金したが、当期収益としないもの（前受家賃等）

　③　未払費用（負債）……既に給付の完了を確認しているが、請求書未着等により支払処理が確定しないもの

　④　未収収益（資産）……既に収益が確定しているが、請求処理等ができないもの（未収利息等）

【参考資料・法的根拠（条文）等】

　会計原則第二の1のA／会計原則注解5

【関連項目】

　9.1.4（共通事項確認見直）

| 中分類 | 9.2
決算手続 | 小分類 | 9.2.7
長短債権債務整理 | 9.2.8
勘定精査 | |

【用語解説】

・長期前払費用とは

前払費用のうち、決算日後1年を超えた後に費用となるものをいう。例えば、リース代金の長期前払分や家賃・地代など長期にわたる賃借料の前払分、火災保険・自動車保険など保険料の長期前払分をいう。

・長期前受収益とは

前受収益のうち、決算日後1年を超えた後に収益となるものをいう。例えば、外貨建社債を発行し、これに為替予約が付され振当処理を行った場合における、為替予約差益の次期以降に配分される分が該当する。

・勘定精査とは

各勘定科目残高と各種帳簿等との照合確認を実施し、勘定の残高内容を項目ごとに詳細に（正確性、妥当性、合理性など）吟味すること。

【ポイント・留意点】

・長期前払費用

当初1年を超えた後に費用となるものとして支出された前払費用について、1年以内に費用となるべき部分の金額がある場合において、その金額が僅少であるものについては、当該金額を流動資産にしないで、長期前払費用に含めて記載することができます（財規ガイド32−1−11）。

・長期前払費用（長期前受収益）から前払費用（前受収益）への振替

長期前払費用（長期前受収益）のうち、決算後1年以内に費用（収益）となる分について、前払費用（前受収益）へ振替を行います。

これにより、貸借対照表において、固定資産として長期前払費用、流動資産として前払費用、また、固定負債として長期前受収益、流動負債として前受収益が、それぞれ適正に表示されることとなります。

・勘定精査

各種帳簿等との照合で不符合がある場合はその内容を精査し、各種帳簿が誤っている場合は帳簿の修正を行い、科目誤りにより勘定科目残高が誤っている場合は科目修正伝票を作成し、速やかに補正入力処理を行います。

【参考資料・法的根拠（条文）等】

財規ガイド32−1−11

中分類	9.2 決算手続	小分類	9.2.9 各引当金計上	9.2.10 決算数値確定	

詳細解説

【用語解説】

・退職給付引当金とは

退職給付債務を示す科目名で、退職時に見込まれる退職給付の総額の現価をいう。企業年金制度を採用している場合には、退職給付に充てるために積み立てられている資産の額（年金資産）を控除した額が引当金計上額となる。

なお、個別財務諸表上においては「退職給付引当金」と表示されるが、連結財務諸表上においては「退職給付に係る負債」と表示される。

・貸倒引当金とは

受取手形、売掛金、貸付金等の金銭債権の期末残高のうち、貸倒見込額として計上した金額をいう。

【ポイント・留意点】

・企業会計原則上の引当金と法人税法上の引当金

会計上の引当金は製品保証引当金、売上割戻引当金、返品調整引当金、賞与引当金、工事補償引当金、退職給付引当金、修繕引当金、特別修繕引当金、債務保証損失引当金、損害補償損失引当金、貸倒引当金等があります。

このうち法人税法上の引当金となるのは、貸倒引当金、返品調整引当金のみとなります。

・退職給付引当金

退職手当は、退職の事実の発生により支給しますが、社員の当期以前の在職期間において発生したものが累積されると考えられるので、支給した年度に全額費用計上するのでなく、各年度に費用計上し引当金として積み立てておくものです。

現価方式に基づく退職給付に係る費用は、勤務費用の額、利息費用の額、期待運用収益の額、過去勤務費用、数理計算上の差異などから構成されます。退職時の退職給付の総額、各期の発生額の計算は、保険数理に基づくことから、保険会社、信託会社などへ計算を委託することが一般的です。なお、退職給付についての考え方は、企業会計基準委員会の「退職給付に関する会計基準」に基づくものです。

・貸倒引当金の繰入限度額

法人税法上の貸倒引当金繰入限度額は、個別評価する金銭債権の個別評価額と、その他の一般売掛債権等に一定割合を乗じた額の合計となります（法法52、法令96）。その他の一般売掛債権等に乗ずる一定割合とは、平均貸倒実績率と法定繰入率のいずれか多い方となります。ただし平成10年度改正において、法定繰入率は資本金1億円以下の会社以外は廃止となりました。

なお、法人税法上の貸倒引当金制度については、平成24年4月1日以後開始事業年度において、適用対象者を「中小法人等」「金融保険業等を営む法人」「リース業を営む一定の法人等」に限定し、それ以外の法人については、平成26年度までの経過措置を講じた上で廃止となりました。

・決算原案の承認

会社法上、決算の結果は原則として株主総会の承認を受ける必要があり、このため取締役は、計算書類（貸借対照表・損益計算書・株主資本等変動計算書・個別注記表）及び事業報告並びに附属明細書を作成したうえで取締役会を開催し、決算原案を確定します。

【参考資料・法的根拠（条文）等】

会計原則注解18／法法52／法令96

中分類	9.3 役員報告	小分類	9.3.1 付議資料作成		

【用語解説】

・取締役会とは

取締役会を設置する株式会社の業務の執行に関する株式会社の意思決定及び監督機関。取締役全員により構成される合議体をいう。

取締役会を設置する株式会社は取締役会の決議で選任される代表取締役という機関が業務を執行し、会社を代表する。取締役会を設置しない株式会社の場合は取締役が会社を代表することからこの点が異なる。

このうち会社法第435条の計算書類及び事業報告並びに附属明細書の承認のために開催されるものを決算取締役会という。

・会社計算規則とは

会社法に対応した法務省令で、計算書類及び附属明細書の具体的な内容や作成方法等について定めたもの。なお、事業報告及びその附属明細書の具体的な内容については、会社法施行規則で定められている。

【ポイント・留意点】

・決算取締役会の目的

取締役は毎決算期に計算書類（貸借対照表・損益計算書・株主資本等変動計算書・個別注記表）及び事業報告並びに附属明細書を作成し、監査を経たうえで、取締役会設置会社においては、取締役会の承認を受けなければなりません（会436）。

このため決算取締役会が開催されることになります。

・付議資料作成

株主総会は会社法に基づき行われることから、計算書類及び附属明細書については会社計算規則、事業報告及びその附属明細書については会社法施行規則に対応したものを作成します。

また、事業報告及び附属明細書については、日本経団連が発表している「会社法施行規則及び会社計算規則による株式会社の各種書類のひな型」や、公認会計士協会が発表している「会計監査人設置会社における会計監査人に関する事項に係る事業報告の記載例」及び「計算書類に係る附属明細書のひな型」が参考となります。

・決算の承認

決算取締役会において承認された計算書類及び事業報告並びに附属明細書は、定時株主総会に提出し、事業報告についてはその内容の報告、計算書類についてはその承認を受けることになります。株主総会で承認を受けたことをもって決算が確定したこととなります。

なお、会計監査人設置会社については、法令及び定款に従い株式会社の財産及び損益の状況を正しく表示しているという要件に該当する場合は、計算書類も株主総会における報告事項となります。

【参考資料・法的根拠（条文）等】

会435、436

| 中分類 | 9.4 監査対応 | 小分類 | 9.4.1 対応準備 | 9.4.2 監査立会 | |

詳細解説

【用語解説】

・会計監査とは

　会社の経営活動に係る会計及び財務記録の適正性について、経営活動に関与していない独立の第三者が意見を表明することをいう。会社の業務一般を対象とする業務監査とは異なる。

・会計監査人とは

　大会社（資本金５億円以上又は負債総額200億円以上の株式会社）の決算手続きにおいて、会社法に定める計算書類（貸借対照表・損益計算書・株主資本等変動計算書・個別注記表）、計算書類に係る附属明細書について、監査役のほかに監査する者をいう。監査法人・公認会計士がこれにあたる（会396）。

【ポイント・留意点】

・会計監査に関する主なスケジュール

　計算書類及び附属明細書についての監査報告の通知期限は次のとおり定められています（計規130、132）。

① 会計監査人が特定監査役及び特定取締役に会計監査報告を通知する期限
　　次に掲げる日のうちいずれか遅い日
　　イ．計算書類の全部を受領した日から４週間を経過した日
　　ロ．計算書類の附属明細書を受領した日から１週間を経過した日
　　ハ．特定取締役、特定監査役及び会計監査人の間で合意により定めた日があるときは、その日

② 特定監査役が特定取締役及び会計監査人に監査報告を通知する期限（会計監査人設置会社の場合）
　　次に掲げる日のうちいずれか遅い日
　　イ．会計監査報告を受領した日から１週間を経過した日
　　ロ．特定取締役及び特定監査役の間で合意により定めた日があるときは、その日

・監査スケジュール策定

　監査対応への準備として、監査役等の社内関係者とのスケジュール調整が必要となりますが、会計監査人監査を受ける大会社や社外監査役がいる会社の場合には、これらの社外関係者との調整も必要となることから、早めにスケジュール案を作成し、社内及び社外の関係者に照会しておく必要があります（9.1.2（スケジュール策定）参照（P.101））。

・対応準備

① 監査役・会計監査人と監査日程、監査項目、提出資料など、監査実施要領についてのすり合わせを行います。
② 社内の関係部門に監査実施要領を事前に周知し、監査が円滑に行われるよう協力依頼をします。

・監査立会

① 監査立会者は、監査役・会計監査人からの質問内容を関係部門へ的確に伝えるとともに、説明が遅滞なく行われるように配慮し、監査手続を円滑に進めることが必要です。
② 監査立会者は、監査役・会計監査人からの質問及び応対者による説明等について対応内容をとりまとめ、立会報告書を作成します。

【参考資料・法的根拠（条文）等】

　会396／計規130、132

大分類　10　連結決算業務　　10

大分類	中分類	小分類	ポイント・解説
10 連結決算業務	10.1 期中対応	10.1.1 関係会社サポート	決算期前に関係会社への指導及びサポートを実施します。親子会社間並びに在外子会社との会計処理が統一されているか確認し、必要ならば統一します。 詳細解説 P.123
	10.2 直前準備	10.2.1 連結対象会社確認	連結範囲を判断し、連結対象会社を確認します。
		10.2.2 連結決算方針策定	連結決算方針を策定します。（（例）未実現損益消去（棚卸資産）の会計処理、資本連結計算の手続き、内部取引消去（取引高）の会計処理など）
		10.2.3 各社基本情報整備	連結対象会社の基本情報を収集確認します。
		10.2.4 新規会社情報収集	新規連結会社の基本情報を収集確認します。（資本連結計算の手続の確認等）
		10.2.5 スケジュール策定	全体の決算スケジュールを策定します。
		10.2.6 期ズレ会社対応	決算期がずれている会社（3ヶ月間以内）を把握し連結修正の対応を行います。（（例）取引高の相殺消去等）
		10.2.7 事前説明（新規）	新規連結対象会社に対し決算手続きに関する説明を行います。
		10.2.8 事前説明（継続）	継続連結対象会社に対し決算手続きに関する通知を行います。（担当者が変更となった場合は説明を行う。）
	10.3 個社データ収集	10.3.1 パッケージ準備	各社報告用の共通パッケージを準備します。
		10.3.2 作成マニュアル準備	報告資料作成用マニュアルを作成します。
		10.3.3 パッケージ送付（配信）	パッケージを各社へ送付します。（到着確認を必ず行う。）
		10.3.4 パッケージ回収	各社のパッケージデータを回収します。（該当がない場合も必ず報告を受領する。）
		10.3.5 データ組替（異業種）	異業種会社の個別財務データの組替えを行います。（営業内外の組替え等）

大分類	中分類	小分類	ポイント・解説
		10.3.6 各社データ検証	各社の個別財務データを検証します。(異常値のチェック等)
		10.3.7 在外子会社外貨換算	外貨報告データの換算を行います。(外国為替市場の解釈、外貨建取引の会計処理、在外子会社との会計処理等に注意)
	10.4 連結決算手続	10.4.1 調整前精算表作成	各調整前の連結精算表等を作成します。(開始仕訳の確認等に注意)
		10.4.2 資本連結 (連結会社)	連結会社の資本連結を実施します。(持分計算書の作成、資本連結計算の手続き、のれんの会計処理等)
		10.4.3 資本連結 (持分法会社)	持分法適用会社の投資勘定の調整手続を実施します。(持分計算書の作成等)
		10.4.4 内部取引消去	内部取引消去を行います。(債権債務、取引高、手形等の会計処理)
		10.4.5 未実現消去 (在庫)	在庫の未実現利益を消去します。(棚卸資産、持分法計算等の会計処理、未実現損失の取扱いに注意)
		10.4.6 未実現消去 (固定資産)	固定資産の未実現利益を消去します。(固定資産の会計処理、未実現損失の取扱いに注意)
		10.4.7 税効果計算検証	各社税効果計算データを検証します。(将来加算、将来減算一時差異の確認、繰延税金資産の回収可能性の判断、繰延税金資産・負債の会計処理等に注意)
		10.4.8 税効果調整	各連結調整に対し税効果調整を行います。(連結固有の税効果計算の確認)
		10.4.9 連結財務諸表作成	各調整データを踏まえ連結精算表等を作成、検証を行います。 詳細解説 P.125
		10.4.10 連結キャッシュフロー作成	連結キャッシュフローを作成します。(個別キャッシュフローが必要な場合は作成)
		10.4.11 セグメント資料作成	セグメント資料を作成します。

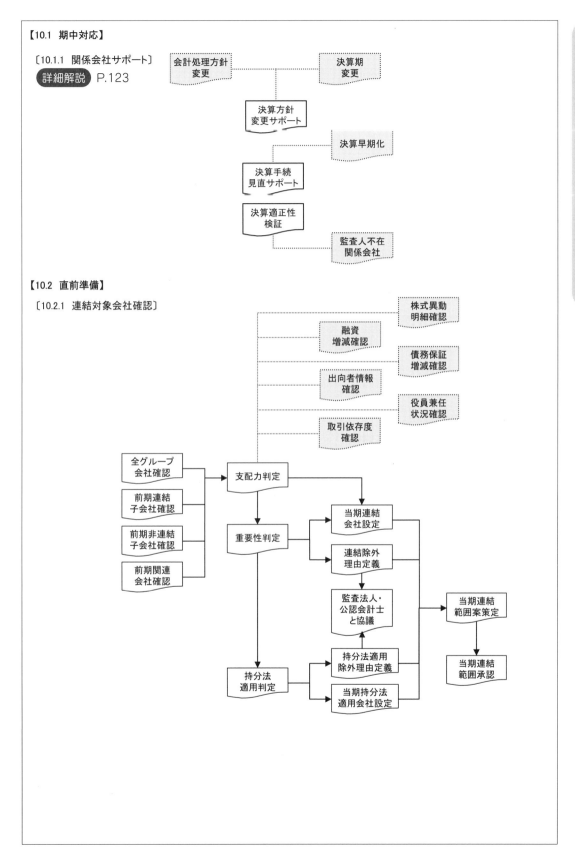

業務プロセスと取引仕訳

〔10.2.2 連結決算方針策定〕

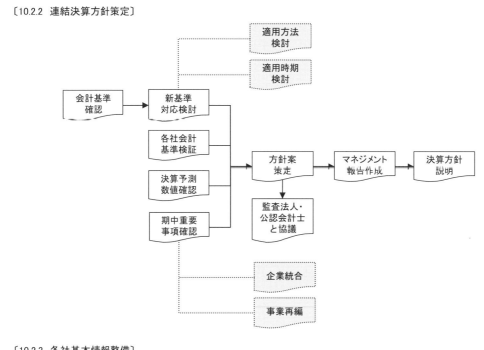

〔10.2.3 各社基本情報整備〕

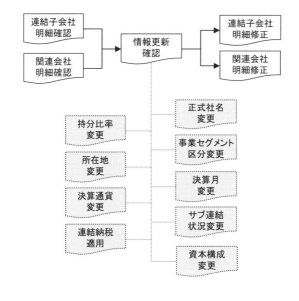

〔10.2.4 新規会社情報収集〕

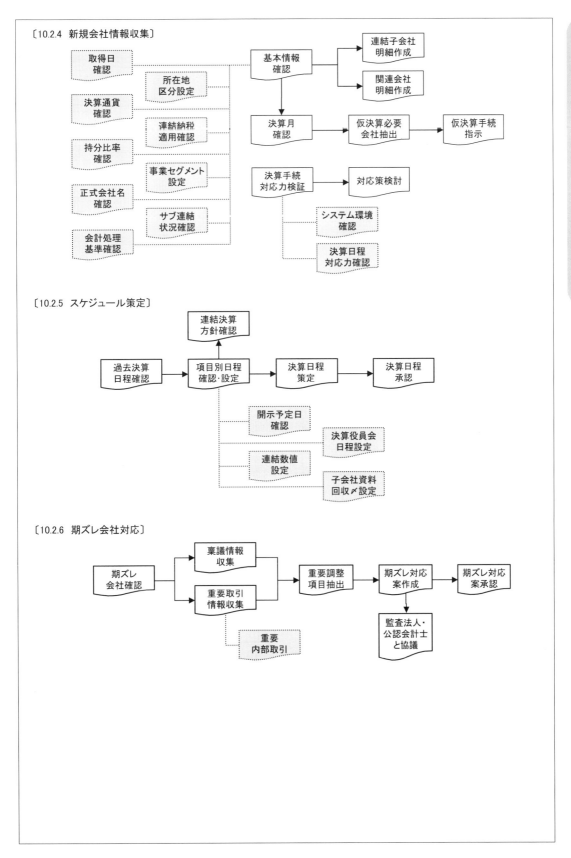

〔10.2.5 スケジュール策定〕

〔10.2.6 期ズレ会社対応〕

業務プロセスと取引仕訳

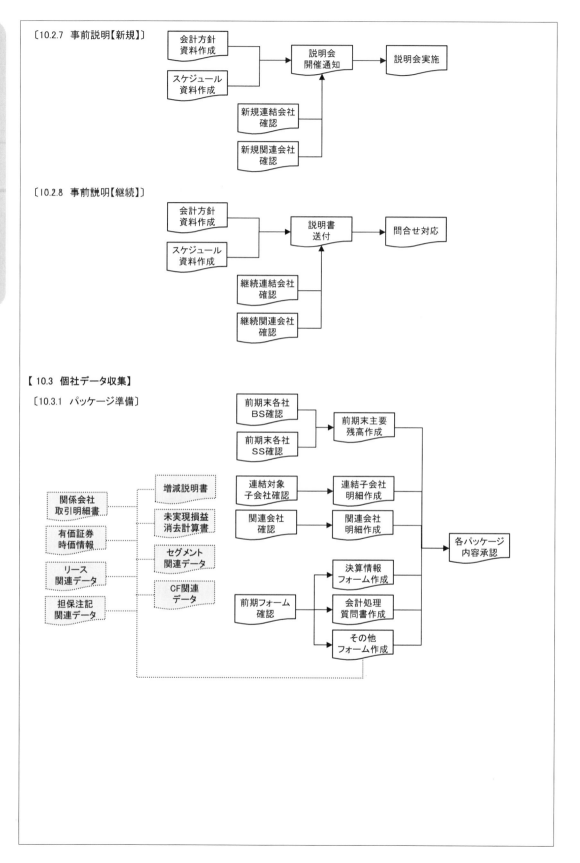

〔10.2.7 事前説明【新規】〕

会計方針資料作成
スケジュール資料作成
説明会開催通知 → 説明会実施
新規連結会社確認
新規関連会社確認

〔10.2.8 事前説明【継続】〕

会計方針資料作成
スケジュール資料作成
説明書送付 → 問合せ対応
継続連結会社確認
継続関連会社確認

【10.3 個社データ収集】

〔10.3.1 パッケージ準備〕

前期末各社BS確認
前期末各社SS確認
前期末主要残高作成

関係会社取引明細書
有価証券時価情報
リース関連データ
担保注記関連データ

増減説明書
未実現損益消去計算書
セグメント関連データ
CF関連データ

連結対象子会社確認 → 連結子会社明細作成
関連会社確認 → 関連会社明細作成

各パッケージ内容承認

前期フォーム確認
決算情報フォーム作成
会計処理質問書作成
その他フォーム作成

〔10.3.2 作成マニュアル準備〕

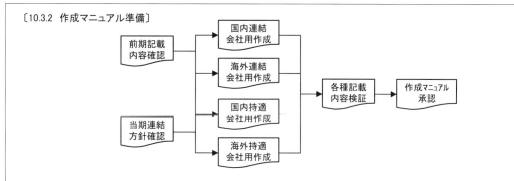

〔10.3.3 パッケージ送付【配信】〕

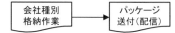

〔10.3.4 パッケージ回収〕

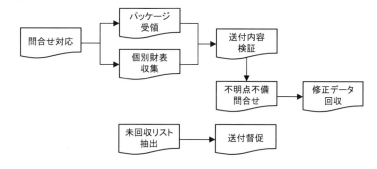

〔10.3.5 データ組替【異業種】〕

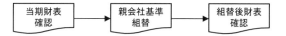

業務プロセスと取引仕訳

業務プロセスと取引仕訳

〔10.3.6 各社データ検証〕

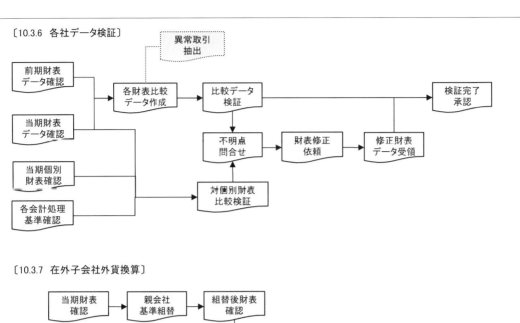

〔10.3.7 在外子会社外貨換算〕

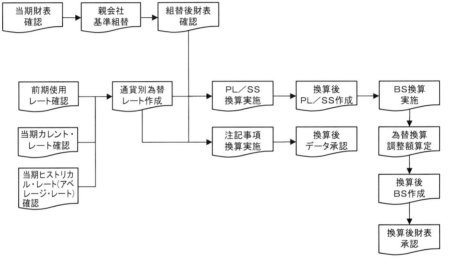

【10.4 連結決算手続】

〔10.4.1 調整前精算表作成〕

```
各社BS
合算実施
          ┐
各社PL       →  調整前連結  →  調整前連結
合算実施          精算表作成      精算表検証
          ┘
各社SS
合算実施
```

```
期ズレ調整  →  期ズレ調整
対象確認       仕訳計上

前期修正  →  開始仕訳
仕訳確認      計上

影響度少
子会社修正 ── その他調整 → 調整伝票
            項目確認      計上
```

〔10.4.2 資本連結【連結会社】〕

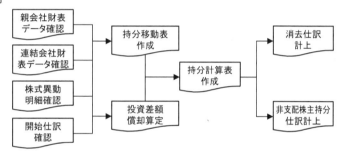

```
親会社財表
データ確認
          ┐
連結会社財   →  持分移動表
表データ確認      作成          ┐
                              持分計算表  →  消去仕訳
株式異動                         作成          計上
明細確認                                   
          →  投資差額              └─  非支配株主持分
開始仕訳      償却算定                    仕訳計上
確認
```

〔10.4.3 資本連結【持分法会社】〕

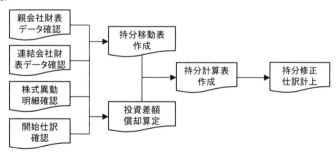

```
親会社財表
データ確認
          ┐
連結会社財   →  持分移動表
表データ確認      作成
                          持分計算表  →  持分修正
株式異動                      作成          仕訳計上
明細確認
          →  投資差額
開始仕訳      償却算定
確認
```

業務プロセスと取引仕訳

〔10.4.4 内部取引消去〕

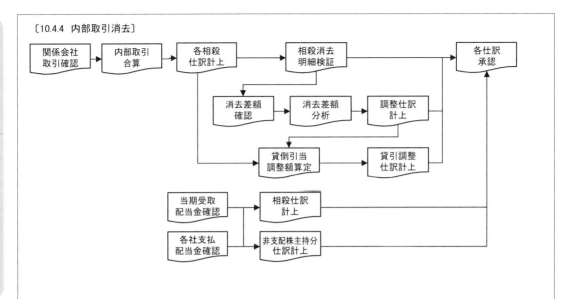

〔10.4.5 未実現消去【在庫】〕

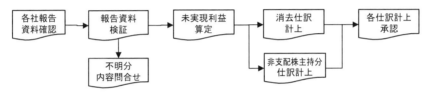

〔10.4.6 未実現消去【固定資産】〕

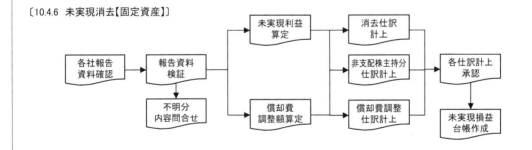

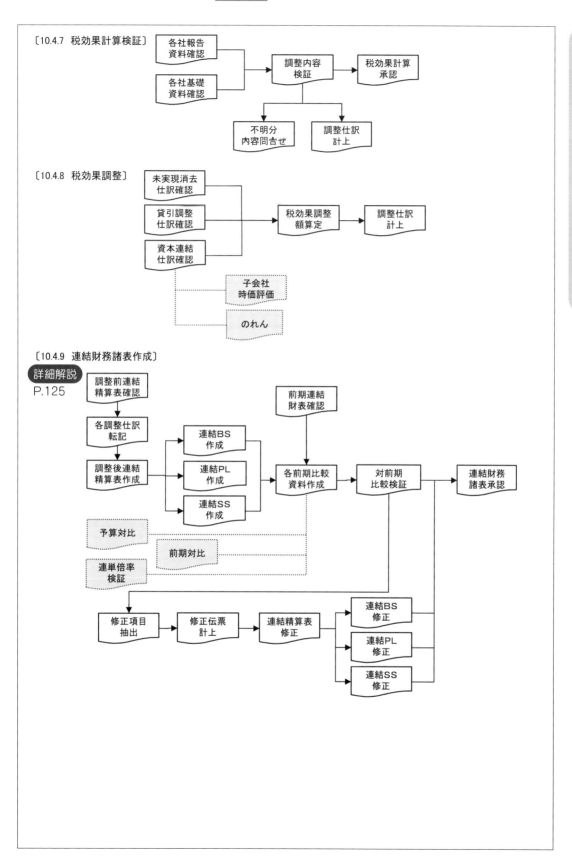

〔10.4.7 税効果計算検証〕

各社報告資料確認 / 各社基礎資料確認 → 調整内容検証 → 税効果計算承認 / 不明分内容問合せ / 調整仕訳計上

〔10.4.8 税効果調整〕

未実現消去仕訳確認 / 貸引調整仕訳確認 / 資本連結仕訳確認 → 税効果調整額算定 → 調整仕訳計上

子会社時価評価 / のれん

〔10.4.9 連結財務諸表作成〕

詳細解説 P.125

調整前連結精算表確認 → 各調整仕訳転記 → 調整後連結精算表作成 → 連結BS作成 / 連結PL作成 / 連結SS作成 → 各前期比較資料作成 → 対前期比較検証 → 連結財務諸表承認

前期連結財表確認

予算対比 / 前期対比 / 連単倍率検証

修正項目抽出 → 修正伝票計上 → 連結精算表修正 → 連結BS修正 / 連結PL修正 / 連結SS修正

業務プロセスと取引仕訳

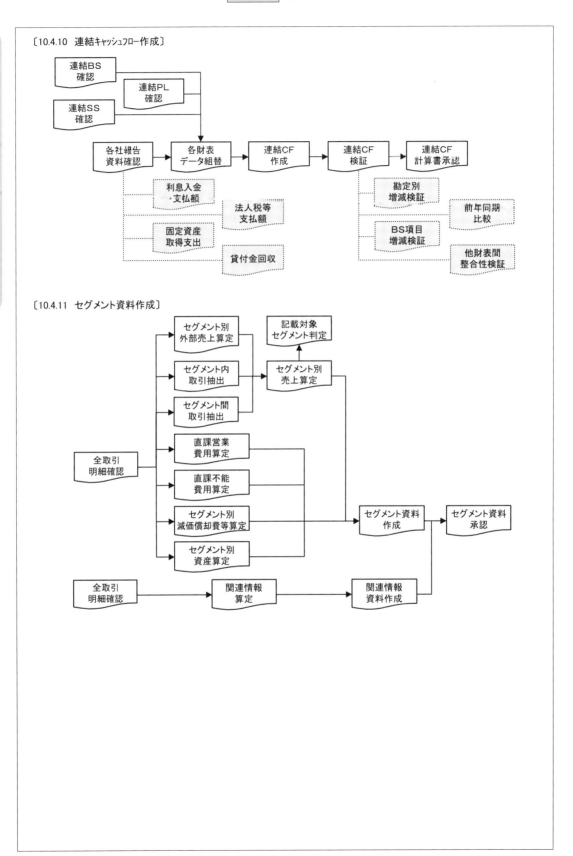

〔10.4.10 連結キャッシュフロー作成〕

連結BS確認

連結PL確認

連結SS確認

各社報告資料確認 → 各財表データ組替 → 連結CF作成 → 連結CF検証 → 連結CF計算書承認

利息入金・支払額

法人税等支払額

固定資産取得支出

貸付金回収

勘定別増減検証

前年同期比較

BS項目増減検証

他財表間整合性検証

〔10.4.11 セグメント資料作成〕

セグメント別外部売上算定

記載対象セグメント判定

セグメント内取引抽出

セグメント別売上算定

セグメント間取引抽出

全取引明細確認

直課営業費用算定

直課不能費用算定

セグメント別減価償却費等算定

セグメント別資産算定

セグメント資料作成 → セグメント資料承認

全取引明細確認 → 関連情報算定 → 関連情報資料作成

中分類	10.1 期中対応	小分類	10.1.1 関係会社サポート		

【用語解説】

・連結決算範囲

連結財務諸表は、親会社を中心とする企業集団（親会社、子会社及び関連会社）を単一の経済的組織体として作成する。子会社に対しては、原則として連結法（財務諸表を合算）を適用し、関連会社や何らかの理由で連結されなかった非連結子会社に対しては、持分法を適用する。

・連結決算日

連結財務諸表は、親会社の決算日を連結決算日として作成する。子会社の決算日が連結決算日と異なる場合には、子会社は、連結決算日において、正規の決算に準ずる合理的な手続きに従って、新たに決算を行わなければならない。ただし、連結決算日と子会社の決算日との差異が3ヶ月以内の場合は、新たに決算を行わないで連結することが認められている。

また、持分法の適用にあたっては、持分法適用会社の直近の財務諸表を使用することになる。ただし親会社と持分法適用会社の決算日に差異があり、その差異の期間内に重要な取引又は事象が発生しているときには、必要な修正又は注記を行わなければならない。

・親子間の会計処理の統一

同一環境下で行われた同一の性質の取引等について、親会社及び子会社が採用する会計方針は、原則として統一しなければならない。

ただし、実務上の事情を考慮して、財政状態、経営成績及びキャッシュ・フローの状況の表示に重要な影響がないと考えられるもの（例えば、棚卸資産の評価方法である先入先出法、総平均法等）については、会計方針を統一しないことも認められている。

また、統一の際には、必ずしも親会社の会計方針に合わせる必要はなく、より合理的な会計方針を選択すべきである。

【ポイント・留意点】

・親会社

企業グループの頂点に位置する会社をいいます。

・子会社（会社の議決権の50％超を親会社が所有している会社）

親会社に実質的に支配されている会社をいいます（ただし、議決権の所有割合が50％以下であっても、会社を実質的に支配しているか否かで判定）。

・関連会社（子会社以外で議決権の20％以上を親会社が所有している会社）

親会社及び子会社が、出資、人事、資金、技術、取引等の関係を通じて、会社の財務及び営業の方針決定に対して重要な影響を与えることができる子会社以外の会社をいいます（ただし、議決権の所有割合が20％に満たない場合であっても、実質的に重要な影響を与えることができるか否かで判定）。

・連結対象から除外しなければならない子会社

① 支配が一時的であると認められる会社

② 上記以外の会社であって、連結することにより利害関係者の判断を著しく誤らせるおそれのある会社

詳
細
解
説

・連結の範囲から除外できる重要性の乏しい子会社

　連結の範囲に含めるべき子会社のうち、連結の範囲から除いてもその企業集団の財政状態及び経営成績に関する合理的な判断を妨げない程度に重要性の乏しいものは、連結の範囲から除くことができます。

① 量的基準

　重要性に乏しい子会社かどうかは、企業集団の個々の子会社の特性、並びに、少なくとも資産、売上高、利益及び利益剰余金の4項目に与える影響をもって判断します。

　具体的な影響度合は、次の計算式で計算された割合をもって判断します。

○資産基準　　$\dfrac{\text{非連結子会社の総資産額の合計額}}{\text{連結財務諸表提出会社の総資産額及び連結子会社の総資産額の合計額}}$

○売上高基準　　$\dfrac{\text{非連結子会社の売上高の合計}}{\text{連結財務諸表提出会社の売上高及び連結子会社の売上高の合計額}}$

○利益基準　　$\dfrac{\text{非連結子会社の当期純損益の額のうち持分に見合う額の合計額}}{\text{連結財務諸表提出会社の当期純損益の額及び連結子会社の当期純損益の額のうち持分に見合う額の合計額}}$

○利益剰余金基準　　$\dfrac{\text{非連結子会社の利益剰余金のうち持分に見合う額の合計額}}{\text{連結財務諸表提出会社の利益剰余金の額及び連結子会社の利益剰余金の額のうち持分に見合う額の合計額}}$

② 質的基準

　次のような会社については、量的な基準では重要性はなくとも、質的に重要であるため、連結の範囲に含めなければなりません。

　　○連結財務諸表提出会社（親会社）の中・長期の経営戦略上の重要な子会社

　　○連結財務諸表提出会社（親会社）の一業務部門、例えば製造、販売、流通、財務等の業務の全部又は重要な一部を実質的に担っていると考えられる子会社

　　○セグメント情報の開示に重要な影響を与える子会社

　　○多額な含み損失や発生の可能性の高い重要な偶発事象を有している子会社

・持分法の適用範囲から除外できる重要性の乏しい非連結子会社及び関連会社

　持分法を適用すべき非連結子会社及び関連会社のうち、その損益等から、持分法の対象から除いても連結財務諸表に重要な影響を与えないものは、持分法の対象から除くことができます。

① 量的基準

　連結財務諸表に重要な影響を与えない非連結子会社及び関連会社かどうかは、企業集団における個々の会社の特性並びに、少なくとも利益及び利益剰余金に与える影響をもって判断します。

　具体的な影響度合は、次の計算式で計算された割合をもって判断します。

○利益基準

$\dfrac{\text{持分法非適用の非連結子会社等の当期純損益の額のうち持分に見合う額の合計額}}{\text{連結財務諸表提出会社の当期純損益の額、連結子会社の当期純損益の額のうち持分に見合う額　並びに持分法適用の非連結子会社等の当期純損益の額のうち持分に見合う額の合計額}}$

○利益剰余金基準

$\dfrac{\text{持分法非適用の非連結子会社等の利益剰余金の額のうち持分に見合う額の合計額}}{\text{連結財務諸表提出会社の利益剰余金の額、連結子会社の利益剰余金の額のうち持分に見合う額　並びに持分法適用の非連結子会社等の利益剰余金の額のうち持分に見合う額の合計額}}$

② 質的基準

　上記「連結の範囲から除外できる重要性の乏しい子会社②」に準じて考慮します。

中分類	10.4 連結決算手続	小分類	10.4.9 連結財務諸表作成		

【用語解説】

・個別財務諸表の組替

　各会社は、通常、独自の勘定科目を用いているので，個別財務諸表の勘定科目を連結財務諸表の勘定科目に組替する必要がある。

・個別財務諸表の合算

　組替後の親会社と子会社の貸借対照表、損益計算書及び株主資本等変動計算書をそれぞれ合算する。

・連結修正消去仕訳

　連結修正消去仕訳とは、個別会計上で行われた仕訳と連結会計上あるべき仕訳とに違いがあるときに、その差異を修正するために行われる仕訳である。

【ポイント・留意点】

・連結修正消去仕訳

　主な連結修正消去仕訳には次のようなものがあります。

（A）親会社の投資と子会社の株主資本との相殺消去仕訳

（B）債権と債務の相殺消去仕訳

（C）当期純利益と剰余金処分の修正仕訳

（D）連結会社相互間の取引高の相殺消去仕訳

（E）未実現損益の消去仕訳

（F）開始仕訳

　開始仕訳とは、前期までの連結修正消去仕訳を累積させたものです。前期までの連結修正消去仕訳は、個別会計上は全く反映されていませんので、当期に連結を行う際には、前期までの個別財務諸表と連結財務諸表との差異は、そのまま残っています。このため、個別財務諸表の合算後に、まず当期の財務諸表に影響を与える前期までの連結修正消去仕訳（開始仕訳）を遡って行わなければなりません。

・連結精算表

　連結精算表の作成は、義務付けられているものではありませんが、連結精算表を作成することにより、正確かつ効率的に連結財務諸表を作成することができます。

　また、会計監査上において数値の妥当性を検証する際に有用なものとなります。

---

1. 個別財務諸表の欄に、親会社と子会社の組替後の個別財務諸表を記入します。

2. 各連結修正消去仕訳をそれぞれの仕訳項目に記載します。

3. 各仕訳項目ごとに損益計算書の勘定を集計し、当期純利益を計算し、株主資本等変動計算書の当期純利益の欄に移記します。

4. 各仕訳項目ごとに株主資本等変動計算書の勘定を集計し、資本剰余金と利益剰余金の期末残高を計算し、貸借対照表の各剰余金の欄に移記します。

5. 各勘定ごとに、個別財務諸表の合計金額に連結修正消去仕訳を加減算して、連結財務諸表を作成します。

・親会社の投資と子会社の株主資本との相殺消去

　親会社の子会社に対する投資とこれに対応する子会社の株主資本は、それぞれの個別貸借対照表に計上されていますが、企業グループ内部の取引であるため、連結財務諸表では相殺され消去される必要があります。

① **100％子会社への投資と株主資本の相殺消去**

<例題1＞　P社が100,000を出資して100％子会社A社を設立した場合の連結修正消去仕訳を示しなさい。（A社は全額資本金として処理）
〔個別会計上行われた仕訳〕
　P社（親会社）（借）A社株式　100,000　　（貸）現金預金　100,000
　A社（子会社）（借）現金預金　100,000　　（貸）資本金　　100,000
〔連結修正消去仕訳〕
　親会社から子会社への投資は、企業グループ内部の取引であり、企業グループ内の金銭の授受について連結上は認識しませんので、個別会計上行われた仕訳と反対の仕訳となります。
　　　（借）　　資本金　　100,000　　（貸）　　A社株式　100,000

② **100％子会社でない子会社への投資と株主資本の相殺消去**

　子会社に非支配株主が存在するため、子会社の純資産のうち、親会社以外の持分は「非支配株主持分」として処理します。

<例題2＞　P社が60,000でA社株式60％を取得した場合の連結修正消去仕訳を示しなさい。
　なお、株式取得時のA社の株主資本は右のとおりで、資産負債の簿価と時価は一致していたとします。

A社株主資本項目	
資本金	50,000
資本剰余金	30,000
利益剰余金	20,000
	100,000

〔連結修正消去仕訳〕
　A社の自己資本の60％は親会社P社の持分であり、残り40％は非支配株主の持分であることから、非支配株主持分への振替が必要となります。
　　　（借）　　資本金　　50,000　（貸）　A社株式　　　　60,000
　　　　　　　　資本剰余金　30,000　　　　　非支配株主持分　40,000
　　　　　　　　利益剰余金　20,000

・債権と債務の相殺消去

　連結会社間の債権・債務は、個別会計においては、それぞれの会社の貸借対照表に計上されていますが、連結決算においては、相殺消去されなければなりません。
　例えば、親会社が子会社に対して売掛金が200,000ある場合は、次の連結修正消去仕訳が必要になります。

　　　（借）　　買掛金　　200,000　（貸）　　売掛金　　200,000

詳細解説

・当期純利益と剰余金処分の修正

① 子会社の当期純利益の按分

連結決算では、親会社と子会社の損益計算書を合算しますので、親会社と子会社の収益と費用のすべてが合算されるため、非支配株主が存在する場合は、子会社の当期純利益について非支配株主に按分する必要があります。

子会社の当期純利益の按分では、「非支配株主に帰属する当期純利益」という連結損益計算書勘定と「非支配株主持分」という連結貸借対照表勘定が計上されます。

例えば、親会社の株式保有率70%の子会社が、当期純利益100,000を計上した場合の連結仕訳は次のとおりとなります。

> (借) 非支配株主に帰属する当期純利益　30,000　　(貸) 非支配株主持分　30,000

② 債務超過の子会社が計上した損益の処理

非支配株主の存在する子会社が利益や損失を計上した場合、通常非支配株主に按分しますが、子会社が債務超過となっている場合は、非支配株主持分のマイナスについては、非支配株主には負担させずに、支配株主である親会社が全額負担します。

これは、子会社の経営に関する責任は支配株主である親会社にあり、非支配株主は投資額の限度でしか責任を負わないという考えに基づいています。また、損失を計上していた子会社が利益を計上したときは、親会社が負担してきた欠損又は損失が回収されるまでは、非支配株主には按分せず全額親会社の持分を増加させます。

③ 配当金の処理

（A）100%子会社の配当金

> ＜例題3＞　100%子会社が、80,000の配当を実施した場合の連結修正消去仕訳を示しなさい。
>
> 〔個別会計上行われた仕訳（親会社）〕
>
> 　　(借)　現金預金　80,000　　(貸)　受取配当金　80,000
>
> 〔個別会計上行われた仕訳（子会社）〕
>
> 　　(借)　支払配当金　80,000　　(貸)　現金預金　80,000
>
> 〔連結修正消去仕訳〕
>
> 　子会社から親会社への配当は、企業グループ内部の取引であるため消去する必要があります。
>
> 　　(借)　受取配当金　80,000　　(貸)　支払配当金　80,000

詳
細
解
説

（B）非支配株主が存在する子会社の配当金

<例題4> 親会社の株式保有比率80％の子会社が、80,000の配当を実施した場合の連結
修正消去仕訳を示しなさい。
〔個別会計上行われた仕訳（親会社)〕
　　　（借）　現金預金　　64,000　　（貸）　受取配当金　　64,000
〔個別会計上行われた仕訳（子会社)〕
　　　（借）　支払配当金　80,000　　（貸）　現金預金　　80,000
〔連結修正消去仕訳〕
　　子会社から親会社への配当は、企業グループ内部の取引であるため消去する
必要があります。ただし、親会社以外の株主へ支払った配当については、非支
配株主に負担させる必要があります。
　　　（借）　受取配当金　　　64,000　（貸）　支払配当金　　80,000
　　　　　　非支配株主持分　16,000
　　※非支配株主持分16,000＝子会社配当額80,000×非支配株主持分比率20%

・連結会社相互間の取引高の相殺消去仕訳
　<売上高と仕入高の相殺消去>
　親会社が子会社に商品を販売している場合、個別損益計算書上、親会社は「売上高」を計上
し、子会社は「売上原価」を計上していますが、連結会計上は内部取引とみなされ相殺消去する
必要があります。
　例えば、親会社が子会社に商品300,000を売り上げている場合、次の連結修正消去仕訳が必要
となります。

　　　（借）　売上高　　　　300,000　　（貸）　売上原価　300,000

大分類　11　外部開示業務

大分類	中分類	小分類	ポイント・解説
11 外部開示業務	11.1 決算短信提出	11.1.1 財務諸表等作成	取引所に上場する企業は短信用財務諸表を作成します。（後発事象の確認、適時開示、開示スケジュールに注意）
		11.1.2 定性資料作成	短信用定性資料を作成します。（各種指標の作成、後発事象の確認）
		11.1.3 資料最終化	各短信資料を最終化します。
		11.1.4 マネジメント付議	短信資料を役員会に付議します。
		11.1.5 開示	決算短信を開示します。（決算短信開示の手続きの確認）
	11.2 プレス発表	11.2.1 プレス資料準備	プレス発表用の資料を準備します。（決算発表及びIRの重要性を認識）
	11.3 会社法決算	11.3.1 計算書類等作成	計算書類等を作成します。（貸借対照表・損益計算書・株主資本等変動計算書及び附属明細書の作成方法確認。後発事象の確認）　詳細解説 P.137
		11.3.2 取締役会付議	計算書類等原案を取締役会に付議します。
		11.3.3 会社法監査対応	会社法監査に対応します。（監査期間の確認）
		11.3.4 決算取締役会付議	計算書類等を取締役会に付議します。（計算書類等、招集通知書の承認、本支店での法定書類備置確認）
		11.3.5 株主総会準備	株主総会準備に対応します。（株主総会手続きの確認、招集通知書の発送、計算書類記載事項等に関する想定問答の作成）
		11.3.6 公告手続	決算公告を実施します。（決算公告の手続きの確認）

大分類	中分類	小分類	ポイント・解説
	11.4 有価証券 報告書 作成	11.4.1 連結財務諸表 作成	有価証券報告書（以下、「有報」という。）用連結財務諸表を作成します。（各様式の作成方法確認、後発事象の確認）
		11.4.2 定性資料 作成	有報用定性資料を作成します。（各種指標等の作成、後発事象の確認）
		11.4.3 資料最終化	有報用各資料を最終化します。
		11.4.4 金融商品 取引法 監査対応	金融商品取引法監査に対応します。（監査期間の確認）
		11.4.5 EDINET 対応	EDINETにて有価証券報告書を提出します。（有価証券報告書開示手続きの確認）
	11.5 アニュアル レポート 作成	11.5.1 作成方針 策定	アニュアルレポートの作成方針を策定します。（アニュアルレポートの作成方法確認。米国基準の場合は米国基準財務諸表、IFRSの場合はIFRS財務諸表の様式確認）
		11.5.2 財務数値 作成	アニュアルレポート用財務数値を作成します。（米国基準の場合は米国基準財務諸表、IFRSの場合はIFRS財務諸表の作成方法確認）
		11.5.3 定性資料 作成	アニュアルレポート用定性資料を作成します。（各種指標等の作成、後発事象の確認）
		11.5.4 資料最終化	アニュアルレポート用定性資料を最終化します。
		11.5.5 ＡＲ（アニュアルレポート）監査対応	アニュアルレポートの監査対応を行います（米国基準、IFRSの場合はそれぞれの財務諸表開示様式に準拠）。
	11.6 金融商品 取引法 開示	11.6.1 企業内容 開示制度	制度に準拠し、開示資料を作成します。

分類とポイント・解説

詳細解説 P.138

【11.1 決算短信提出】

〔11.1.1 財務諸表等作成〕

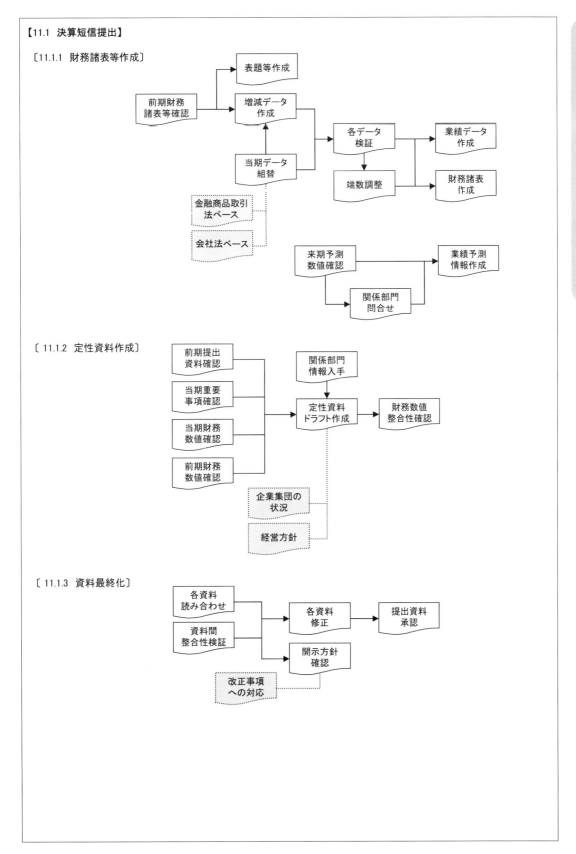

〔11.1.2 定性資料作成〕

〔11.1.3 資料最終化〕

業務プロセスと取引仕訳

〔 11.1.4　マネジメント付議〕

開示資料整備 → マネジメント報告・説明 → 開示承認確認

〔 11.1.5　開示〕

資料印刷手配 → 完成品確認 → 取引所提出

電子開示手続

プレス対応

【11.2　プレス発表】

〔 11.2.1　プレス資料準備〕

勘定明細書

勘定別増減比較

前期提出資料確認 / 当期重要事項確認 → 各資料ドラフト作成 → 各資料最終化 / 発表内容検討 → マネジメント宛説明

各資料ドラフト作成 → 関係部門問合せ

【11.3　会社法決算】

〔 11.3.1　計算書類等作成〕

詳細解説　P.137

BS・PL作成

当期財務数値確認 → 株主資本等変動計算書作成

前期財務数値確認 → 附属明細書作成 → 各資料検証 → 担当役員宛説明

定性情報確認 → 事業報告作成 → 資料間整合性確認

個別注記表作成

分配可能限度額報告 → 剰余金処分方針確認 → 株主資本等変動計算書注記作成

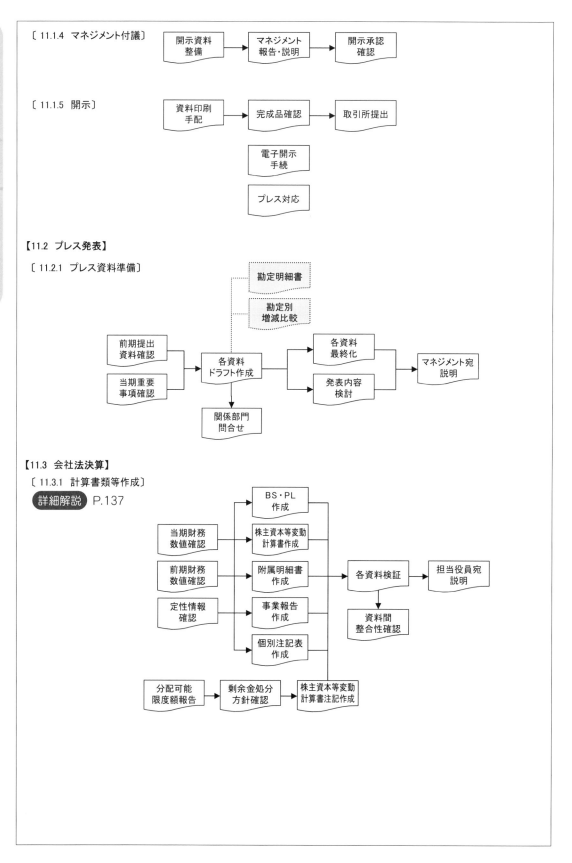

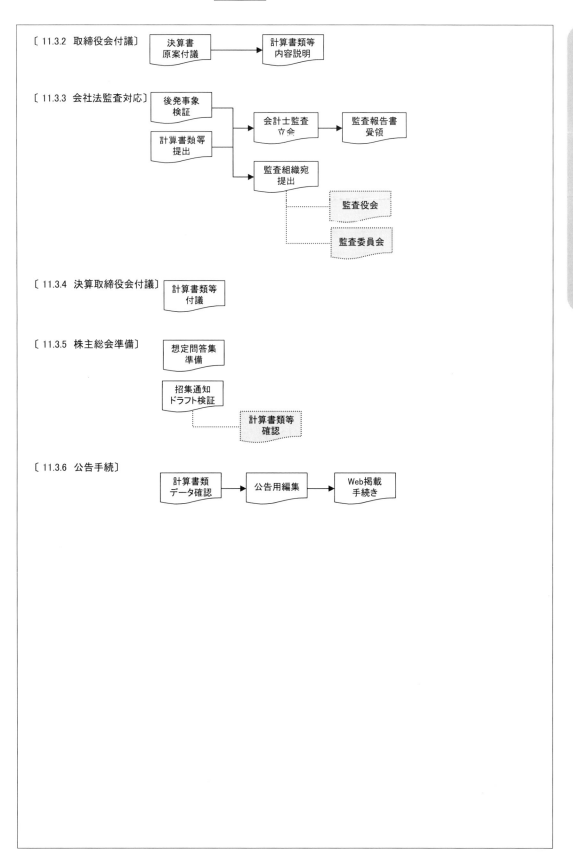

〔11.3.2 取締役会付議〕
決算書
原案付議 → 計算書類等
内容説明

〔11.3.3 会社法監査対応〕
後発事象
検証
計算書類等
提出
→ 会計士監査
立会 → 監査報告書
受領
→ 監査組織宛
提出
監査役会
監査委員会

〔11.3.4 決算取締役会付議〕
計算書類等
付議

〔11.3.5 株主総会準備〕
想定問答集
準備
招集通知
ドラフト検証
計算書類等
確認

〔11.3.6 公告手続〕
計算書類
データ確認 → 公告用編集 → Web掲載
手続き

業務プロセスと取引仕訳

業務プロセスと取引仕訳

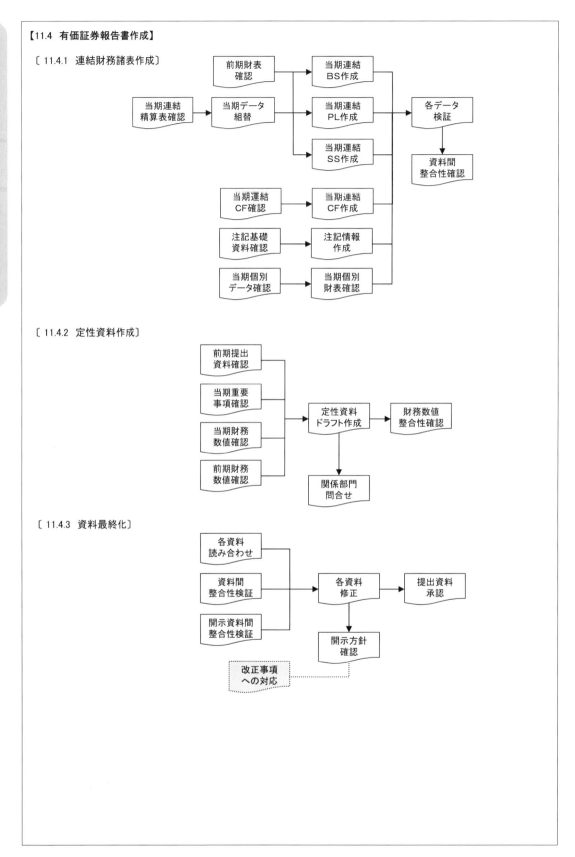

【11.4 有価証券報告書作成】

〔11.4.1 連結財務諸表作成〕

前期財表確認 → 当期連結BS作成

当期連結精算表確認 → 当期データ組替 → 当期連結PL作成 → 各データ検証 → 資料間整合性確認

当期連結SS作成

当期連結CF確認 → 当期連結CF作成

注記基礎資料確認 → 注記情報作成

当期個別データ確認 → 当期個別財表確認

〔11.4.2 定性資料作成〕

前期提出資料確認

当期重要事項確認

当期財務数値確認

前期財務数値確認

→ 定性資料ドラフト作成 → 財務数値整合性確認

→ 関係部門問合せ

〔11.4.3 資料最終化〕

各資料読み合わせ

資料間整合性検証

開示資料間整合性検証

→ 各資料修正 → 提出資料承認

→ 開示方針確認

改正事項への対応

〔11.4.4　金融商品取引法監査対応〕

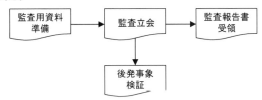

〔11.4.5　EDINET対応〕

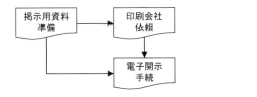

【11.5　アニュアルレポート作成】

〔11.5.1　作成方針策定〕

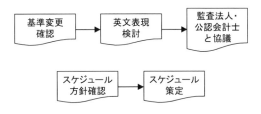

〔11.5.2　財務数値作成〕

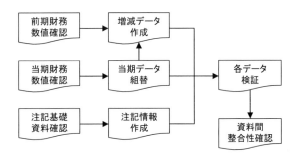

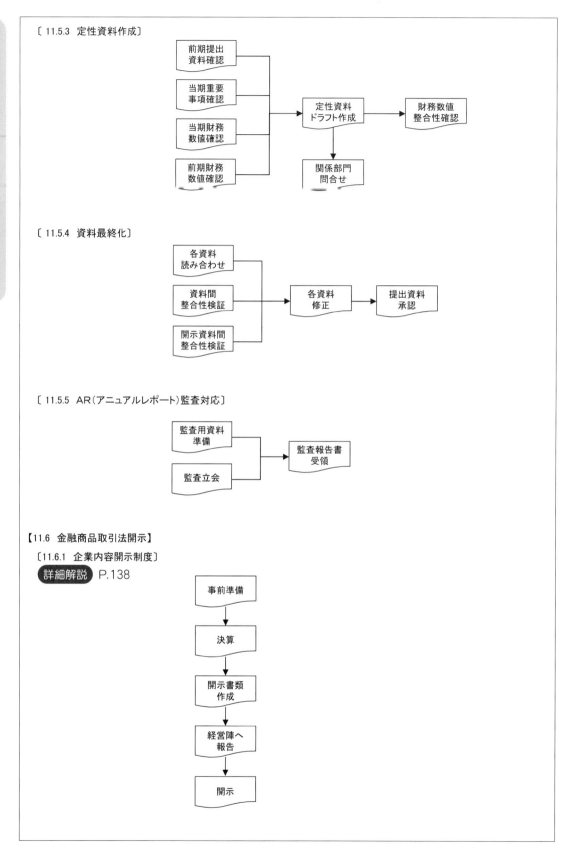

業務プロセスと取引仕訳

〔11.5.3 定性資料作成〕

前期提出
資料確認

当期重要
事項確認

当期財務
数値確認

前期財務
数値確認

定性資料
ドラフト作成

財務数値
整合性確認

関係部門
問合せ

〔11.5.4 資料最終化〕

各資料
読み合わせ

資料間
整合性検証

開示資料間
整合性検証

各資料
修正

提出資料
承認

〔11.5.5 AR（アニュアルレポート）監査対応〕

監査用資料
準備

監査立会

監査報告書
受領

【11.6 金融商品取引法開示】

〔11.6.1 企業内容開示制度〕

詳細解説 P.138

事前準備

決算

開示書類
作成

経営陣へ
報告

開示

中分類	11.3 会社法決算	小分類	11.3.1 計算書類等作成		

【用語解説】

・計算書類の種類

計算書類とは、会社法の規定により作成が要請される財務諸表であり、貸借対照表、損益計算書、株主資本等変動計算書、個別注記表をいう（会435）。株式会社の取締役は毎決算期に計算書類を作成し、監査を経た後、定時株主総会に提出して、その承認を求めなければならない（又は報告）（会438）。

・開示方法

取締役会設置会社においては、定時株主総会の招集通知に際して、計算書類及び事業報告（場合によっては監査報告書を含む。）を提供しなければならない（会437）。

取締役会設置会社においては、取締役は、定時株主総会の日の2週間前の日より、計算書類及び事業報告並びに附属明細書（場合によっては監査報告書を含む。）を5年間本店に備え置かなければならない。さらに、その謄本を3年間支店にも備え置かなければならない。また、株主及び債権者は、営業時間であればいつでもこれらの書類の閲覧を求め、又は会社の定めた費用を支払ってその謄本若しくは抄本の交付を求めることができる（会442）。

株式会社は、定時株主総会の終結後遅滞なく、貸借対照表（大会社の場合は損益計算書も）を、官報又は時事に関する事項を掲載する日刊新聞紙に掲載し、公告しなければならない。

なお、決算公告を定時株主総会終結後5年を経過する日までの間Webにより開示する場合は、官報等への掲載に代えることができる。

また、有価証券報告書を提出する株式会社は、決算公告は不要である（会440、939）。

・会社法監査

取締役会設置会社（委員会設置会社を除く。）は、原則として監査役の監査が必要となるが、大会社（資本金5億円以上、又は負債総額200億円以上の会社）については、この他に会計監査人による監査を受ける必要がある（会328）。

【ポイント・留意点】

・事業報告

事業報告は、計算書類及びその附属明細書に書かれていない株式会社の状況に関する重要事項を記載しなければならないとされている報告文書であり、文書による報告形式であることに特徴があります。この事業報告は会社法固有のものであり、金融商品取引法においては作成が要求されません。ただし、金融商品取引法においては、有価証券報告書において事業報告に共通するような事項の開示がなされています。

・株主資本等変動計算書

株主資本等変動計算書とは、貸借対照表の純資産の部の一会計期間における変動額のうち、主として、株主に帰属する部分である株主資本の各項目の変動事由を報告するためのものです。

内容としては、純資産の部の各項目について、前期末残高、当期変動額、当期末残高が記載されています。

・個別注記表

個別注記表は、近年の会計基準の高度化と複雑化する会計処理方法などから脚注での注記という開示方法には限界が生じていたことから、貸借対照表、損益計算書、株主資本等変動計算書に記載されない項目や計算書類の作成の基礎となる重要な会計方針について「注記表」に集約して記載することとしたものです。

・附属明細書

附属明細書の記載項目としては、①有形固定資産及び無形固定資産の明細、②引当金の明細、③販売費及び一般管理費の明細などとなります。

【参考資料・法的根拠（条文）等】

会328、435、437、438、440、442、939

| 中分類 | 11.6
金融商品取引法開示 | 小分類 | 11.6.1
企業内容開示制度 | | |

詳細解説

【用語解説】

・企業内容開示制度

　金融商品取引法におけるディスクロージャー制度（企業内容等開示制度）とは、有価証券の発行・流通市場において、一般投資者が十分に投資判断を行うことができるような資料を提供するため、有価証券届出書を始めとする各種開示書類の提出を有価証券の発行者等に義務付け、これらを公衆縦覧に供することにより、有価証券の発行者の事業内容、財務内容等を正確、公平かつ適時に開示し、もって投資者保護を図ろうとする制度。

【ポイント・留意点】

・臨時報告書について

　臨時報告書（りんじほうこくしょ）は、金融商品取引法で規定されている会社の重要事項が決定または発生した場合に作成する企業内容の外部への開示資料です。

・開示書類の縦覧について（2022年10月31日時点）

　以下の法定開示書類は、財務（支）局や証券取引所だけではなく、無料でインターネット（EDI-NET）により閲覧が可能です。

開示書類	縦覧期間
有価証券届出書（参照方式以外）及びその添付書類並びにこれらの訂正届出書	受理した日から5年を経過する日まで
参照方式による有価証券届出書及びその添付書類並びにこれらの訂正届出書	受理した日から1年を経過する日まで
発行登録書及びその添付書類、発行登録追補書類及びその添付書類、訂正発行登録書	発行登録が効力を失うまでの期間
有価証券報告書及びその添付書類並びにこれらの訂正報告書	受理した日から5年を経過する日まで
内部統制報告書及びその添付書類並びにこれらの訂正報告書	受理した日から5年を経過する日まで
四半期報告書及びその訂正報告書	受理した日から3年を経過する日まで
半期報告書及びその訂正報告書	受理した日から3年を経過する日まで
臨時報告書及びその訂正書類	受理した日から1年を経過する日まで

【参考資料・法的根拠（条文）等】

　企業内容等開示（ディスクロージャー）制度の概要（財務省関東財務局ホームページ）

大分類	12	中長期計画管理	12

大分類	13	年度予算管理	13

（解説省略）

大分類 14 税効果計算業務　　14

大分類	中分類	小分類	ポイント・解説
14 税効果計 算業務	14.1 一時差異算定	14.1.1 一時差異算定	税効果の対象となる将来減算一時差異と将来加算一時差異を抽出し、一時差異額を確定します。 詳細解説 P.144
	14.2 繰延税金勘定 計上	14.2.1 繰延税金負債 計上	将来加算一時差異額を確認し、将来支払が行われると見込まれる期の税率に基づいて法定実効税率を計算し、一時差異額に乗じて繰延税金負債を計上します。 詳細解説 P.145
		14.2.2 繰延税金資産 計上	将来減算一時差異額を確認し、将来回収が行われると見込まれる期の税率に基づいて法定実効税率を計算し、一時差異額に乗じて繰延税金資産を計上します。 　繰延税金資産を計上できる要件は、将来の利益が十分にあり、将来の税金を減額する効果がある場合にのみ計上できるため、繰越欠損金等の回収可能性の判定を十分に検討し、繰延税金資産を計上します。 詳細解説 P.145

分類とポイント・解説

【14.1 一時差異算定】

〔14.1.1 一時差異算定〕

詳細解説 P.144

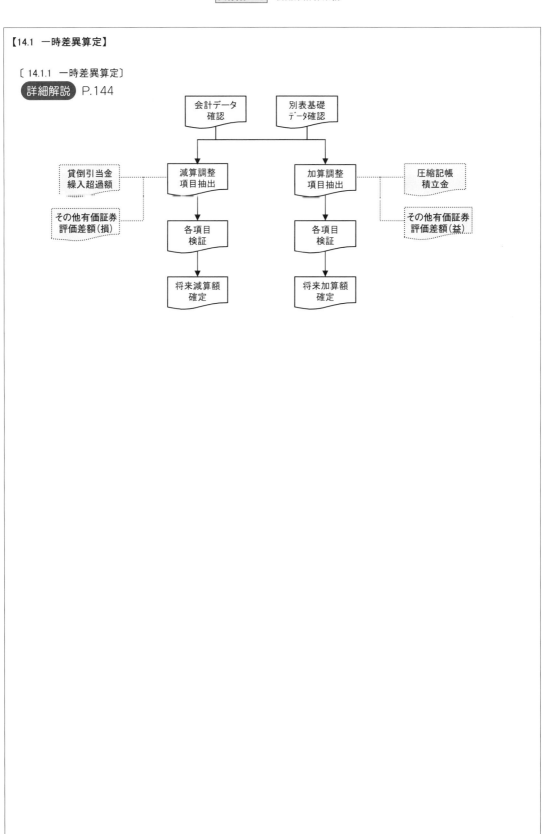

【14.2 繰延税金勘定計上】

〔14.2.1 繰延税金負債計上〕

詳細解説 P.145

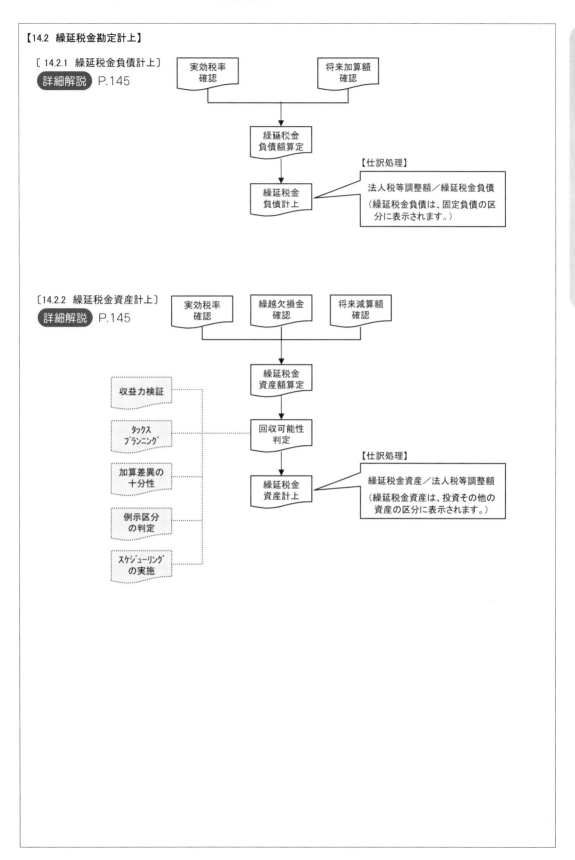

〔14.2.2 繰延税金資産計上〕

詳細解説 P.145

中分類	14.1 一時差異算定	小分類	14.1.1 一時差異算定		

詳細解説

【用語解説】

・税効果会計

　企業会計上の収益又は費用と課税所得計算上の益金又は損金の認識時点の相違等により、企業会計上の資産又は負債の額と課税所得計算上の資産又は負債の額に相違がある場合において、法人税その他利益に関連する金額を課税標準とする税金（以下「法人税等」という。）の額を適切に期間配分することにより、法人税等を控除する前の当期純利益と法人税等を合理的に対応させることを目的とする会計手続きをいう。

・一時差異

　貸借対照表及び連結貸借対照表に計上されている資産及び負債の金額と課税所得計算上の資産及び負債の金額との差額をいう。

・将来減算一時差異

　当該一時差異が解消するときにその期の課税所得を減額する効果を持つ一時差異をいう。

・将来加算一時差異

　当該一時差異が解消するときにその期の課税所得を増額する効果を持つ一時差異をいう。

【ポイント・留意点】

・将来減算一時差異に該当する申告調整項目

　引当金の繰入超過額、減価償却超過額、損失否認額、評価損否認額、未払事業税等が、将来減算一時差異に該当します。

　なお、繰越欠損金、繰越外国税額控除等も一時差異に準ずるものとして一時差異と同様に取り扱われます。

・将来加算一時差異に該当する申告調整項目

　税務上の準備金、圧縮積立金、その他有価証券に係る評価差益分等が、将来加算一時差異に該当します。

・税効果会計の対象とならない申告調整項目

　税務上の交際費の損金算入限度超過額、損金不算入の罰科金、受取配当金の益金不算入額のように、会計上は費用又は収益として計上されますが、課税所得計算上は、永久に損金又は益金に算入されない項目を「永久差異」といいます。永久差異は税効果会計の対象とはなりません。

【関連項目】

14.2.1（繰延税金負債計上）、14.2.2（繰延税金資産計上）

中分類	14.2 繰延税金勘定計上	小分類	14.2.1 繰延税金負債計上	14.2.2 繰延税金資産計上	

【用語解説】

・繰延税金資産

将来減算　時差異が解消した事業年度においては、課税所得が減額されるため納付税額が減少する。この将来の会計期間において税金が減少すると見積もった額を貸借対照表に資産として計上するもの。

・繰延税金負債

将来加算一時差異が解消した事業年度においては、課税所得が増額されるため納付税額が増加する。この将来の会計期間において税金が増加すると見積もった額を貸借対照表に負債として計上するもの。

・法人税等調整額

繰延税金資産と繰延税金負債の当期増減額（期首と期末との差額）を、当期の納付税額の調整額として損益計算書に法人税等調整額を計上し、納付（確定）税額である法人税等と区分して表示するもの。

・法定実効税率

税効果会計で使用する税率は実際に納税額を計算する際の税率ではなく、法人税の他に道府県民税、市町村民税、事業税を考慮した実効税率を算出し、この税率を用いて計算する。

法定実効税率は、以下の算式で求める。

（算式）

$$法定実効税率 = \frac{法人税率 \times (1 + 地方法人税率 + 住民税率) + 特別法人事業税率 \times 事業税率(※1) + 事業税率(※2)}{1 + 特別法人事業税率 \times 事業税率(※1) + 事業税率(※2)}$$

（※1）　事業税の標準税率

（※2）　各地方団体が条例で定めた事業税率（標準税率又は超過税率）

・欠損金、繰越欠損金

欠損金とは、各事業年度の損金の額が益金の額を超える場合におけるその超える部分の金額をいう。法人税は一事業年度の所得に課されるのが原則であるが、会社の長期的な要因を法人税の計算に反映させるために、法人税法では欠損金の繰越しを認めている。繰越欠損金とは、欠損金を翌期以降10年間に発生する課税所得から控除するために繰り越したもの。

課税所得から控除できる繰越欠損金の限度額は、繰越控除をする事業年度の繰越控除前の所得の金額の100分の50相当額です（中小法人等を除く。）。

【ポイント・留意点】

・税効果会計の仕組み

1．繰延税金資産の計上

将来減算一時差異の金額に、将来減算一時差異の解消が見込まれる事業年度の法定実効税率を乗じて繰延税金資産の金額を算出します。

例えば、当年度において翌年度に解消する将来減算一時差異（引当金の繰入超過額300）が発生した場合には、将来減算一時差異（300）に翌年度の法定実効税率（30％とする）を乗じて繰延税金資産90を算出し貸借対照表に資産計上します。

＜貸借対照表（資産の部）＞

　　　繰延税金資産　　　　90

2．法人税等調整額の計上

　上記1．の将来減算一時差異は、将来の会計期間において納付税額を90減額する効果をもっていますが、当期の納付税額は税務上否認された引当金繰入超過額（300）を含む課税所得が課税標準額となるため、引当金繰入超過額（300）に当年度の法人税等の税率（30％とする）を乗じた90について納付税額が増加することとなります。

　したがって、当期の納付税額のうち、将来の税金負担額に相当する金額（上記1．の90）について損益計算書に法人税等調整額を計上（マイナス）し法人税等と区分して表示します。

＜損益計算書＞

税引前当期純利益	1,000		
法人税等	390	←	課税所得（1,000＋300）×当年度の税率（30％）
			＝当期の納付税額
法人税等調整額	▲ 90　300	←	当期に計上した繰延税金資産に見合う額を表示する。
			当年度の税金負担額は300（390＋▲90）となる。
当期純利益	700		

3．翌年度（将来減算一時差異が解消する年度）の処理

　引当金繰入超過額300が減算（認容）されると将来減算一時差異の300は解消されます。

　したがって、上記1．及び2．で計上した繰延税金資産90を取り崩すとともに、損益計算書に法人税等調整額を計上（プラス）し法人税等と区分して表示します。

＜損益計算書＞

税引前当期純利益	1,000		
法人税等	210	←	課税所得（1,000－300）×当年度の税率（30％）
			＝当期の納付税額
法人税等調整額	＋ 90　300	←	当期に取り崩した繰延税金資産に見合う額を表示する。
			当年度の税金負担額は300（210＋90）となる。
当期純利益	700		

4．繰延税金負債が計上される場合

　将来加算一時差異がある場合には、将来減算一時差異と逆の処理を行います。

　将来加算一時差異の金額に法定実効税率を乗じて貸借対照表に繰延税金負債を計上するとともに、損益計算書に法人税等調整額を計上（プラス）し法人税等と区分して表示します。

・繰延税金資産の回収可能性

　繰延税金資産は、将来減算一時差異が解消されるときに課税所得を減少させる効果をもっています。しかし、その将来の会計期間において課税所得が生じていない場合には、そもそも法人税等が課されないため、将来減算一時差異が解消されても法人税等の納付税額を減額することはできず、このような場合には繰延税金資産の計上は認められません。この将来の税金負担額を軽減する効果を有するかどうかのことを、繰延税金資産の回収可能性といい、繰延税金資産の計上は、次のような判断要件に従って決定されます。

1．収益力に基づく一時差異等加減算前課税所得

⑴　将来減算一時差異に係る繰延税金資産の回収可能性

　　将来減算一時差異の解消見込年度及びその解消見込年度を基準として税務上の欠損金の繰戻し及び繰越しが認められる期間（以下「繰戻・繰越期間」という。）に、一時差異等加減算前課税所得が生じる可能性が高いと見込まれるかどうか。

(2) 税務上の繰越欠損金に係る繰延税金資産の回収可能性

　　税務上の繰越欠損金の繰越期間に、課税所得が生じる可能性が高いと見込まれるかどうか。

2．タックス・プランニングに基づく一時差異等加減算前課税所得

　　将来減算一時差異の解消見込年度及び繰戻・繰越期間又は繰越期間に含み益のある固定資産又は有価証券を売却する等のタックス・プランニングに基づく一時差異等加減算前課税所得が生じる可能性が高いと見込まれるかどうか。

3．将来加算一時差異

(1) 将来減算一時差異に係る繰延税金資産の回収可能性

　　将来減算一時差異の解消年度及び繰戻・繰越期間に、将来加算一時差異が解消されると見込まれるかどうか。

(2) 税務上の繰越欠損金に係る繰延税金資産の回収可能性

　　繰越期間に税務上の繰越欠損金と相殺される将来加算一時差異が解消されると見込まれるかどうか。

　　繰延税金資産の回収可能性は、多くの場合、将来年度の会社の収益力に基づく一時差異等加減算前課税所得によって判断することになりますが、将来年度の会社の収益力を客観的に判断することは実務上困難な場合が多いと考えられることから、将来年度の課税所得の見積額による繰延税金資産の回収可能性を過去の業績等に基づいて行う場合の判断指針が「繰延税金資産の回収可能性に関する適用指針」に示されています。

・繰延税金資産と繰延税金負債の相殺表示

　　繰延税金資産と繰延税金負債は貸借対照表上、相殺してどちらか一方を表示します。

　　グループ通算制度を採用している場合には、通算グループ全体の繰延税金資産の合計と繰延税金負債の合計を相殺して、連結貸借対照表の投資その他の資産の区分、又は固定負債の区分に表示します。

【関連項目】

14.1.1（一時差異算定）

大分類　15　消費税申告業務　　15

大分類	中分類	小分類	ポイント・解説
15 消費税 申告業務	15.1 課税区分 管理	15.1.1 課税区分別 取引管理	個別の仕訳データを収集し、消費税課税区分別に取引を整理します。処理不明点について関係部門に問合せを行う等、該当の証憑書類を確認し、誤りがあれば課税区分を修正します。消費税課税区分別の管理台帳を作成し、管理を行います。　詳細解説 P. 157
	15.2 消費税申告 手続	15.2.1 申告額算定 準備	申告額算定にあたり、課税区分別の取引データを、該当の証憑書類を確認し、課税区分に誤り等あれば修正し、税額を確定します。　詳細解説 P. 159
		15.2.2 課税売上割合 算定	全売上データを課税区分別に集計を行い、課税売上割合を算定し、課税仕入等に係る消費税額の計算方法を確定します。　詳細解説 P. 160
		15.2.3 申告額算定	課税事業者は、課税期間の末日の翌日から2ヶ月以内に消費税及び地方消費税の確定申告書を提出しなければなりません。 　確定申告額は、課税区分別に税額を集計し、過去の区分別データとの比較検証を実施し、課税標準額に対する消費税額から課税仕入れ等に係る消費税額を差し引いて算定します。　詳細解説 P. 162
		15.2.4 申告手続	確定申告書を作成し、検証の上、所轄税務署長に提出します。　詳細解説 P. 164
	15.3 消費税納付 手続	15.3.1 納付手続	確定申告書を提出した法人は、確定申告書の提出期限までに確定申告税額を納付しなければなりません。 　納付にあたっては、納付書を作成、検証します。
		15.3.2 支払依頼	支払依頼書を作成、検証し、納付書とともに資金部門に支払いを依頼します。
		15.3.3 支払	受領した支払依頼書に基づき、支払処理を行います。
		15.3.4 計上	支払事実を踏まえ消費税決済を会計帳簿に計上します。
	15.4 輸出入消費税 と関税	15.4.1 免税取引 （輸出取引等） 消費税	免税取引に該当する取引は消費税を計上しません。 　詳細解説 P. 166

<table>
<tr><td rowspan="15" style="writing-mode:vertical">分類とポイント・解説</td><td>大分類</td><td>中分類</td><td>小分類</td><td>ポイント・解説</td></tr>
<tr><td></td><td></td><td>15.4.2
輸入取引に
係る消費税</td><td>輸入取引について課税取引か非課税取引かを確認します。
詳細解説 P.167</td></tr>
<tr><td></td><td></td><td>15.4.3
国境を越えた
役務（電気通
信利用役務）
の提供に係る
消費税</td><td>「電気通信利用役務の提供を受ける者の住所、居所、本店、主たる事務所の所在地」が国内にあるかどうかで判定します。
詳細解説 P.168</td></tr>
<tr><td></td><td></td><td>15.4.4
関税</td><td>輸入品に課される税。消費税等他の税金と合わせて納付します。
詳細解説 P.169</td></tr>
<tr><td></td><td>15.5
電子帳簿
保存法</td><td>15.5.1
電子帳簿
保存法</td><td>電子帳簿保存法の概要について確認します。
詳細解説 P.170</td></tr>
<tr><td></td><td></td><td>15.5.2
対象と区分</td><td>電子帳簿保存法の対象と区分について確認します。
詳細解説 P.171</td></tr>
<tr><td></td><td></td><td>15.5.3
保存要件</td><td>電子帳簿保存法の保存要件について確認します。
詳細解説 P.172</td></tr>
<tr><td></td><td>15.6
消費税イン
ボイス制度</td><td>15.6.1
適格請求書
保存方式</td><td>入手した請求書が適格請求書であるかどうかを確認して会計処理を行います。
詳細解説 P.173</td></tr>
<tr><td></td><td></td><td>15.6.2
適格請求書
発行事業者
登録制度</td><td>国税庁適格請求書発行事業者公表サイトを利用して、インボイスに記載された登録番号を確認します。
詳細解説 P.174</td></tr>
<tr><td></td><td></td><td>15.6.3
仕入税額控除
要件</td><td>消費税インボイス制度の仕入税額控除要件について確認します。
詳細解説 P.176</td></tr>
</table>

【15.1 課税区分管理】

〔15.1.1 課税区分別取引管理〕

詳細解説 P.151

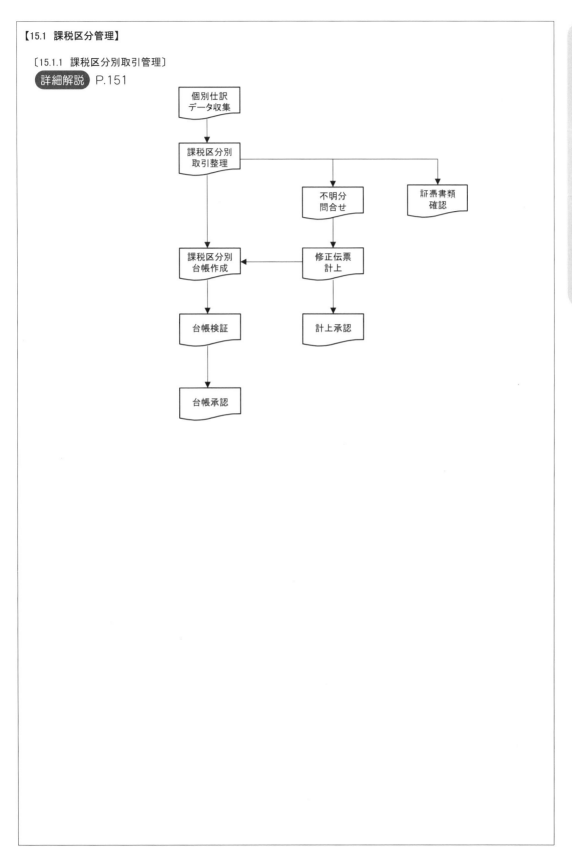

業務プロセスと取引仕訳

【15.2　消費税申告手続】

〔15.2.1　申告額算定準備〕
詳細解説　P.159

〔15.2.2　課税売上割合算定〕
詳細解説　P.160

〔15.2.3　申告額算定〕
詳細解説　P.162

〔15.2.4　申告手続〕
詳細解説　P.164

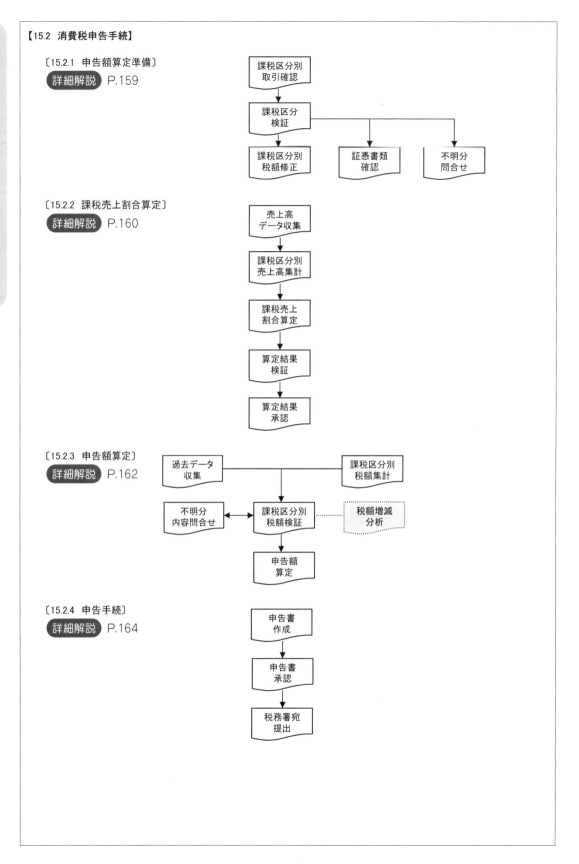

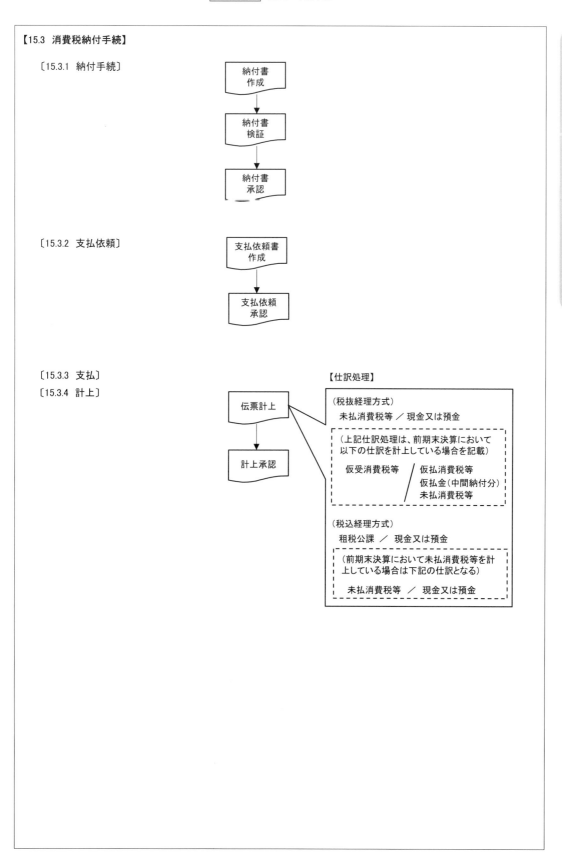

【15.3 消費税納付手続】

〔15.3.1 納付手続〕

納付書
作成

↓

納付書
検証

↓

納付書
承認

〔15.3.2 支払依頼〕

支払依頼書
作成

↓

支払依頼
承認

〔15.3.3 支払〕

〔15.3.4 計上〕

伝票計上

↓

計上承認

【仕訳処理】

（税抜経理方式）

　未払消費税等 ／ 現金又は預金

（上記仕訳処理は、前期末決算において
以下の仕訳を計上している場合を記載）

　仮受消費税等 ／ 仮払消費税等
　　　　　　　　　仮払金（中間納付分）
　　　　　　　　　未払消費税等

（税込経理方式）

　租税公課 ／ 現金又は預金

（前期末決算において未払消費税等を計
上している場合は下記の仕訳となる）

　未払消費税等 ／ 現金又は預金

業務プロセスと取引仕訳

業務プロセスと取引仕訳

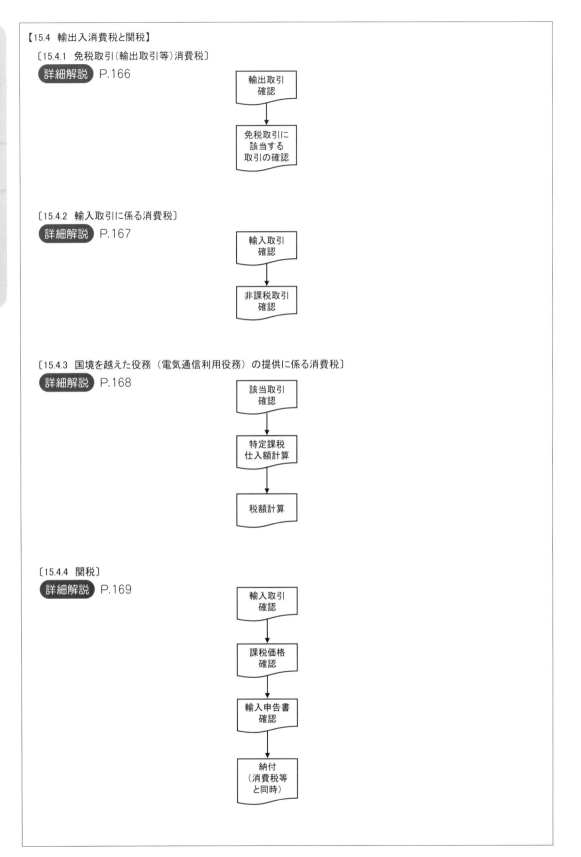

【15.4　輸出入消費税と関税】

〔15.4.1　免税取引（輸出取引等）消費税〕

詳細解説 P.166

輸出取引確認
↓
免税取引に該当する取引の確認

〔15.4.2　輸入取引に係る消費税〕

詳細解説 P.167

輸入取引確認
↓
非課税取引確認

〔15.4.3　国境を越えた役務（電気通信利用役務）の提供に係る消費税〕

詳細解説 P.168

該当取引確認
↓
特定課税仕入額計算
↓
税額計算

〔15.4.4　関税〕

詳細解説 P.169

輸入取引確認
↓
課税価格確認
↓
輸入申告書確認
↓
納付（消費税等と同時）

【15.5 電子帳簿保存法】

〔15.5.1 電子帳簿保存法〕

詳細解説 P.170

〔15.5.2 対象と区分〕

詳細解説 P.171

〔15.5.3 保存要件〕

詳細解説 P.172

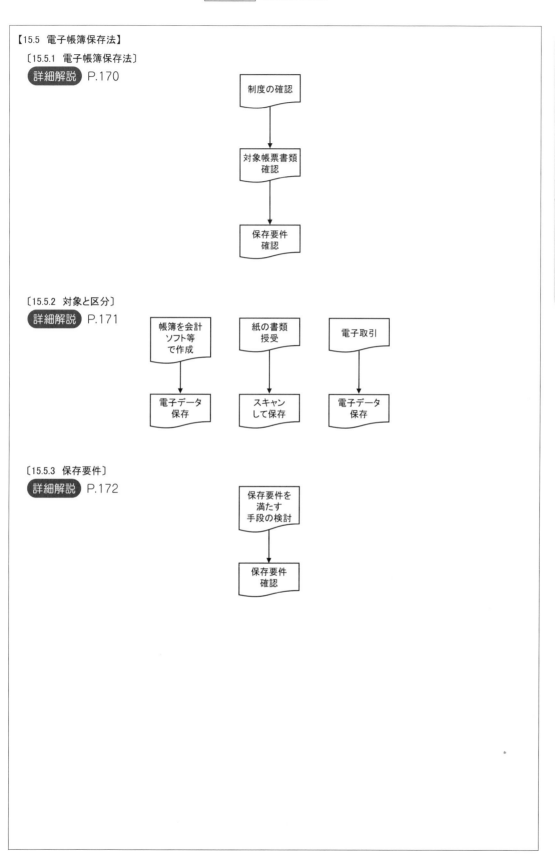

業務プロセスと取引仕訳

業務プロセスと取引仕訳

【15.6 消費税インボイス制度】

〔15.6.1 適格請求書保存方式〕

詳細解説 P.173

〔15.6.2 適格請求書発行事業者登録制度〕

詳細解説 P.174

〔15.6.3 仕入税額控除要件〕

詳細解説 P.176

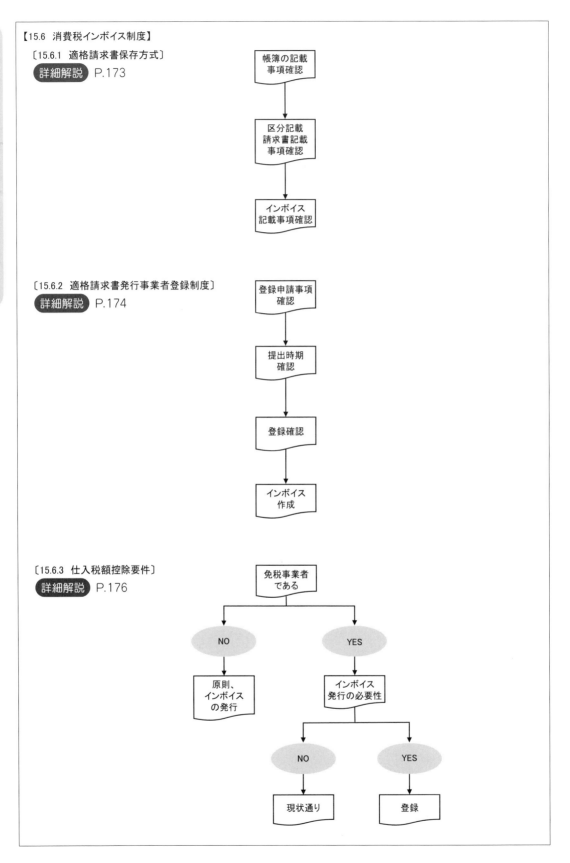

| 中分類 | 15.1 課税区分管理 | 小分類 | 15.1.1 課税区分別取引管理 | | |

【用語解説】

・課税対象取引

　国内において事業者が事業として対価を得て行う資産の譲渡等（資産の譲渡、資産の貸付け及び役務の提供）、及び他の者から受けた特定仕入れのための取引。

　なお、特定仕入れとは、国外事業者が行う「電気通信回線を介した役務の提供のうち一般的に国内事業者に対して行う役務の提供」又は「国内事業者に対して行う芸能人や職業運動家による役務の提供」のことをいいます。

・非課税取引

　消費税が課税される取引は、原則として国内のすべての財貨・サービスの販売・提供及び貨物の輸入が含まれるが、これらの財貨・サービスのうち、消費に対して負担を求める税としての性格上、本来課税の対象としてなじまないものや政策上課税することが不適当として定めた取引。

・課税対象外取引

　上記、課税対象取引の要件を欠く取引。

・免税取引

　事業者が国内において課税資産の譲渡等を行った場合で、それが輸出取引等に該当する取引。

【ポイント・留意点】

・課税対象取引の具体例

　次のいずれの要件も満たす取引が課税対象取引となります。
　　① 国内において行うもの（国内取引）であること
　　② 事業者が事業として行うものであること
　　③ 対価を得て行われるものであること
　　④ 資産の譲渡等（資産の譲渡、資産の貸付け及び役務の提供）、特定仕入れであること

・非課税取引の具体例

　■ 消費税の性格から課税対象とすることになじまないもの
　　① 土地の譲渡、土地の貸付けなど
　　② 社債、株式等の譲渡、支払手形の譲渡など
　　③ 利子、保証料、保険料など
　　④ 郵便切手、印紙及び商品券、プリペイドカードなどの譲渡
　　⑤ 住民票、戸籍抄本等の行政手数料及び外国為替など
　■ 社会的政策的な配慮に基づくもの
　　⑥ 健康保険法等に基づく療養費など
　　⑦ 介護保険法に基づく居宅サービス及び社会福祉事業など
　　⑧ お産費用など
　　⑨ 埋葬料、火葬料
　　⑩ 身体障害者用物品の譲渡、貸付けなど
　　⑪ 一定の学校の授業料、入学検定料、施設設備費など
　　⑫ 教科用図書の譲渡
　　⑬ 住宅の貸付け

詳細解説

・課税対象外取引の具体例

上記課税対象取引の取引要件①～④のいずれかを欠く取引が、課税対象外取引となります。

・免税となる取引の具体例

■ 輸出免税

国内からの貨物の輸出、外国貨物の譲渡、国際輸送、国際通信、国際郵便、非居住者に対するサービスの提供

■ 輸出物品販売

非居住者に対する耐久消費財又は消耗品の販売、外国旅行者に対する贈答用物品販売

■ その他

外国船舶に積み込む物品の譲渡、外国公館・海軍販売所、合衆国軍隊等に対する資産の譲渡

【参考資料・法的根拠（条文）等】

消法2①八、九、4、6、7、8、別表第一、第二

中分類	15.2 消費税申告手続	小分類	15.2.1 申告額算定準備		

【用語解説】

・帳簿の記載事項と保存

　　課税事業者は、仕入れに係る消費税額及び地方消費税額の控除を受けるためには、課税仕入れ等の事実を記録した帳簿及び課税仕入れ等の事実を証する請求書を保存しなければならない。

　　ただし、災害その他やむを得ない事情により、その保存をすることができなかったことをその事業者において証明した場合は、仕入税額控除を受けることができる。

【ポイント・留意点】

・帳簿への記載事項

　　仕入税額控除の要件となる帳簿への記載事項は、次のとおりです。

■　課税仕入の場合

①　課税仕入れの相手方の氏名又は名称

②　課税仕入れを行った年月日

③　課税仕入れに係る資産又は役務の内容

④　課税仕入れに係る支払対価の額（消費税額及び地方消費税額に相当する額を含みます。）

■　課税貨物取引の場合

①　課税貨物を保税地域から引き取った年月日

②　課税貨物の内容

③　課税貨物に係る消費税額及び地方消費税額又はその合計額

・帳簿等の保存期間

　　課税仕入れの事象等を記録した帳簿及び課税仕入れの事実を証する請求書等は、7年間、納税地又はその取引に係る事務所等の所在地に保存しなければなりません。ただし、帳簿及び請求書等の保存期間のうち、6年目及び7年目は帳簿又は請求書等のいずれかの保存で足ります。

【参考資料・法的根拠（条文）等】

消法30⑦～⑨／消令50①／消規15の3／消基通11-6-7

詳細解説

中分類	15.2 消費税申告手続	小分類	15.2.2 課税売上割合算定		

【用語解説】

・課税売上割合

その課税期間中の国内における資産の譲渡等の対価の額の合計額に占める、その課税期間中の国内における課税資産の譲渡等の対価の額の合計額の割合をいう。

・全額控除

その課税期間中の課税売上高が5億円以下の事業者で、かつ、課税売上割合が95%以上の場合には、その課税期間中の課税売上に係る消費税額から、その課税期間中の課税仕入れに係る消費税額の全額を控除する。

・個別対応方式と一括比例配分方式

その課税期間中の課税売上高が5億円を超える事業者、又は当該課税期間における課税売上割合が95%未満の事業者は、課税仕入れ等に係る消費税額の全額ではなく、個別対応方式又は一括比例配分方式のいずれかの方式によって計算した仕入控除税額を、その課税期間中の課税売上に係る消費税額から控除する。

【ポイント・留意点】

・納税義務

国内で課税資産の譲渡等を行った事業者は、原則として消費税の納税義務事業者になりますが、その課税期間の基準期間における課税売上高が1,000万円以下である事業者（特定期間における課税売上高が1,000万円を超える場合等を除く。）については、その課税期間の資産の譲渡等について納税義務が免除されます。

また、課税仕入れのうち特定仕入れに該当するものに係る消費税の納税義務は役務の提供を受ける事業者に転換されます（リバースチャージ方式）。

・基準期間

納税義務事業者となるか否かを判定する基準期間の課税売上高とは、前々事業年度の課税売上高のことをいいます。

基準期間が1年に満たない場合は、基準期間の課税売上高を、基準期間に含まれる事業年度の月数で割った額に12を乗じ、1年間相当に換算した金額によって判定します。

新たに設立された法人においては、設立1期目・2期目では基準期間が存在しませんので納税義務が免除（特定期間における課税売上高が1,000万円を超える場合等を除く。）されますが、その事業年度開始の日における資本金の額又は出資の金額が1,000万円以上である法人については納税義務事業者となります。

・特定期間

基準期間における事業者免税点制度の適用の有無を判定するために用いられる課税売上高等の集計期間のことをいい、原則として、その事業年度の前事業年度開始の日以後6ヶ月の期間をいいます。なお、新たに設立した法人で決算期変更を行った法人等は、その法人の設立日や決算期変更の時期がいつであるかにより、特定期間が異なる場合があります。

・課税仕入れに係る消費税額

課税仕入れに係る消費税額は、課税仕入れに係る支払対価の額を基に計算することになります。なお、「課税仕入れに係る支払対価の額」とは、課税仕入れの対価の額（対価として支払い、又は支払うべき一切の金銭又は金銭以外の物若しくは権利その他経済的な利益をいいます。）

をいい、消費税額及び地方消費税額（附帯税の額に相当する額を除きます。）に相当する額を含みます。

・課税売上割合の計算方法

$$課税売上割合 \quad = \quad \frac{課税期間の課税売上高（税抜き）}{課税期間の総売上高（税抜き）}$$

(注) 1 ここでの総売上高とは、国内における資産の譲渡等の対価の額の合計額をいい、課税売上高とは、国内における課税資産の譲渡等の対価の額の合計額をいいます。

　　　2 総売上高と課税売上高の双方には、輸出取引等の免税売上高及び貸倒れになった売上高を含みます。また、売上について返品を受け、又は値引、割戻し等を行った場合は、それらに係る金額を控除します。

　　　3 総売上高には非課税売上高を含みますが、課税対象外取引は含みません。

・個別対応方式の計算方法

その課税期間の課税仕入れ等に係る消費税額の全てを、

① 課税売上のみに要する課税仕入れ等に係るもの

② 非課税売上のみに要する課税仕入れ等に係るもの

③ 課税売上と非課税売上に共通して要する課税仕入れ等に係るもの

に区分し、次の算式により計算した仕入控除税額をその課税期間中の課税売上に係る消費税額から控除します。

（算式） 仕入控除税額 ＝ ①の消費税額 ＋ （③の消費税額 × 課税売上割合）

・一括比例配分方式の計算方法

その課税期間中の課税仕入れ等に係る消費税額が、上記、個別対応方式の①、②及び③のように区分されていない場合又は区分されていてもこの方式を選択する場合に適用します。

（算式） 仕入控除税額 ＝ 課税仕入れ等に係る消費税額 × 課税売上割合

【参考資料・法的根拠（条文）等】

消法5①、9①、9の2、12の2、28②、30①②一、二、⑥／消令48①／消基通1－4－1、11－5－5

| 中分類 | 15.2 消費税申告手続 | 小分類 | 15.2.3 申告額算定 | | |

【用語解説】

・課税標準

税額算定の基礎となるもので、税額を算出する直接の対象となる金額のこと。

消費税の課税標準は、課税資産の譲渡等の対価の額で、対価として収受し又は収受すべき一切の金銭又は金銭以外の物、若しくは権利、その他経済的利益の額とし、消費税の額を含まない金額である。

・税率

消費税率	7.8%
※［軽減税率］	6.24%
地方消費税率	2.2%
※［軽減税率］	1.76%
合計	10.0%
※［軽減税率］	8.0%

※低所得者に配慮する観点から、以下のものについて軽減税率が適用されています。

①飲食料品（酒類除く）②新聞（1週に2回以上発行の定期購読契約）

【ポイント・留意点】

・消費税及び地方消費税の納付税額計算の概要

消費税額及び地方消費税額は、次の算式により算出します。

（算式）　消費税額　＝　課税売上に係る消費税額　－　課税仕入れ等に係る消費税額

（算式）　地方消費税額　＝　消費税額　×　22／78

計算方法は、簡易課税制度を選択している事業者と実額計算による事業者では異なります。

・実額計算による計算方法

事業者は、その課税期間における課税標準額に対する消費税額から、その課税期間中に国内において行った課税仕入れに係る消費税額及びその課税期間における保税地域からの引取に係る消費税額の合計額を控除します。

■　課税売上高が5億円以下で、かつ、課税売上割合が95%以上の場合

その課税期間中の課税仕入れ等に係る消費税額の全額を控除します。

■　課税売上高が5億円超、又は課税売上割合が95%未満の場合

課税仕入れ等に係る消費税額の全額でなく、「個別対応方式」「一括比例配分方式」のいずれかの方式によって計算した仕入控除税額を、その課税期間中の課税売上に係る消費税額から控除します。

・簡易課税制度による計算方法

簡易課税制度とは、中小事業者の事務負担を考慮して設けられ、その課税期間における課税標準額に対する消費税額を基にして、控除する課税仕入れ等に係る消費税額を計算する制度をいいます。具体的には、その課税期間における課税標準額に対する消費税額に、みなし仕入率を乗じて計算した金額が仕入控除税額とみなされます。

したがって、実際の課税仕入れ等に係る消費税額を計算する必要はなく、課税売上高のみから納付する消費税額を算出することができます。

■ 簡易課税制度の適用を受けるためには次の要件を満たす必要があります。

① 課税事業者の基準期間における課税売上高が5,000万円以下であること。

② 「消費税簡易課税制度選択届出書」を事前に所轄税務署長に提出していること。

■ 簡易課税制度の事業区分とみなし仕入率

事業区分	みなし仕入率	該当する事業
第1種事業	90%	卸売業
第2種事業	80%	小売業
第3種事業	70%	農業、林業、漁業、鉱業、建設業、製造業、電気業、ガス業、熱供給業及び水道業等
第4種事業	60%	飲食店業
第5種事業	50%	金融・保険業等、運輸通信業、サービス業等
第6種事業	40%	不動産業

■ 仕入控除税額の計算（一種類の事業のみを営む事業者の場合）

$$
（算式）\quad 仕入控除税額 = \left(\begin{array}{c} 課税標準額 \\ に対する消 \\ 費税額 \end{array} + \begin{array}{c} 貸倒回収 \\ に係る消 \\ 費税額 \end{array} - \begin{array}{c} 売上げに係る対価 \\ の返還等の金額に \\ 係る消費税額 \end{array} \right) \times みなし仕入率
$$

【参考資料・法的根拠（条文）等】

消法28①、29、37／消令56、57

【関連項目】

15.2.2（課税売上割合算定）

中分類	15.2 消費税申告手続	小分類	15.2.4 申告手続		

詳細解説

【用語解説】

・申告期限の延長

　消費税の確定申告書や中間申告書については、国税通則法に定める災害等を受けた場合の申告期限の延長制度の適用がある。

・中間申告

　直前の課税期間の確定消費税額が48万円を超える場合は、中間申告対象期間の末日の翌日から2ヶ月以内に税務署長に対し、消費税及び地方消費税の中間申告書を提出すること。

【ポイント・留意点】

・確定申告の概要

　課税事業者は、課税期間の末日の翌日から2ヶ月以内に、税務署長に消費税及び地方消費税の確定申告書を提出しなければなりません。

　なお、申告期限の延長については、災害等を受けた場合を除き、法人税法第75条の2（確定申告書の提出期限の延長の特例）のような制度は、設けられていません。

・中間申告の概要

■　中間申告しなければならない事業者

　直前の課税期間の年間確定消費税額が48万円を超える法人は、以下のとおり中間申告義務があります。

直前の課税期間 の確定消費税額 （注1）	48万円以下	48万円超 400万円以下	400万円超 4,800万円以下	4,800万円超
中間申告の回数	中間申告不要 （注2）	年1回	年3回	年11回
中間申告期限		各中間対象課税期間の末日の翌日から2ヶ月以内（注3）		
前年実績による 中間申告納付額	－	直前の確定消費税 額の2分の1	直前の確定消費税 額の4分の1	直前の確定消費税 額の12分の1

(注)1　「確定消費税額」とは、消費税の確定額（年税額）をいいますから、地方消費税額は含みません。

　　　消費税の22／78に相当する金額を地方消費税の中間申告納付額として、消費税の中間申告と併せて申告しなければなりません。

　　2　48万円以下の法人は自主的に中間申告及び納付をすることもできます。

　　3　年11回の中間申告における申告期限について、課税期間開始後の1ヶ月分は、その課税期間開始の日から2ヶ月を経過した日から2ヶ月以内（例えば3月末決算法人の場合の4月分は7月末日）とされています。

■　中間申告の方法

　次のいずれかの方法を選択できます。

①　前年実績による中間申告……上記表の「前年実績による中間申告納付額」のとおり。

②　仮決算に基づく中間申告……中間申告対象期間を一課税期間とみなして税額計算し、申告します。

・還付申告

　課税事業者であっても、その課税期間において、国内における課税資産の譲渡等がない場合、又は課税資産の譲渡等のすべてが免税対象となる場合で、かつ、納付すべき消費税額等がないときは、確定申告義務が免除されるので確定申告書を提出する必要はありませんが、この場合でも、仕入れに係る消費税額があって還付金が発生する場合には、還付申告書を提出して還付を受けることができます。

【参考資料・法的根拠（条文）等】

　消法42、43、45、46／通則法11

【関連項目】

　15.2.3（申告額算定）

詳細解説	中分類	15.4 輸出入消費税と関税	小分類	15.4.1 免税取引（輸出取引等） 消費税		

【用語解説】

・免税取引（輸出取引等）とは

　　日本の消費税を国外の消費者に負担させないためや、国際競争力の低下を防止するために、消費税を免除することとしている取引。

【ポイント・留意点】

　　輸出免税の対象となる取引は以下のとおりです。

① 本邦からの輸出として行われる資産の譲渡又は貸付け

② 外国貨物の譲渡又は貸付け

③ 国際運輸、国際通信、国際郵便及び国際間の信書便

④ 船舶運航事業者等に対する外航船舶等の譲渡、貸付け等

⑤ 外航船舶等の水先、誘導等の役務の提供等

⑥ 外国貨物の荷役、運送、保管等の役務の提供

⑦ 鉱業権、工業所有権、著作権等の譲渡又は貸付けで非居住者に対して行われるもの

⑧ 非居住者に対して行われる役務の提供で次に掲げるもの以外のもの

　・国内に所在する資産に係る運送又は保管

　・国内における飲食又は宿泊

　・その他国内において直接便益を享受するもの

【参考資料・法的根拠（条文）等】

「TAC 税理士受験シリーズ　2022年度版消費税法（完全無欠の総まとめ）」（TAC 株式会社編・TAC 出版）

「図解　消費税＜令和4年版＞」（船木英人編・大蔵財務協会）

中分類	15.4 輸出入消費税と関税	小分類	15.4.2 輸入取引に係る消費税		

【用語解説】

・輸入取引に係る消費税とは

　　保税地域から引き取られる外国貨物は有償取引か無償取引であるかを問わず、一部の非課税取引を除き、消費税の課税対象となる。

【ポイント・留意点】

・納税義務者

　　課税貨物を保税地域から引き取る者、輸入者が納税義務者となります。

・非課税取引

　　以下の取引については非課税取引となります。

① 　有価証券等
② 　郵便切手類
③ 　印紙
④ 　証紙
⑤ 　物品切手等
⑥ 　身体障碍者用物品
⑦ 　教科用図書

・税率

標準税率　消費税　7.8%　　地方消費税　2.2%　　合計10%

軽減税率　消費税　6.24%　　地方消費税　1.76%　　合計8％

・申告・納付

　　課税貨物を保税地域から引き取ろうとする者は、関税の輸入申告書と併せて、内国消費税についても納税申告書を提出し、申告・納付を行います。この場合、担保を税関に提出する等、所定の手続きを行うことにより、関税、消費税、地方消費税について3ヶ月以内の納付期限の延長が認められます。

【参考資料・法的根拠（条文）等】

「図解　消費税＜令和4年版＞」（船木英人編・大蔵財務協会）

詳細解説	中分類	15.4 輸出入消費税と関税	小分類	15.4.3 国境を越えた役務（電気通信利用役務）の提供に係る消費税		

【用語解説】

・電気通信利用役務の提供

　電気通信回線を介して行われる著作物の提供であって他の資産の譲渡等の結果の通知その他の資産の譲渡等に付随して行われる役務の提供以外のものをいう。

　なお、電話、FAX、インターネット回線の接続など、「通信そのもの」に該当する役務の提供は除かれる。

【ポイント・留意点】

・電気通信利用役務の提供に係る内外判定基準

　電気通信回線（インターネット等）を介して国内の事業者・消費者に対して行われる電子書籍の配信等の役務の提供（「電気通信利用役務の提供」）については、国外から行われるものも、国内取引として消費税が課税されます。

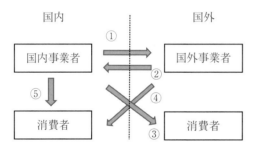

①　国外取引：不課税　　②　国内取引：課税　　③　国外取引：不課税
④　国内取引：課税　　⑤　国内取引：課税

・課税方式

①　事業者向け電気通信利用役務の提供（リバースチャージ方式）

　国外事業者が行う「電気通信利用役務の提供」のうち「事業者向け電気通信利用役務の提供」「広告の配信」等が該当するが、例えば国外事業者が行うインターネットショッピングサイト等への広告掲載依頼など、当該依頼に対する役務の提供を受けた国内事業者に申告納税義務が課されます。

②　消費者向け電気通信利用役務の提供（国外事業者申告納税方式）

　国外事業者が行う「電気通信利用役務の提供」のうち「消費者向け電気通信利用役務の提供」「音楽の配信」等については、国外事業者に申告納税義務が課されます。

【参考資料・法的根拠（条文）等】

「TAC税理士受験シリーズ　2022年度版消費税法（完全無欠の総まとめ）」（TAC株式会社編・TAC出版）

中分類	15.4 輸出入消費税と関税	小分類	15.4.4 関税		

【用語解説】

・関税とは

　貨物が国境を通過する際に課せられる税。現在日本には輸入税のみ。消費税等の他の税金と合わせて納付。

【ポイント・留意点】

・関税額

　課税標準は品目により輸入貨物の価格（従価税）、重量や容積の数量（従量税）に応じて決定します。

　従　価　税　品：従価税を適用

　従　量　税　品：従量税を適用

　従価従料税品：従価税、従量税の両方を適用

・課税価格の決定方法

　課税価格＝現実支払価格

　　　　　　　＋加算要素（契約金や前払金検査費用、保証料、クレーム弁済金等）

　　　　　　　－減算要素（輸入港到着以降の費用、延払金利等）

　　　　　　　＋限定列挙の加算要素（運賃と貨物海上保険料、輸入車が提供する部品、容器、包装資材等）

・申告・納付

　輸入申告書を提出し税関の審査が終了し関税等の納付を行うと輸入許可となります。

　納付は内国消費税（消費税、酒税、たばこ税及びたばこ特別税、揮発油税、地方揮発油税、石油ガス税、石油石炭税）と地方消費税と併せて行います。

【参考資料・法的根拠（条文）等】

「ココで差がつく！貿易・輸送・通関実務」（春山利廣著・成山堂書店）

詳細解説

中分類	15.5 電子帳簿保存法	小分類	15.5.1 電子帳簿保存法		

【用語解説】

・電磁的記録

「電磁的記録」とは、電子的方式、磁気的方式その他の人の知覚によっては認識することのできない方式で作られる記録であって、電子計算機による情報処理の用に供されるものを指す。

【ポイント・留意点】

・電子帳簿保存法

個人事業者や法人企業等は、帳簿を備え付けてその取引を記録するとともに、その「国税関係帳簿」と取引等に関して作成又は受領した「国税関係書類」を、所得税法や法人税法など各税法に基づき一定期間保存することが必要とされています。帳票書類の保存方法については、紙による保存が原則とされていますが、電子帳簿保存法は、一定の要件の下、紙による保存によらず、電磁的記録により保存することができることとするものです。

なお、電磁的記録に関する隠蔽、仮装事実などの不正があった場合には、その事実に関し生じた申告漏れ等に課される重加算税が10%加重されます。

1998年	電子帳簿保存法　制定
2005年	電子帳簿保存法　改正、スキャナ保存制度　創設
2022年	税制改正。抜本的に簡素化の措置が講じられる。
2024年1月	電子取引情報義務化　スタート

【参考資料・法的根拠（条文）等】

「電子帳簿等保存制度の実務」（川上文吾編著・大蔵財務協会）
電帳法4①②

中分類	15.5 電子帳簿保存法	小分類	15.5.2 対象と区分		

【用語解説】

・国税関係帳簿

　　総勘定元帳、仕訳帳、売上帳、現金出納帳、賃金台帳、固定資産台帳等

・国税関係書類

　　決算関係書類（貸借対照表、損益計算書、棚卸表等）、取引関係書類（請求書、領収書等）

・COM（Computer Output Microfilm）

　　電子計算機を用いて電磁的記録を出力することにより作成するマイクロフィルムのことを指す。

・スキャナ

　　書面の国税関係書類を電磁的記録に変換する入力装置のこと。

・電子取引

　　取引情報（契約書、領収書等）の授受を電磁的方式により行う取引のこと（電子メール、web明細、クラウド取引、ペーパーレス fax など）。

【ポイント・留意点】

　　電子帳簿保存法の保存制度は、大別すると３種類で構成されています。

1　**自己が作成する国税関係帳簿及び書類の電磁的記録又は COM による保存制度**

　　保存義務者は、自己が作成する国税関係帳簿及び書類の全部又は一部について、自己が最初の記録段階から一貫して電子計算機を使用して作成する場合には、一定の要件の下で、その電磁的記録の備付け及び COM による保存をもってその帳簿の備付け及び保存に代えること、又は、その電磁的記録の保存をもってその「書類」の保存に代えることができます。

2　**スキャナ保存制度**

　　保存義務者は、自己が作成する国税関係帳簿及び書類の全部又は一部について、その記載事項をスキャナにより電磁的記録に記録する場合には、その電磁的記録の保存をもってその「書類」の保存に代えることができます。

3　**電子取引の取引情報に係る電磁的記録の保存制度**

　　所得税（源泉所得税に係る所得税は除く。）及び法人税に係る保存義務者は、電子取引を行った場合には、その電子取引の取引情報に係る電磁的記録を保存しなければなりません。この電子取引の保存は、「することができる」というものではなく、すべての保存義務者に必要とされているものです。電子取引データを印刷しての紙保存はできません。

【参考資料・法的根拠（条文）等】

　「電子帳簿等保存制度の実務」（川上文吾編著・大蔵財務協会）
　電帳法４③、５①②

| 詳細解説 | 中分類 | 15.5
電子帳簿保存法 | 小分類 | 15.5.3
保存要件 | | |

【用語解説】

・タイムスタンプ

出来事が発生した日時・日付・時刻などを証明するもの。電磁的記録等がその日時に存在し、かつ改ざんされていないことを示すことができる。

ただし、タイムスタンプが必要なのは、スキャナ保存と電子取引データ保存のみである。

【ポイント・留意点】

国税関係書類の電磁的記録による保存において、必要な要件が定められています。

① **システム概要等の備付け**

帳簿に係る電子計算機処理システムの概要等の備付けが必要です。

② **見読可能装置の備付け等**

電子計算機、ディスプレイ、プリンタ等の備付けが必要です。

③ **検索機能の確保**

・取引年月日、取引金額及び取引先（記録項目）を検索条件として設定することができることが必要です。

・日付又は金額に係る記録項目については、その範囲を指定して条件を指定することができることが必要です。

・2以上の任意の記録項目を組み合わせて条件を設定することができることが必要です（ただし、データダウンロードに応じる場合には「範囲検索」と「＆検索」は不要となります。）。

④ **データの真実性を担保する措置**

・入力期間の制限

・一定水準の解像度・カラー画像による読み取り

・タイムスタンプの付与

・ヴァージョン管理

⑤ **入力者等情報の確認**

入力を行う者、又はその者を直接監督する者に関する情報を確認できるようにしておくことです。

【参考資料・法的根拠（条文）等】

「電子帳簿等保存制度の実務」（川上文吾編著・大蔵財務協会）
電帳規2②一、二、三

| 中分類 | 15.6
消費税インボイス制度 | 小分類 | 15.6.1
適格請求書
保存方式 | | |

【用語解説】

・インボイス（適格請求書等）

売手が買手に対して、正確な適用税率や消費税額等を伝えるもの。

現行の「区分記載請求書」に「登録番号」、「適用税率」及び「消費税額等」の記載が追加されたデータ。

・区分記載請求書等保存方式

令和5年9月30日までに限り、軽減税率対象の取引を行った場合には、請求書等に軽減税率対象の取引である旨を記載するとともに、軽減税率と標準税率の異なるごとに合計した取引金額を記載することで「区分記載請求書等保存方式」による仕入税額控除を認めることとした。

【ポイント・留意点】

・帳簿と区分記載請求書等の記載事項

令和5年9月30日まで

帳簿の記載事項	区分記載請求書等の記載事項
① 仕入先の氏名又は名称	① 請求書等の発行者の氏名又は名称
② 取引年月日	② 取引年月日
③ 取引内容（軽減税率対象品目である旨）	③ 取引内容（軽減税率対象品目である旨）
④ 対価の額	④ 取引金額（対価の額） 　　税率区分ごとの合計額
	⑤ 請求書等受領者の氏名又は名称

・インボイス制度（令和5年10月1日以降）

＜売手側＞

売手である登録事業者は買手である取引相手（課税事業者）から求められた時はインボイスを交付する必要があります。消費税の免税事業者はインボイスを発行することができません。

＜買手側＞

買手は仕入税額控除の適用を受けるために、原則として取引相手（売手）である登録事業者から交付を受けたインボイスの保存等が必要となります。

・適格請求書記載事項

① 適格請求書発行事業者の氏名又は名称及び登録番号
② 取引年月日
③ 取引内容（軽減対象品目である場合にはその旨）
④ 税率ごとに区分して合計した対価の額及び適用税率
⑤ 税率ごとに区分した消費税額等
⑥ 書類の交付を受ける事業者の氏名又は名称
※ 太字が区分記載請求書から適格請求書への移行に伴い追加された記載事項です。

【参考資料・法的根拠（条文）等】

「電子帳簿等保存制度の実務」（川上文吾編著・大蔵財務協会）

新消法30⑦、57の4①

詳細解説	中分類	15.6 消費税インボイス制度	小分類	15.6.2 適格請求書発行 事業者登録制度	

【用語解説】

・適格請求書発行事業者になる（登録を受ける）には

適格請求書発行事業者の登録申請手続が必要。登録を受けなければ適格請求書の交付不可。

【ポイント・留意点】

・適格請求書発行事業者の情報の公表方法

適格請求書発行事業者の氏名又は名称、所在地、登録年月日などが「国税庁適格請求書発行事業者公表サイト」にて公表されます。

・課税事業者が「適格請求書発行事業者」に登録する必要性

仕入税額控除ができないため、適格請求書発行事業者でない事業者との取引を買手は通常選択しません。「登録」は、任意ですが、課税事業者は仕入税額控除の対象となる適格請求書（インボイス）を発行する会社との取引を選択すると考えられることから、課税事業者は「適格請求書発行事業者」に登録する必要があります。

また、適格請求書発行事業者の登録の有無にかかわらず、納税義務は免除になりません。

・適格簡易請求書の交付ができる場合

不特定かつ多数の者との取引を行う場合には、適格請求書に代えて、適格請求書の記載事項を簡易なものとした適格簡易請求書を交付することができます。

例） 小売業、飲食店業、タクシー業、旅行業、駐車場業　等

・適格請求書の交付が困難な取引として、交付義務が免除される取引

① 3万円未満の公共交通機関（船舶、バス又は鉄道）による旅客の運送

② 出荷者等が卸売市場において行う生鮮食料品等の販売

③ 生産者が農業協同組合、漁業協同組合又は森林組合等に委託して行う農林水産物の販売

④ 3万円未満の自動販売機及び自動サービス機により行われる商品の販売等

⑤ 郵便切手類のみを対価とする郵便・貨物サービス

・帳簿のみの保存で仕入税額控除が認められる場合

請求書等の交付を受け取ることが困難であるなどの理由により、ある取引については、一定の事項を記載した帳簿のみの保存で仕入税額控除が認められます。

① 適格請求書の交付義務が免除される3万円未満の公共交通機関による旅客の運送

② 適格簡易請求書の記載事項（取引年月日を除きます。）が記載されている入場券等が使用の際に回収される取引

③ 古物営業を営む者の適格請求書発行事業者でない者からの古物（古物営業を営む者の棚卸資産に該当するものに限ります。）の購入

④ 質屋を営む者の適格請求書発行事業者でない者からの質物（質屋を営む者の棚卸資産に該当するものに限ります。）の取得

⑤ 宅地建物取引業を営む者の適格請求書発行事業者でない者からの建物（宅地建物取引業を営む者の棚卸資産に該当するものに限ります。）の購入

⑥ 適格請求書発行事業者でない者からの再生資源及び再生部品（購入者の棚卸資産に該当するものに限ります。）の購入

⑦ 適格請求書の交付義務が免除される3万円未満の自動販売機及び自動サービス機からの商品の購入等

⑧　適格請求書の交付義務が免除される郵便切手類のみを対価とする郵便・貨物サービス（郵便ポストに差し出されたものに限ります。）

⑨　従業員等に支給する通常必要と認められる出張旅費等（出張旅費、宿泊費、日当及び通勤手当）

※　上記「適格請求書の交付が困難な取引として、交付義務が免除される取引」と表裏一体の関係となります。

　この場合、帳簿の記載事項に関し、通常必要な記載事項に加え、次の事項の記載が必要となります。

●帳簿のみの保存で仕入税額控除が認められるいずれかの仕入に該当する旨

　例）①に該当する場合、「3万円未満の鉄道料金」

　　　②に該当する場合、「入場券等」

●仕入の相手方の住所又は所在地（一定の者を除きます。）

　例）適格請求書の交付義務が免除される3万円未満の公共交通機関で運送を行った者

　　　適格請求書の交付義務が免除される郵便役務の提供を行った者

　　　課税仕入に該当する出張旅費等を支払った場合の当該出張旅費等を受領した使用人等

| 中分類 | 15.6
消費税インボイス制度 | 小分類 | 15.6.3
仕入税額控除
要件 | | |

詳細解説

【用語解説】

・仕入税額控除

　消費税の課税売上に係る消費税から課税仕入れに係る消費税を控除すること。消費税の課税事業者は課税売上と課税仕入れとで算出した消費税の差額を納税する。

【ポイント・留意点】

・仕入税額控除の要件

　仕入税額控除の適用を受けようとする事業者は、適格請求書（インボイス）の保存が仕入税額控除の要件となります。

　適格請求書発行事業者は、取引先から要求されたときは、インボイスの交付義務があります。

・免税事業者等からの仕入れに係る経過措置

　免税事業者や消費者のほか、登録を受けていない課税事業者からの課税仕入れはインボイスの交付を受けることはできません。そこで、インボイスがない課税取引については下記のような経過措置が設けられています。

　この場合には、区分記載請求書等保存方式の記載事項に加え、帳簿には「80％控除対象」など、この経過措置の適用を受ける課税仕入れである旨の記載が必要となります。

期　　　　　間	「適格請求書発行事業者以外の者」からの 仕入税額控除が可能な割合
～令和5年9月30日	「課税仕入れ等の税額×100％（全額）」
令和5年10月1日～ 令和8年9月30日	「課税仕入れ等の税額×80％」
令和8年10月1日～ 令和11年9月30日	「課税仕入れ等の税額×50％」
令和11年10月1日～	「適格請求書発行事業者以外の者」からの課税仕入れは、原則として全額仕入税額控除の対象とすることはできません

大分類　16　法人税等申告業務　16

大分類	中分類	小分類	ポイント・解説
16 法人税等 申告業務	16.1 税務業務 日常対応	16.1.1 税務指導	帳票書類の確認、今後行われる取引の事前情報収集等により、事実関係を確認のうえ税務処理を検討し、関係部門にアドバイスを行います。　詳細解説　P.190
		16.1.2 事前問合せ	税務上の取扱いに不明確な点がある場合は、必要に応じ所轄税務署等に事前問合せを実施し確認をとります。　詳細解説　P.190
	16.2 法人税 中間申告	16.2.1 申告額算定 （仮決算）	事業年度が6ヶ月を超える法人は、原則として、事業年度開始の日以後6ヶ月を経過した日から2ヶ月以内に、法人税の中間申告を行わなければなりません。 　中間申告には2つの方法がありますが、その1つである仮決算による中間申告の場合は、事業年度開始日以後6ヶ月を1事業年度とみなして仮決算税額を算定します。　詳細解説　P.191
		16.2.2 申告額算定 （予定申告）	中間申告のもう1つの方法である前年度実績による予定申告の場合は「前事業年度の法人税額×6／前事業年度月数」により中間分の税額を算定します。　詳細解説　P.191
		16.2.3 申告書提出	仮決算、予定申告のうちいずれかの方法により中間申告書を作成し、検証のうえ、所轄税務署長に提出します。　詳細解説　P.191
	16.3 法人税 納付手続	16.3.1 納付手続	中間申告書を提出した法人は、中間申告書の提出期限までに中間申告税額を納付しなければなりません。 　納付にあたっては、納付書を作成、検証します。
		16.3.2 支払依頼	支払依頼書を作成、検証し、納付書とともに資金部門に支払を依頼します。
		16.3.3 支払	受領した支払依頼書に基づき、支払処理を行います。
		16.3.4 計上	支払事実を踏まえ法人税決済を会計帳簿に記帳します。

大分類	中分類	小分類	ポイント・解説
	16.4 法人税 確定申告	16.4.1 申告額算定	法人は、原則として、事業年度終了の日の翌日から2ヶ月以内に確定した決算に基づいて法人税の確定申告を行わなければなりません。 　確定申告額は、企業会計上費用とされるものであっても税法上損金と認められないもの、企業会計上収益とされるものであっても税法上益金とされないもの等の調整を行って所得金額を計算し、その所得金額に税率を乗じて算定します。 詳細解説 P.193
		16.4.2 申告書提出	確定申告書を作成し、検証のうえ、所轄税務署長に提出します。 詳細解説 P.193
	16.5 法人税 納付手続	16.5.1 納付手続	確定申告書を提出した法人は、確定申告書の提出期限までに確定申告税額を納付しなければなりません。 　納付にあたっては、納付書を作成、検証します。
		16.5.2 支払依頼	支払依頼書を作成、検証し、納付書とともに資金部門に支払を依頼します。
		16.5.3 支払実行	受領した支払依頼書に基づき、支払処理を行います。
		16.5.4 計上	支払事実を踏まえ法人税決済を会計帳簿に記帳します。
	16.6 固定資産税 申告・納付	16.6.1 申告手続 （償却資産）	固定資産税（償却資産）の申告手続きを行います。 詳細解説 P.196
		16.6.2 納付手続 （償却資産、 不動産）	固定資産税（償却資産、不動産）の納付手続きを行います。 詳細解説 P.197
		16.6.3 支払依頼	納付の支払依頼を行います。
		16.6.4 支払実行	支払を実行します。
	16.7 地方税	16.7.1 対象税金 種類確認	地方税の種類は様々であり、法人ごとで条件が異なるため、必要に応じて所轄税務署や顧問税理士に確認を行ってください。 詳細解説 P.198
		16.7.2 申告額算定	道府県税、市町村税は各法人ごと、地域ごとに税率が細分化されているため、必要に応じて顧問税理士に照会を行い算定を行ってください。 詳細解説 P.199
		16.7.3 申告書提出	各法人は決められた期限までに都道府県に申告納付しなければなりません。それを超過した場合延滞金等が発生します。 詳細解説 P.203

分類とポイント・解説

大分類	中分類	小分類	ポイント・解説
		16.7.4 納付手続	納付方法に関しては金融機関、税務署への直接納付の他、eLTAX（エルタックス）を利用してインターネットバンキング等による納付が可能です。事前に必要な手続きを確認した上で納付を行います。 詳細解説 P.205
	16.8 源泉所得税	16.8.1 対象取引 管理	源泉徴収の対象となる所得の主な範囲は、給与等・退職手当・報酬、料金等・利子等、配当等です。 詳細解説 P.206
		16.8.2 源泉所得税額 算定、徴収	所得金額から所得控除額を引いたものに税率をかけ源泉所得税額を求めます。 詳細解説 P.207
		16.8.3 申告書提出・ 納付手続	原則として、支払った月の翌月10日までに「所得税徴収高計算書」を添えて納付する必要があります。 詳細解説 P.210
		16.8.4 源泉徴収票の 作成、提出	給与所得、退職所得等、それぞれの所得に対し、源泉徴収票を作成し、決められた期日内に所轄税務署長へ提出する必要があります。 詳細解説 P.211
		16.8.5 支払調書の 作成、提出	報酬、料金、契約金及び賞金に対し、支払調書を作成し、翌年の1月31日までに所轄税務署長へ提出する。 詳細解説 P.212
	16.9 国際税務	16.9.1 国際税務	「国境を越えて行う取引」について各種法令等を確認します。 詳細解説 P.213
		16.9.2 外国税額控除 制度	国際的な二重課税を排除し、税負担を軽減するため各種法令等を確認します。 詳細解説 P.215
		16.9.3 移転価格 税制	国外関連者との取引の対価の額について独立企業間価格と比較確認します。 詳細解説 P.217
		16.9.4 外国子会社 合算税制	グループ全体の税負担を恣意的に減らしていると判断されないか確認します。 詳細解説 P.218
		16.9.5 税源浸食と 利益移転 （BEPS）	各国の税制等を確認し、移転価格関連の文書化等を進めます。 詳細解説 P.219

分類とポイント・解説

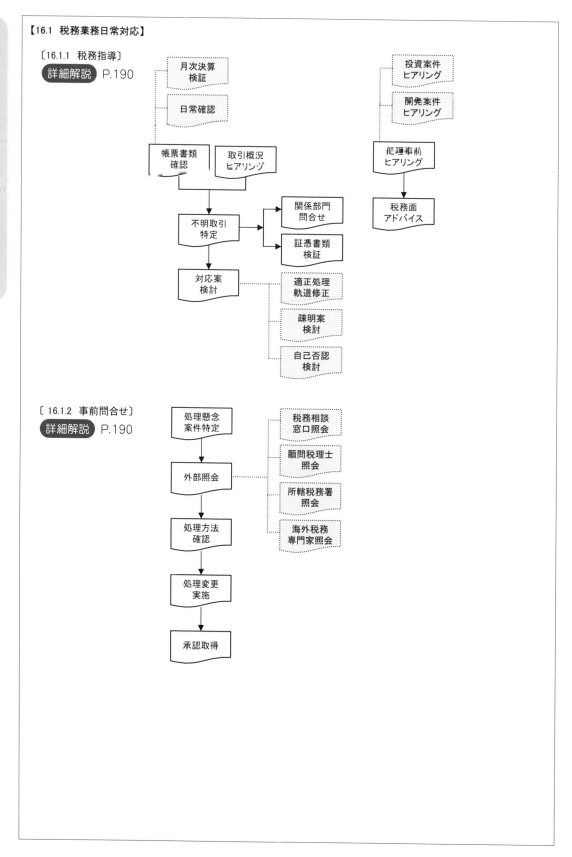

【16.1 税務業務日常対応】

〔16.1.1 税務指導〕

詳細解説 P.190

- 月次決算検証
- 日常確認
- 帳票書類確認
- 取引概況ヒアリング
- 不明取引特定
  - 関係部門問合せ
  - 証憑書類検証
- 対応案検討
  - 適正処理軌道修正
  - 疎明案検討
  - 自己否認検討

- 投資案件ヒアリング
- 開発案件ヒアリング
- 処理事前ヒアリング
- 税務面アドバイス

〔16.1.2 事前問合せ〕

詳細解説 P.190

- 処理懸念案件特定
- 外部照会
  - 税務相談窓口照会
  - 顧問税理士照会
  - 所轄税務署照会
  - 海外税務専門家照会
- 処理方法確認
- 処理変更実施
- 承認取得

業務プロセスと取引仕訳

【16.2　法人税中間申告】

〔16.2.1　申告額算定（仮決算）〕

詳細解説 P.191

```
申告調整 ←──────────────┐
   │                      │
   ▼                      │
課税所得    証憑書類    顧問税理士
算出       精査       照会
   │        │          │
   ▼        │          │
税額算出 ←───┴──────────┘
   │
   ▼
別表整備
   │
   ▼
申告額
承認
```

〔16.2.2　申告額算定（予定申告）〕

詳細解説 P.191

```
前年度税額
確認
   │
   ▼
予定申告
税額算定
   │
   ▼
申告額
承認
```

〔16.2.3　申告書提出〕

詳細解説 P.191

```
申告書
策定
   │
   ▼
申告内容
検証
   │
   ▼
申告書
提出承認
```

業務プロセスと取引仕訳

【16.3 法人税納付手続】

〔16.3.1 納付手続〕

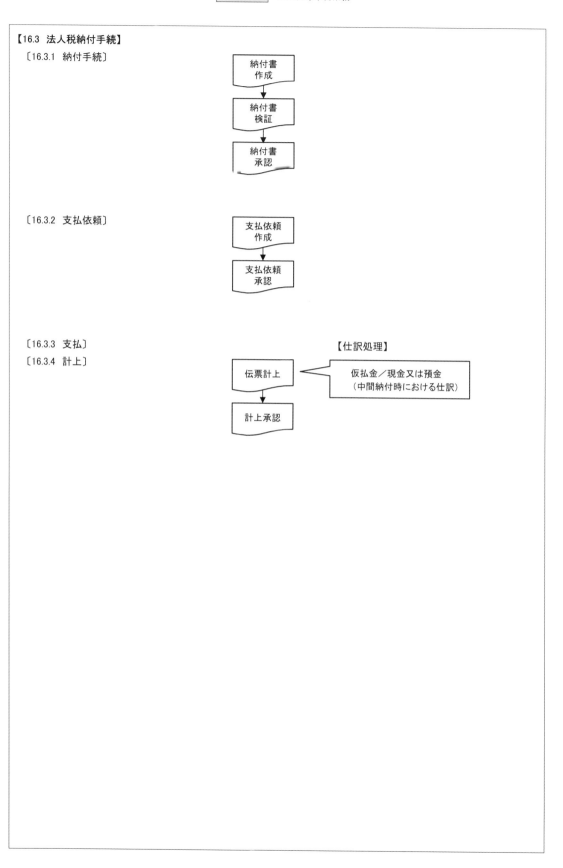

納付書
作成

↓

納付書
検証

↓

納付書
承認

〔16.3.2 支払依頼〕

支払依頼
作成

↓

支払依頼
承認

〔16.3.3 支払〕

〔16.3.4 計上〕

【仕訳処理】

伝票計上 ← 仮払金／現金又は預金
（中間納付時における仕訳）

↓

計上承認

【16.4　法人税確定申告】

〔16.4.1　申告額算定〕

詳細解説　P.193

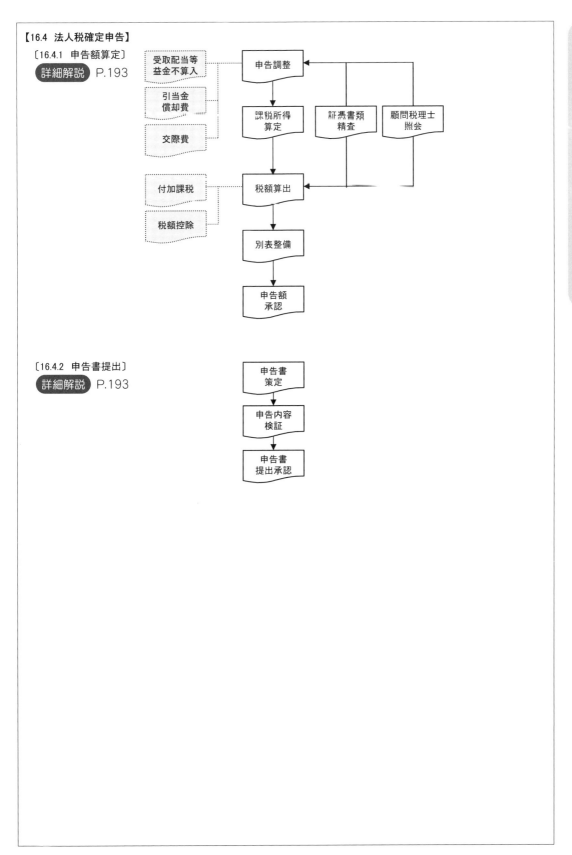

〔16.4.2　申告書提出〕

詳細解説　P.193

業務プロセスと取引仕訳

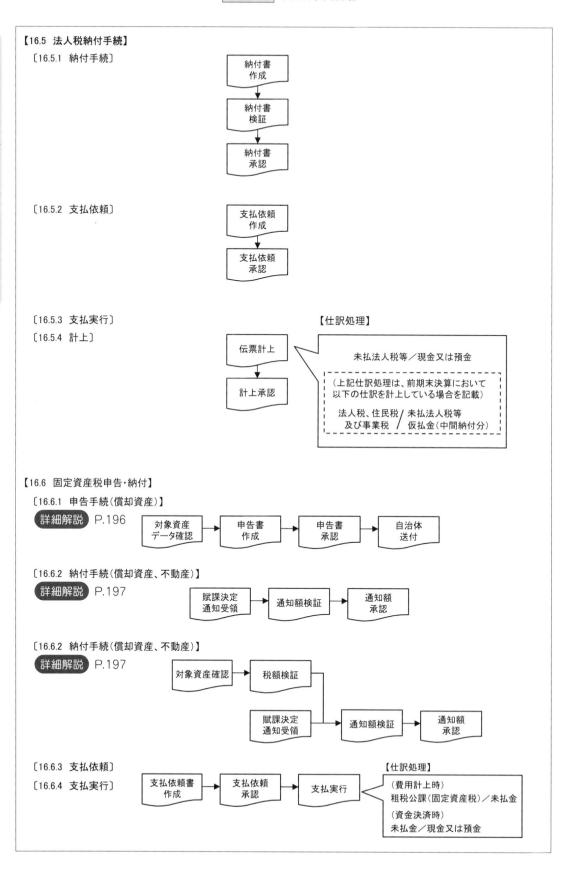

業務プロセスと取引仕訳

【16.5　法人税納付手続】

〔16.5.1　納付手続〕

納付書作成 → 納付書検証 → 納付書承認

〔16.5.2　支払依頼〕

支払依頼作成 → 支払依頼承認

〔16.5.3　支払実行〕
〔16.5.4　計上〕

伝票計上 → 計上承認

【仕訳処理】

未払法人税等／現金又は預金

（上記仕訳処理は、前期末決算において以下の仕訳を計上している場合を記載）

法人税、住民税及び事業税／未払法人税等仮払金（中間納付分）

【16.6　固定資産税申告・納付】

〔16.6.1　申告手続（償却資産）〕

詳細解説 P.196

対象資産データ確認 → 申告書作成 → 申告書承認 → 自治体送付

〔16.6.2　納付手続（償却資産、不動産）〕

詳細解説 P.197

賦課決定通知受領 → 通知額検証 → 通知額承認

〔16.6.2　納付手続（償却資産、不動産）〕

詳細解説 P.197

対象資産確認 → 税額検証

賦課決定通知受領 → 通知額検証 → 通知額承認

〔16.6.3　支払依頼〕
〔16.6.4　支払実行〕

支払依頼書作成 → 支払依頼承認 → 支払実行

【仕訳処理】

（費用計上時）
租税公課（固定資産税）／未払金

（資金決済時）
未払金／現金又は預金

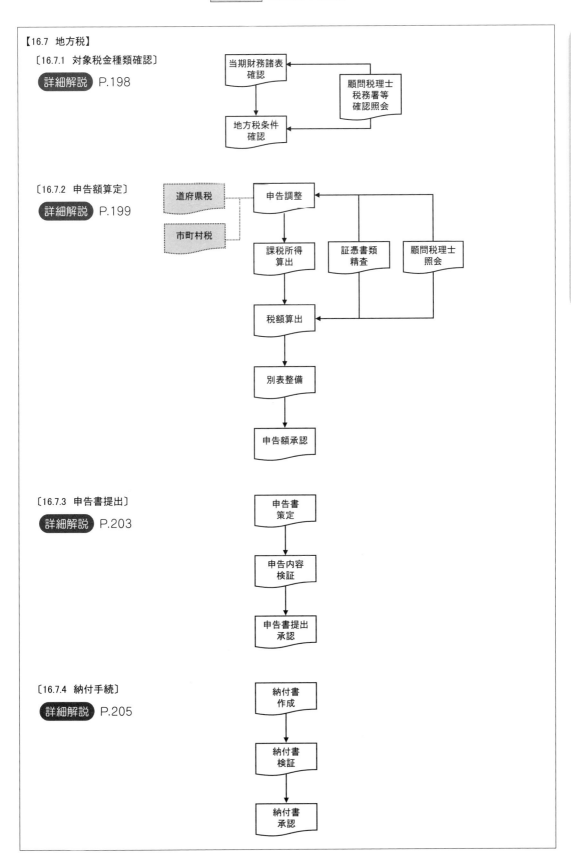

【16.7 地方税】

〔16.7.1 対象税金種類確認〕

詳細解説 P.198

当期財務諸表
確認

顧問税理士
税務署等
確認照会

地方税条件
確認

〔16.7.2 申告額算定〕

詳細解説 P.199

道府県税

市町村税

申告調整

課税所得
算出

証憑書類
精査

顧問税理士
照会

税額算出

別表整備

申告額承認

〔16.7.3 申告書提出〕

詳細解説 P.203

申告書
策定

申告内容
検証

申告書提出
承認

〔16.7.4 納付手続〕

詳細解説 P.205

納付書
作成

納付書
検証

納付書
承認

業務プロセスと取引仕訳

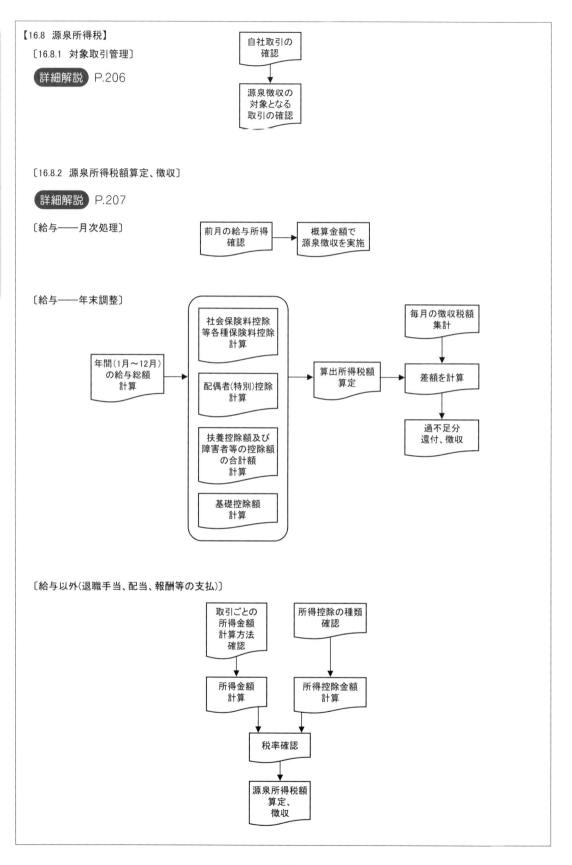

〔16.8.3 申告書提出・納付手続〕

詳細解説 P.210

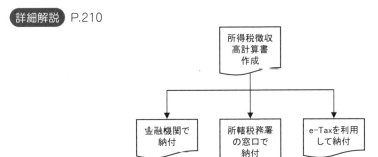

〔16.8.4 源泉徴収票の作成、提出〕

詳細解説 P.211

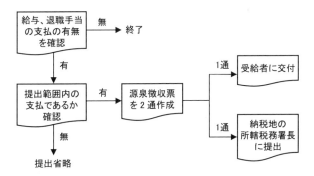

〔16.8.5 支払調書の作成、提出〕

詳細解説 P.212

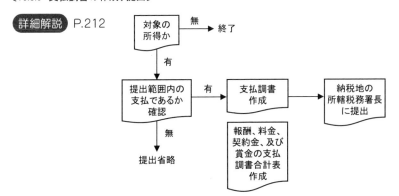

業務プロセスと取引仕訳

【16.9 国際税務】

〔16.9.1 国際税務〕

詳細解説 P.213

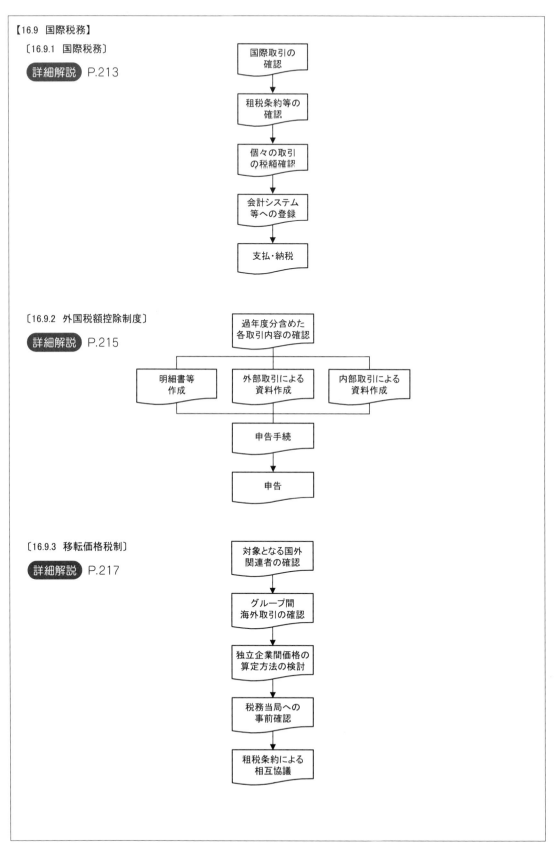

国際取引の
確認

↓

租税条約等の
確認

↓

個々の取引
の税額確認

↓

会計システム
等への登録

↓

支払・納税

〔16.9.2 外国税額控除制度〕

詳細解説 P.215

過年度分含めた
各取引内容の確認

↓

明細書等
作成

外部取引による
資料作成

内部取引による
資料作成

↓

申告手続

↓

申告

〔16.9.3 移転価格税制〕

詳細解説 P.217

対象となる国外
関連者の確認

↓

グループ間
海外取引の確認

↓

独立企業間価格の
算定方法の検討

↓

税務当局への
事前確認

↓

租税条約による
相互協議

〔16.9.4 外国子会社合算税制〕

詳細解説 P.218

外国関係会社
出資状況確認

租税負担
30%以上 → 課税不要

租税負担
30%未満 → ペーパーカンパニーの所在確認

NO → 租税負担金申告書確認

YES → 会社単位で税金を合算

租税負担
20%以上 → 課税不要

租税負担
20%未満 → 経済活動の算定

事実基準
実体基準
管理支配基準
非関連者基準
所在地国基準

全てを満たす → 一定の受動的所得の合算

いずれかを満たさない → 会社単位で税金を合算

〔16.9.5 税源浸食と利益移転（BEPS）〕

詳細解説 P.219

BEPS行動計画公表 → 日本政府税制改正

・消費税の内外判定
・移転価格税制
・タックスヘイブン対策税制

内容を確認 → 対応策の検討・実施

中分類	16.1 税務業務日常対応	小分類	16.1.1 税務指導	16.1.2 事前問合せ	

【ポイント・留意点】

・不明取引特定

　　帳票書類の確認、関係部門に対して取引概況をヒアリングすることにより、税務上の検討が必要となる取引を特定するにあたっての主なポイントは以下のとおりです。

・施策、取引の目的………費用処理した支出のうち、利益供与（寄附金）や接待、供応（交際費）を目的とした施策、取引はないか。

・費用と収益の対応………請負工事収入と下請会社への請負費等、費用と収益がひも付き関係にある取引は、費用と収益の双方を計上しているか。特に売上計上が翌期となるものに対応する仕入が在庫計上されているか。

・期間損益………………当年度分の収益、費用が適正に計上されているか（特に期末直前に費用計上している取引は、期末までに債務確定等の事実が生じているか）。

・資産性、費用性…………固定資産計上すべきものを費用処理していないか。

・消費税処理の妥当性……消費税の課税、非課税、不課税の判断は正当か。

・対応案検討

　　税務上の対応案の検討にあたっては、取引の事実関係の把握（契約内容、役務提供完了日等）、関係法令の確認、市販税務事例集等による取引事例の確認、社内における同様の取引の有無及び同様取引がある場合はその処理方法の確認などを行う必要があります。

　　また、必要に応じて顧問税理士や所轄税務署に処理方法の確認を行います。

中分類	16.2 法人税中間申告	小分類	16.2.1 申告額算定（仮決算）	16.2.2 申告額算定（予定申告）	16.2.3 申告書提出

【用語解説】

・中間申告

　内国法人である普通法人の事業年度が６ヶ月を超える場合には、事業年度開始の日以後６ヶ月を経過した日から２ヶ月以内に所轄税務署長に対して中間申告書を提出しなければならない。

　中間申告には、「前年度実績による予定申告」と「仮決算による中間申告」の２つの方法があり、いずれかを選択することができる。

　なお、「前年度実績による予定申告」により納付すべき法人税額が10万円以下の場合は中間申告書の提出は不要。

・前年度実績による予定申告

　前年度実績による予定申告とは、前事業年度の法人税額を基礎として以下の算式により計算した法人税額を中間分の税額として申告する方法。

$$（算式）\quad \text{事業年度開始の日以後６ヶ月を経過した日の前日までに確定した前事業年度の法人税額} \times \frac{6}{\text{前事業年度の月数}}$$

・仮決算による中間申告

　仮決算による中間申告とは、事業年度開始の日から６ヶ月間を１事業年度とみなして仮決算を行い、その所得又は欠損に基づいて計算した所得金額及び法人税額を申告する方法。

　ただし、次に該当する場合には仮決算による中間申告書は提出できない。

　①　仮決算をした場合の中間申告書に記載すべき法人税の額が、「前年度実績による予定申告」により納付すべき法人税額を超える場合。

　②　「前年度実績による予定申告」により納付すべき法人税額が10万円以下である場合。

【ポイント・留意点】

・中間申告方法の選択

　中間申告は、「前年度実績による予定申告」と「仮決算による中間申告」の２つの方法からの選択適用が可能となっていますが、この選択にあたっては、「仮決算による中間申告」により納付すべき法人税額が、「前年度実績による予定申告」により納付すべき法人税額を下回る場合に、その下回る税額をもって中間申告ができるメリットを考慮する必要があります。

　仮決算による中間申告の法人税額が零となる場合には、仮決算による中間申告を行えば中間納付の必要がなくなるため、業績が良くない事業年度には仮決算による中間申告がよく利用されているようです。

・中間申告書を提出期限までに提出しない場合

　提出期限内に中間申告書の提出がなされない場合、その提出期限において「前年度実績による予定申告」がなされたものとみなされます。

　したがって、無申告加算税（確定申告期限までに確定申告書の提出がなされない場合に課されるペナルティ）は課されませんが、提出期限後に「仮決算による中間申告」を行うことは認められません。

・前年度実績による予定申告

　予定申告により納付すべき法人税額の基礎となる「前事業年度の法人税額」とは、特定同族会社の留保金課税や所得税額等の税額控除を適用した後の法人税額となります。

詳細解説

　また、前事業年度の法人税額に土地の譲渡等に係る法人税額（土地重課）、使途秘匿金に対する追加税額が含まれている場合には、その法人税額からそれらの税額を控除した後の法人税額となります。

・仮決算による中間申告

・所得税は還付されない

　所得税法の規定により源泉徴収された利子又は配当等に係る所得税は、法人税の確定申告にあたって納付すべき法人税額から控除することができ、控除しきれない所得税額は還付されることとなります。

　仮決算による中間申告においても、納付すべき法人税額から控除することができますが、控除しきれない所得税額の還付は認められません。

・確定申告の処理との継続性

　減価償却の方法や棚卸資産の評価方法等の継続適用を条件とされているものについては、中間申告と確定申告でその処理方法を変更することはできませんが、以下の項目は適用の変更が認められます。

・仮決算で行わなかった特別償却や圧縮記帳について、確定申告で適用を受けること
・中間申告で適用を受けなかった税額控除や受取配当等の益金不算入の規定について、確定申告で適用を受けること

【参考資料・法的根拠（条文）等】

　法法71〜73

中分類	16.4 法人税確定申告	小分類	16.4.1 申告額算定	16.4.2 申告書提出	

【用語解説】

・確定申告

　内国法人は、各事業年度終了の日の翌日から2ヵ月以内に、所轄税務署長に対して確定した決算に基づき以下の事項を記載した確定申告書を提出しなければならない。

　　・法人名、納税地、代表者名、事業年度、所得金額又は欠損金額、法人税の額、所得税額等の
　　　還付金額　等

・所得金額

　所得金額とは、法人税の課税標準のことであり、その事業年度の益金の額から損金の額を控除して算定する。

　益金の額には、有償による取引のほか、法人税法に別段の定めがあるものを除き、無償による取引（資産の譲渡、無償による役務の提供、資産の譲受け等）の収益の額も含まれる。

　損金の額には、原価の額のほか、その事業年度の販売費、一般管理費等の費用の額が含まれるが、償却費以外の費用の額でその事業年度において債務の確定していないものは除かれる。

・欠損金額

　欠損金額とは、所得金額がマイナスとなる場合のそのマイナスの金額のこと。

・申告調整

　申告調整とは、所得金額を計算するために、法人税法の規定に従って申告書において決算利益を調整すること。

　具体的には、申告書別表四において、「損金の額に算入した法人税」、「減価償却の償却超過額」等を当期利益に加算したり、「受取配当等の益金不算入額」、「欠損金又は災害損失金の当期控除額」等を当期利益から減算したりすること。

【ポイント・留意点】

・法人税の税率について

　所得金額に対する法人税の税率は、法人等の区分に応じ、次表のとおりとなります。

法人等の区分	税　率 （令和4年4月1日以後に開始した各事業年度）	
		年所得800万円以下の部分
中小法人以外の普通法人	23.2%	23.2%
中小法人、一般社団法人等及び人格のない社団等	23.2%	15%
公益法人等、協同組合等及び特定の医療法人	19%	15%
特定の協同組合等の特例税率（年所得10億円超の部分）	22%	－

・所得税額控除

源泉徴収された所得税のうち、税額控除の対象となる金額は、次のように定められています。

① 利子配当等に係る所得税
- ・公社債利子
- ・法人から受ける剰余金の配当、利益の配当、剰余金の分配、基金利息
- ・集団投資信託の収益の分配
  - ⇒ 元本所有期間に対応する部分のみが控除の対象となります。

② その他
- ・①以外の所得税
  - ⇒ その全額が控除の対象となります。

なお、復興特別所得税も所得税額控除の対象となります。

・確定申告書の提出期限は延長が可能

会計監査人の監査を受けなければならない等の理由により、決算が確定しないため、確定申告書の提出期限までに提出することができない状況にある場合には、所轄税務署長の承認を受けて確定申告書の提出期限を原則として1ヶ月間延長することができます。

また、災害を受けたことにより申告期限までに申告書の提出ができない場合には、税務署長の承認を受けてその提出期限を延長することができます。

提出期限の延長を受けている法人にあっては、その延長されたところの提出期限が納期限となります。ただし、この場合には事業年度終了の日の翌日以後2ヶ月を経過した日から延長された期間に係る利子税を支払わなければなりません。

・確定申告書を提出期限までに提出しないとペナルティが課せられる

正当な理由なく提出期限内に確定申告書の提出がなされない場合、無申告加算税が課されることとなるため注意が必要です。

無申告加算税の税額は、確定した税額の15／100（50万円超相当額については20／100。自発的に期限後に申告書を提出した場合は5／100）に相当する金額となります。

・申告調整できないもの

法人税法には、「損金経理により××したときは、所得の金額の計算上損金の額に算入する。」という規定が多数ありますが、損金経理とは「確定した決算において費用又は損失として経理すること」であるため、株主総会等の承認を受けた損益計算書に費用又は損失として計上しない限り、損金の額に算入できないこととなります。

〔損金経理をしなければ損金算入が認められないものの例〕
- ・減価償却資産の償却費の損金算入、少額な減価償却資産の損金算入、一括償却資産の損金算入、使用人兼務役員の使用人分賞与の損金算入　等

・申告調整しなければならないものと申告調整できるもの

申告調整項目等は、必ず申告書に記載を要するものと、申告書に記載がないと適用が認められないものの2種類に分類されます。

〔必ず申告書に記載を要するものの例〕
- ・資産の評価益の益金不算入、還付金等の益金不算入、資産の評価損の損金不算入、減価償却の償却限度超過額の損金不算入　等

〔申告書に記載がないと適用が認められないものの例〕
- ・受取配当等の益金不算入、所得税額及び外国税額の税額控除、収用換地等・特定土地区画整理事業等の場合の所得の特別控除　等

・申告書別表四

　　申告書は各種の別表で構成されますが、申告書別表四は、決算上の利益から所得金額を計算する過程を表すものであり、申告書別表の中でも重要性の高いものです。

　　申告書別表四は、所得金額を算出するほか、特定同族会社の留保金課税の計算の基礎となる留保金額の算出等を行う機能を有しています。

・申告書別表五（一）

　　申告書別表五（一）は、別表四の加算・減算項目のうち処分が留保とされたものの残高（利益積立金といいます。）等を表すものであり、別表四と同様に申告書別表の中でも重要性の高いものです。

　　法人税法上、利益積立金額は、特定同族会社の留保金課税の計算、清算所得の金額の計算等に使用します。

【参考資料・法的根拠（条文）等】

法法22、74、75、75の 2 、77／通則法66

詳細解説

中分類	16.6 固定資産税申告・ 納付	小分類	16.6.1 申告手続 （償却資産）		

【用語解説】

・固定資産税（償却資産）とは

　　固定資産税とは、償却資産の所有者が、資産の価値（課税標準額）に応じて市町村に収める税をいう。

　　償却資産とは、土地・家屋以外で事業の用に供することができる資産（その減価償却額又は減価償却費が法人税法又は所得税法の規定による所得の計算上損金又は経費に算入されるもの）をいう。

　　ただし、

①　鉱業権、漁業権、特許権その他の無形固定資産

②　耐用年数1年未満の減価償却資産又は取得価額が10万円未満の減価償却資産で、法人税法の規定により一時に損金算入しているもの

③　取得価額が20万円未満の減価償却資産で、法人税法の規定により3年間で一括償却しているもの

④　自動車税が課税される自動車、軽自動車税が課税される軽自動車

⑤　繰延資産

⑥　取得価額が20万円未満のリース資産（法法64の2①及び所法67の2①に規定するもの）

は除く。

【ポイント・留意点】

・固定資産税の申告

　　固定資産税は不動産（土地・家屋）と償却資産に課税されますが、償却資産については、毎年1月1日現在における資産を、当該資産の所在地の市町村に申告する必要があります。

・申告書

　　申告に必要な書類は、通常、

①　償却資産申告書

②　種類別明細書

です。

・申告期限

　　償却資産の申告期限は1月31日です。

・免税点

　　同一市町村に所有する償却資産の課税標準額が150万円未満の場合は課税されません。

　　※市町村の財政上等特別な理由により、150万円未満であっても課税される場合があります。

【参考資料・法的根拠（条文）等】

　地法341、342、351、383、737／地令49／地規14

中分類	16.6 固定資産税申告・納付	小分類	16.6.2 納付手続 （償却資産、不動産）		

詳細解説

【用語解説】

・賦課決定通知とは

　一般的に、「納税通知書」という。納税者の氏名及び住所、課税標準額、税率、税額、納期、納期ごとの納付額、納付の場所等が記載されている。なお、不動産（土地・家屋）については、「納税通知書」のほか不動産の所在地などが記載された「課税明細書」が交付される。

・固定資産課税台帳

　固定資産の状況、固定資産税の課税標準である固定資産の価格を明らかにするため、市町村が作成する台帳。土地課税台帳、家屋課税台帳、償却資産課税台帳などがある。

・前納報奨金

　市町村が条例で定めることにより、固定資産税の納税者が、納期前の納付をした場合、（例えば7月・12月・翌年2月納期の固定資産税を4月に一括納付した場合）に市町村から交付される報奨金。

　なお、交付されるためには、他の税金を滞納していない等の条件がある。

【ポイント・留意点】

・固定資産税の納税義務者

　固定資産税は、原則、固定資産の所有者に課税される税です。

・固定資産税の課税方法

　固定資産税は、市町村の賦課決定により課税される税です。

・固定資産税の賦課決定の内容確認

　物件の所在する市町村で固定資産課税台帳を閲覧し、所有者の住所・氏名、物件の所在地、価格等を確認します。

・固定資産税の納付

　固定資産税は、納付者に交付（送付）される納税通知書により納付します。

・固定資産税の納期

　固定資産税の納期は、通常4月、7月、12月、翌年2月に分割して納付することとなりますが、市町村によって異なる納期を定めることができます。また、納税者は分割して納付せず、一括で納付することができます。この場合、市町村によっては「前納報奨金」が交付される場合があります。

【参考資料・法的根拠（条文）等】

　地法1、342、343、362、364、365、380、381、382の2、737

詳細解説

中分類	16.7 地方税	小分類	16.7.1 対象税金種類確認		

【用語解説】

・地方税

　地方税とは、地方団体がその地域内の税源から直接に賦課徴収するものをいい、道府県（都）が課する道府県（都）税と市区町村が課する市町村税とに区分される。

【ポイント・留意点】

・主要な道府県（都）税（法人）

税目	納税義務者
道府県民税	都道府県内に事務所等を有する法人等
事業税	事業を行う法人等
特別法人事業税	事業を行う法人等
地方消費税	（譲渡割） 課税資産の譲渡等を行った事業者 ※　申告・納税は消費税（国税）の申告・納税と合わせて 　　行われる
不動産取得税	不動産の取得者

・主要な市町村税（法人）

税目	納税義務者
市町村民税	市区町村内に事務所等を有する法人等
事業所税	事業所等において事業を行う者
都市計画税	土地又は家屋の所有者 ※　賦課徴収は固定資産税と合わせて行われる
固定資産税	土地又は家屋の所有者

【参考資料・法的根拠（条文）等】

　「主要地方税ハンドブック」（山形富夫著・清文社）

| 中分類 | 16.7
地方税 | 小分類 | 16.7.2
申告額算定 | | |

【用語解説】

・地方税（法人住民税・法人事業税）の概要

　法人税と関係する地方税の税目として法人住民税・法人事業税がある。

　法人住民税は都道府県と市区町村それぞれに、法人事業税と特別法人事業税（国税）は都道府県に納める必要がある。

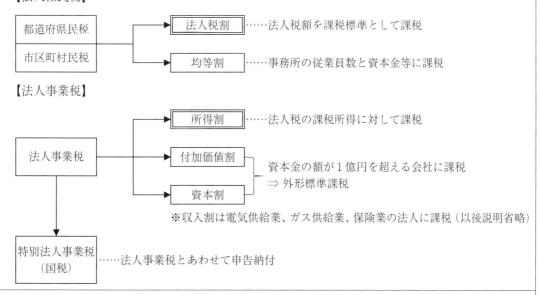

【法人住民税】

都道府県民税 ／ 市区町村民税 → 法人税割 ……法人税額を課税標準として課税

→ 均等割 ……事務所の従業員数と資本金等に課税

【法人事業税】

法人事業税 → 所得割 ……法人税の課税所得に対して課税

→ 付加価値割 ／ 資本割 ……資本金の額が1億円を超える会社に課税 ⇒ 外形標準課税

※収入割は電気供給業、ガス供給業、保険業の法人に課税（以後説明省略）

→ 特別法人事業税（国税）……法人事業税とあわせて申告納付

【ポイント・留意点】

・法人住民税（都道府県民税・市町村民税）

※　概要を理解していただくために、一部簡略化しています。

〔法人税割〕

・都道府県民税　法人税割＝法人税額（※1）×税率（※2）

・市町村民税　　法人税割＝法人税額（※1）×税率（※2）

　※1　法人税額＝法人税課税所得×法人税率

　※2　各都道府県、市町村によって税率が異なります。また資本金や所得等により税率が異なります。

　（注）　複数の都道府県に事務所等がある法人の場合は別途按分計算が必要になります。

〔均等割〕

資本金等の額と事業所の従業員数により算定。

※　各都道府県、各市町村によって額が異なります。

・法人事業税

〔所得割額〕

法人課税所得×税率（※）＝所得割額

※　資本金や所得等に応じて税率が異なります。

（注）　複数の都道府県に事務所等がある法人の場合は別途按分計算が必要になります。

〔特別法人事業税〕

所得割額×特別法人事業税の税率（※）＝特別法人事業税

※ 資本金の額等によって税率が異なります。

外形標準課税制度

　外形標準課税制度とは、資本金の額又は出資金の額が1億円を超える法人を対象としている法人事業税の課税制度です。

　外形標準課税制度対象の法人事業税は付加価値割・資本割・所得割があります。

○資本金の額又は出資金の額が1億円を超える法人の事業税の税目

　（外形標準課税制度対象）

　　・付加価値割、資本割、所得割

○資本金の額又は出資金の額が1億円以下の法人の事業税の税目

　　・所得割

◎**複数の都道府県に事務所等がある法人の場合は別途按分計算が必要になります。**

(1) 付加価値額

　各事業年度の付加価値額を課税標準として計算されます。

$$
\fbox{付加価値額} = \underbrace{\fbox{報酬給与額 (＊1)} + \fbox{純支払利子 (＊2)} + \fbox{純支払賃借料 (＊3)}}_{収益配分額} \pm \fbox{単年度損益 (＊4)}
$$

（＊1） 報酬給与額→給料、賞与、手当、企業年金等の掛金等の合計額

（＊2） 純支払利子→支払利子から受取利子を引いた額

（＊3） 土地、家屋に係る支払賃借料から受取賃借料を引いた額

（＊4） 繰越欠損金控除前の税法上の所得金額

(2) 資本金等の額

　法人税法上の「資本金等の額」であり、会計上の資本金に一定額を調整したもの。具体的には法人税申告書別表5(1)のⅡにおける「差引翌期首現在資本金等の額」です。

(3) 所得割

　所得割は外形標準課税制度対象外法人と計算式は同じですが、税率が異なります。

・地方消費税

　消費税は、国税部分と地方税部分に分かれており、厳密には地方税部分を地方消費税といいます。地方消費税が適用されたのは1997年、消費税が3％から5％に引き上げられたときです。

　国税分も地方税分も、商品の販売やサービスの提供、外国貨物の引取りなどに対して課される税金であるという性質は同じです。ただし、国税部分は国に、地方税部分は地方自治体に納付するという点に違いがあります。

税　　目		課税標準	税　　率
地方消費税	譲渡割	課税資産の譲渡等に係る消費税額から仕入等に係る消費税額等を控除した消費税額	地方消費税の課税標準となる×22/78消費税額

	標準税（率）	軽減税率（注）
消費税率	7.8%	6.24%
地方消費税率	2.2%（消費税額の22/78）	1.76%（消費税額の22/78）
合　　計	10%	8 %

(注)　酒類・外食を除く飲食料品の譲渡及び週2回以上発行れる新聞の定期購読契約の基づく譲渡が対象です。

・事業所税

　　事業所税は、一定規模以上の事業を行っている事業主に対して課税される税金で、事業所等の床面積を対象とする資産割と従業者の給与総額を対象とする従業者割とに分かれます。

　　この税金は都市環境の整備及び改善に関する事業の財源にあてるための目的税で、地方税法で定められた都市だけで課税される市町村税です。

　　税額は⑴資産割と⑵従業者割の合計となり、それぞれに免税点があります。

⑴　資産割
　①　税率：事業所床面積1平方メートルにつき600円
　②　免税点：指定都市等の区域内の各事業所等に係る事業所床面積の合計面積（非課税部分除き）が1,000平方メートル

⑵　従業者割
　①　税率：従業者給与総額の0.25%
　②　免税点：指定都市等の区域内の各事業所等の従業者の数（非課税に係る者除き）の合計数が100人

・不動産取得税

　　土地や家屋の購入、贈与、家屋の建築などで不動産を取得したときに、取得した方に対して課税される税金です。有償・無償の別、登記の有無にかかわらず課税となります。ただし、相続により取得した場合等、一定の場合には課税されません。

税　　目	区　　分	税　　率
不動産取得税	取得した土地、家屋（住宅）	3 %
	取得した家屋（非住宅）	4 %

家屋の計算方法
（取得した家屋の価格－特例控除額（※））×3 %（住宅）＝納める額×4 %（非住宅）＝納める額
※　特例控除額は、中古住宅の特例（地方税法第73条の14第3項）の適用があるときの額です。

詳
細
解
説

【参考資料・法的根拠（条文）等】

「主要地方税ハンドブック」（山形富夫著・清文社）／東京都税事務所ホームページ

地法51、52、72、73、310〜317、341〜351、701、702／特別法人事業税及び特別法人事業譲与税に関する法律

| 中分類 | 16.7
地方税 | 小分類 | 16.7.3
申告書提出 | | |

【用語解説】

・中間申告納付

事業を行う法人は、事業年度が6ヶ月を超える場合には、一定の額の法人事業税をその事業年度開始の日以後6ヶ月を経過した日から2ヶ月以内に、事務所又は事業所所在の都道府県に申告納付する必要がある。

・確定申告納付

事業を行う法人（清算中の法人を除く。）は、各事業年度に係る法人事業税額を、確定した決算に基づき、次表の区分により事務所又は事業所所在の都道府県に申告納付しなければならない。なお、事業を行う法人は、各事業年度について納付する法人事業税額がない場合においても、申告書を提出する必要がある。

・加算金、延滞金、還付加算金

申告納税制度の定着と発展を図るため、申告義務が適正に履行されない場合に課されるもので、一種の行政制裁的な性格を有するもの。

【ポイント・留意点】

・申告納付（法人事業税）

法人事業税の徴収は、申告納付の方法によります。事業を行う法人は、その納付する法人事業税の課税標準額及び税額を申告し、その申告した税額を納付します。

なお、法人事業税の申告納付制度は、基本的には法人税の申告納付制度と同様のものとなっています。

申告の種類		納付税額	申告納付期限
1. 中間申告法人税の中間申告義務のある普通法人（医療法人を除く）及び自主決定法人 ※連結法人は個別帰属支払額等により判定します	(1) 予定申告	前事業年度の税額 $\times \dfrac{6}{\text{前事業年度の月数}}$	事業年度開始の日以後6月経過した日から2月以内
	(2) 仮決算に基づく中間申告	所得割、付加価値割、資本割、収入割の額	
2. 確定申告		$\left(\begin{array}{l}\text{所得割、付加価値割、}\\\text{資本割、収入割の額}\end{array}\right)$ ー中間納付額	原則、事業年度終了の日から2月以内
3. 修正申告	申告した税額に不足額があったとき	$\left(\begin{array}{l}\text{所得割、付加価値割、}\\\text{資本割、収入割の額}\end{array}\right)$ ー既納付額	すみやかに

・加算金

○過少申告加算税……期限内に提出された申告に対して修正申告がされた場合に、税金を少なく申告していたことに対するペナルティです。

○重加算税……課税の基礎となる事実を隠蔽し、又は仮装して税を免れようとしたときに課されるペナルティです。

・延滞金

税金を納期限までに納めないときに、徴収されます。納期限の翌日から納付の日までの期間の日数に応じて、一定の率を乗じて計算されます。

・還付加算金

税金を払いすぎた場合は、税務署から返還してもらえます。

その際、「還付加算金」と呼ばれる利息相当額が加算されて返還されます。

【参考資料・法的根拠（条文）等】

主要地方税ハンドブック（山形富夫著・清文社）／地法72

中分類	16.7 地方税	小分類	16.7.4 納付手続		

詳細解説

【用語解説】

・地方税共通納税システム（eLTAX）（エルタックス）

　口座情報を登録し、納税先となる地方公共団体や税目、納税する全額などを直接入力して電子納税をするシステム。

【ポイント・留意点】

・税金の納付手続き

　複数の納付手段があります。

・郵便局・金融機関・役所等の窓口で納付書を使用して納付する方法

・指定した銀行口座からの自動引き落としによって納付する方法

・スマホ決済アプリを利用して、バーコード決済で納付する方法

・Pay-easy（ペイジー）経由で、ネットバンキング・ATMから納付する方法

・クレジットカード払いで納付する方法

・コンビニエンスストアにて現金で納付する方法

・eLTAX（エルタックス）の手続き後にネットバンキング・ATMから納付する方法

　納付には事前手続きが必要なケースがあります。各自治体のホームページ等で事前に納付方法の確認を行う必要があります。

中分類	16.8 源泉所得税	小分類	16.8.1 対象取引管理		

詳細解説

【用語解説】

・源泉徴収制度

源泉徴収制度は、特定の所得の支払者がその所得を支払う際に所定の所得税を徴収し、これを国に納付する仕組み。

【ポイント・留意点】

・源泉徴収の対象となる所得の主な範囲

1．給与等

　給与、賃金、賞与等

　非課税となるもの：一定額以下の通勤手当、旅費

2．退職手当等

　退職手当等

　社会保険料に基づく一時金等

3．報酬、料金等

　①　一定の資格を有する人に支払う対価（弁護士、税理士等）

　②　一定の業務に従事する人に支払われる対価（プロ選手等）

　③　役務の提供を約することにより一時的に取得する契約金

　④　その他

4．利子等

　①　公社債及び預貯金の利子並びに合同運用信託の収益の分配

　②　公社債投資信託及び公募公社債等運用投資信託の収益の分配

5．配当等

　①　株主や出資者が法人から受ける剰余金や利益の配当、剰余金の分配

　②　基金利息

　③　投資信託及び特定受益証券発行信託の収益の分配

【参考資料・法的根拠（条文）等】

「図解　源泉所得税」（大蔵財務協会編・大蔵財務協会）

所法28、30、31、174一、二、183、199、204、212③／所令320／措法3の3②③、6②、8の2③、8の3②③、9の2①②、9の3の2①、29の4、41の20

中分類	16.8 源泉所得税	小分類	16.8.2 源泉所得税額 算定、徴収		

【用語解説】

・源泉所得税算定

所得の種類ごとに所得控除金額、税率等がそれぞれ異なる。

・年末調整

年末調整とは、給与等の支払者がその年最後に給与等の支払をする際、給与等の支払を受ける各人別に、それまでその年中に給与等を支払う都度、源泉徴収をした所得税及び復興特別所得税の合計額と、その年中の給与等の支給総額について納付すべき税額（年税額）とを比較して過不足額の精算を行うこと。

【ポイント・留意点】

・源泉所得税の計算

源泉所得税の計算方法については、給与などから差し引く源泉所得税額と、報酬・料金などから徴収する源泉所得税額があります。

（①所得金額−②控除金額）×税率＝③税額

※ 現状は源泉徴収の際、所得税だけの純粋税率でなく、復興特別所得税を加味した税率が使用されています。

1．給与所得の計算

① 所得額の例月処理

給与所得等を元に概算で計算した徴収額を各個人の給与から天引きします。

② 給与所得に対する源泉徴収税額の計算

給与所得の源泉徴収に係る所得税は、給与等の支給者が自らその税額を計算し、これを徴収して納付しなければなりません。

所得税法では給与等の源泉徴収に適用する「源泉徴収税額表」を定め、給与等の支払者が給与等の額に応じて容易に税額が求められるようにしています。

「源泉徴収税額表」には「月額表」、「日額表」、「賞与に対する源泉所得税額の算出率の表」の3種類あり、給与の支払区分に応じて使用する表が異なります。

③ 年末調整

個々の社員の所得税は企業が代わりに納税しており、社会保険料や住民税などとともに毎月の給与や賞与から天引きされています。しかし、この時点の所得税はあくまで概算で算出されたものであるため、正しい税額で納税する必要があります。その際、算出された正しい金額とこれまで概算で徴収した金額を比較し、過不足分を従業員に還付又は追加徴収することが、年末調整の役割となります。

給与所得控除後の給与等の金額（1月から12月までを集計） － 所得控除額の合計額

＝ 課税給与所得金額

算出所得税の
速算表を使用

算出所得税額 － （特定増改築等）社宅借入金等特別控除額 ＝ 年調所得税額

年調所得税額 ×102.1% ＝ 年調年税額

2．退職所得の計算

① 所得額の計算

（収入金額（源泉徴収される前の金額）－退職所得控除額）×1／2＝退職所得の金額

② 控除額の計算

通常の場合、区分及び勤続年数に応じて次の通りになっています。

・一般退職 → 20年以下 → ① 40万円×勤続年数
→ 20年超 → ② （800万円）＋70万円×（勤続年数－20年）

・障害退職 → 20年以下 → ③ ①＋100万円
→ 20年超 → ④ ②＋100万円

（注） 算出した退職所得控除額が80万円に満たない場合は80万円

③ 退職所得に対する源泉徴収税額の計算

以下の速算表を使用して計算します。

課税退職所得金額等 A		税率 B	控除額 C	税額＝（A×B－C）×102.1%
	1,950,000円以下	5％		A×5％ ×102.1%
1,950,000円超	3,300,00円以下	10%	97,500円	A×10％－97,500円 ×102.1%
3,300,000円超	6,950,000円以下	20%	427,500円	A×20％－427,500円 ×102.1%
6,950,000円超	9,000,000円以下	23%	636,000円	A×23％－636,000円 ×102.1%
9,000,000円超	18,000,000円以下	33%	1,536,000円	A×33％－1,536,000円×102.1%
18,000,000円超	40,000,000円以下	40%	2,796,000円	A×40％－2,796,000円×102.1%
40,000,000円超		45%	4,796,000円	A×45％－4,796,000円×102.1%

3．報酬、料金等の計算

① 所得額の計算

報酬、料金等の金額（源泉徴収される前の金額）が、そのまま所得の金額となります。

② 報酬、料金に対する源泉徴収税額の計算

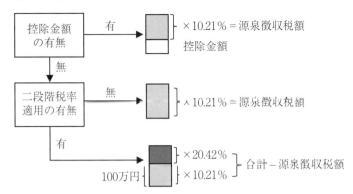

4．利子等の計算

① 所得額の計算

利子等の収入金額（源泉徴収される前の金額）が、そのまま利子所得の金額となります。

② 利子等に対する源泉徴収税額の計算

原則：利子所得×15.315％

5．配当等の計算

① 所得額の計算

収入金額－株式などを取得するための借入金の利子＝配当所得の金額

② 配当等に対する源泉徴収税額の計算（法人）

⑴ 上場株式等の配当等の場合

15.315％の税率により所得税及び復興特別所得税が源泉徴収されます。

⑵ 上場株式等以外の配当等の場合

20.42％の税率により所得税及び復興特別所得税が源泉徴収されます。

【参考資料・法的根拠（条文）等】

「図解　源泉所得税」（大蔵財務協会編・大蔵財務協会）

通則法119②／所法175三、182二、185、186、201①一イ、②、205、別表第六／所令298①、322／措法8の2①／復興財確法28①②、31①②

中分類	16.8 源泉所得税	小分類	16.8.3 申告書提出・納付 手続		

【用語解説】

・e-Tax（イータックス）

　国税庁が運営する国税電子申告・納税システム。利用する際には事前に納税地を所轄する税務署に開始届出書を提出する必要がある。

【ポイント・留意点】

・納付期限

　原則：源泉徴収の対象となる所得を支払った月の翌月10日までに納付しなければなりません。

　特例：給与の支給人員が常時10人未満の源泉徴収義務者は、源泉徴収した所得税及び復興特別所得税を、半年分まとめて納めることができる特例があります。

　　　　その年の1月から6月までに源泉徴収した税額については、7月10日、7月から12月までに源泉徴収した税額については翌年の1月20日がそれぞれ納付期限となります。

・納付先及び納付手続き

　源泉徴収義務者の納税地の所轄税務署国税収納機関（銀行等）を通じて所定の「所得税徴収高計算書（納付書）」を添えて納付します。

　また、インターネットの「e-Tax（イータックス）」を利用して納付手続きを行うこともできます。

【参考資料・法的根拠（条文）等】

「図解　源泉所得税」（大蔵財務協会編・大蔵財務協会）

| 中分類 | 16.8
源泉所得税 | 小分類 | 16.8.4
源泉徴収票の作成、提出 | | |

詳細解説

【用語解説】

・源泉徴収票

　給与所得、退職所得等、それぞれの所得に対し、源泉徴収票を作成し、決められた期日内に所轄税務署長への提出が必要。

【ポイント・留意点】

・給与所得

(1)　提出の範囲

　給与等の支払をする源泉徴収義務者は、その年中に支払が確定したこれらの給与等について、給与等の支払を受ける各人別に「給与所得の源泉徴収票」を2通作成し、1通を受給者に交付し、他の1通を源泉徴収義務者の納税地の所轄税務署長に提出しなければなりません。

　また、源泉徴収義務者は、受給者の給与所得の金額その他住民税の課税に必要な事項を記載した「給与支払報告書」を受給者の住所地の市区町村長に提出しなければなりません。

(2)　提出期限

　一般：年の中途で退職した場合は退職の日以後1ヶ月以内です。

・退職所得

(1)　提出の範囲

　退職手当等の支払をする源泉徴収義務者は、その年中に支払の確定した退職手当等について、その退職手当等の支払を受ける者の各人別に「退職所得の源泉徴収票」を2通作成し、1通を受給者に交付し、他の1通を源泉徴収義務者の納税地の所轄税務署長に「退職所得の源泉徴収票合計表」を添えて提出しなければなりません。

(2)　提出期限

　原則：退職手当等の支払を受ける者が退職した日以後1ヶ月以内です。

　特例：翌年1月31日までに「給与所得の源泉徴収票」等と一緒に提出します。

【参考資料・法的根拠（条文）等】

「図解　源泉所得税」（大蔵財務協会編・大蔵財務協会）

| 中分類 | 16.8
源泉所得税 | 小分類 | 16.8.5
支払調書の作成、
提出 | | |

詳細解説

【用語解説】

・支払調書

　　支払先ごとに支払内容や支払金額を記載して税務署に報告するための書類。

【ポイント・留意点】

・提出内容

　　居住者又は内国法人に対し国内において、所得税法第204条第1項各号に規定されている報酬、料金等の支払をする者は、その年中に支払の確定したこれらの報酬等について、「報酬、料金、契約金及び賞金の支払調書」を作成し「報酬、料金、契約金及び賞金の支払調書合計表」と合わせて納税地の所轄税務署長への提出が必要です。

　　報酬、料金等、源泉徴収が必要な報酬の具体例：弁護士報酬、外交員報酬、原稿料報酬、講演料報酬など

・提出期限

　　その支払の確定した日の属する年の翌年1月31日

【参考資料・法的根拠（条文）等】

「図解　源泉所得税」（大蔵財務協会編・大蔵財務協会）

中分類	16.9 国際税務	小分類	16.9.1 国際税務		

詳細解説

【用語解説】

・国際税務とは

国際税務とは，個人又は法人が「国境を越えて行う取引」に対して生じる課税関係。

・租税条約とは

二重課税の排除や脱税防止を目的として、ある国と別の国が二国間で結んでいる租税に関する条約。

主な目的としては、

1．国際的二重課税の排除

2．国際的な脱税や租税回避の防止

3．国家間の課税権の配分

4．国家間の税務当局の国際協力

これらが国際的な経済活動の促進につながる。

・国際的二重課税

国際税務の世界では1つの取引に対して2ヶ国以上で課税されてしまうと税負担が非常に重くなり、場合によっては稼いだ利益のほとんどに課税されてしまうこともある。

・恒久的施設（PE：Permanent Establishment）

PEとは事業を行う一定の場所であって、支店や工場、その他事業を行う一定の場所のほか、1年を超えて建設作業などを行う場合や、代理人等を企業がその事業の全部又は一部を行っている場所。

【ポイント・留意点】

・国際税務に係る重要な法令の要素

「国内法」「外国法」「租税条約」の3つがあり、「租税条約」は「国内法」と「外国法」の関係を補完する立場にあり、企業にとってはその適用により有利になることが多くなっています。

・租税条約の種類と国内法との関係

租税条約と各国の国内税法の規定が異なる場合、原則は租税条約優先だが、国内税法が有利な場合は、国内税法を優先できます（プリザベーション・クローズ）。

・国際税務で生じる実務

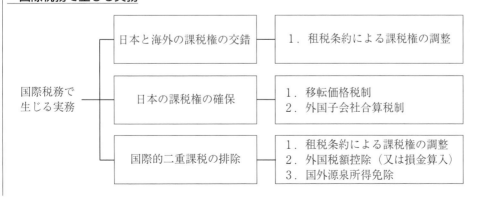

・国際的二重課税の排除方法

国際的二重課税の排除方法	
① 租税条約の締結	租税条約において、所得の源泉地国における課税権を制限することで二国間の国際的二重課税を排除
② 外国税額控除方式	居住地国において、居住地国で納付する税額から源泉地国で支払った税額を控除することにより国際的二重課税を排除 （例）直接外国税額控除
③ 国外源泉所得免除方式	居住地国において国外源泉所得に課税しないことにより国際的二重課税を排除 （例）外国子会社配当益金不算入制度

・居住地国課税と源泉地国課税

　日本企業（内国法人）が外国で経済活動を行い所得を得る場合、日本は日本企業が獲得したすべての所得（全世界所得）に対して課税をする（居住地国課税）。一方、日本企業が活動している国でも所得の源泉（※）地国として課税権を持ちます（源泉地国課税）。

　※　源泉……国際税務での「源泉」とは、所得がどこで生じたか（所得の源泉地）ということです。

・事業所得と恒久的施設（PE）

　日本企業が外国で得た事業所得（※）は、現地に PE があれば現地で課税されます。現地に PE がなければ現地で課税されません（PE なければ課税なし）。

　・事業の管理の場所・支店・事務所・工場など（支店 PE）

　・長期間に渡って行われる建設工事現場等（建設 PE）

　・代理人（契約を締結する権限を有し、権限を反復して行使する者）（代理人 PE）

　※　事業所得……国際税務での「事業所得」とは、原則として日本企業が、外国に保有する PE を通じて事業を行ったことにより稼得した所得をいいます。

・PE の有無

　PE かどうかの判定は、企業が海外で事業を行う際に、その活動から生じる所得が進出国の税務当局の課税権に服するか否かを決定する重要な指標となり、自国の課税権拡大のため PE の範囲を拡大解釈する傾向があり二重課税の問題へとつながる場合があります。

　※　PE について、OECD・国連モデル租税条約に一定の規範が示されていますが、法的拘束力はありません。

【参考資料・法的根拠（条文）等】

「国際税務のしくみ＜改訂版＞」（作田陽介著・中央経済社）

中分類	16.9 国際税務	小分類	16.9.2 外国税額控除制度		

【用語解説】

・外国税額控除制度

国際的な二重課税を排除するために、外国で稼得された所得に対して外国で課税された税額を、日本の納税額から控除しようという趣旨の制度。

そのため、外国税額控除制度も海外進出企業にとっては、活用することにより税負担を軽減することが可能。

・国外源泉所得

内国法人が国外事業所等で生じた所得について、外国法人税を納付することとなる場合、その納付した外国法人税のうち一定の「控除限度額」に達するまでの金額は、外国税額控除制度を適用することにより、その内国法人の日本における法人税額から控除することができます。この「控除限度額」の計算の基礎となる概念を国外所得金額といい、国外所得金額は、内国法人の国外源泉所得の金額を合計して計算。

【ポイント・留意点】

・控除の対象となる外国法人税

すべてが外国税額控除の対象となるわけではありません。

外国法人税のうち日本よりも税率が高いものを外国税額控除の対象としてしまうと、日本において過剰に控除を受けることになりかねません。そこで、負担が高率な部分として、35%を超える場合にはその超える部分の税額は税額控除の対象とはなりません。

また、日本で非課税とされている所得に対して課される外国法人税、例えば外国子会社配当等の益金不算入の対象となる配当にかかる外国法人税等については対象となりません。

・外国税額控除制度における国際的二重課税を排除する方法

国際的二重課税を排除する方法として2つあります。

① 外国税額控除方式……国外（源泉地国）で納めた税金を居住地国で納めるべき税金から差し引くことを認めるものです。

（例） アメリカで生じた所得10,000に二重課税が発生

⇒アメリカの法人税2,000を日本の法人税3,000（※）から控除すれば二重課税解消

※ 二重課税の10,000に対して日本の法人税30%を乗じた数字

詳
細
解
説

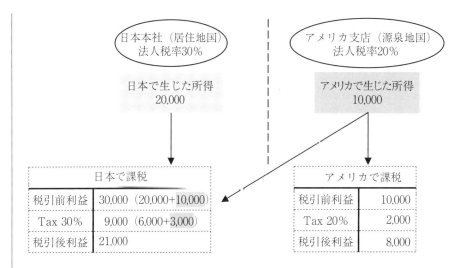

② 外国税額損金算入方式……外国税額を一般の経費と同様に扱い、損金に算入する方式

（例） アメリカで支払った税額（2,000）－日本で控除できる税額（600）＝1,400

⇒国際的二重課税を排除できません。

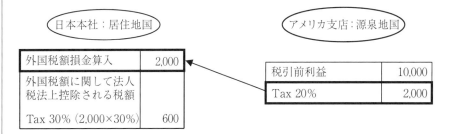

　一般的には、①外国税額控除方式の方が二重課税の排除の観点からは有利です。ただし、外国税額を控除しきれない場合等（親会社が税金を納めていない＝所得がない場合）、一定の場合には外国税額損金算入方式の方が有利となる場合もあります。

※　注意点

　・①外国税額控除方式又は②外国税額損金算入方式の、どちらか一方のみ選択可能で部分適用は不可です。

　・①外国税額控除方式の場合、税額控除対象となる外国法人税額は損金不算入となります。

・繰越控除制度

　国外所得金額が少ない、法人税額が少ない等の理由により控除できない外国法人税額が発生する場合がありますが、この場合、外国法人税額が都道府県や市町村の法人住民税からも控除が可能です。

　しかし、住民税から控除しても、なお控除できない金額である控除限度超過額は翌年以後３年間にわたって繰り越すことができ、繰り越した年度に控除余裕額がある場合には、その範囲内で控除することができます。

【参考資料・法的根拠（条文）等】

「国際税務のしくみ＜改訂版＞」（作田陽介著・中央経済社）

中分類	16.9 国際税務	小分類	16.9.3 移転価格税制		

【用語解説】

・移転価格税制とは

法人が国外関連者（※1）との間で行う取引につき，支払いを受ける対価の額が独立企業間価格（※2）に満たないとき、又は独立企業間価格を超えるときは、当該国外関連取引は、独立企業間価格で行われたものとみなして課税を行う制度。

※1　国外関連者とは……外国法人で、内国法人と直接又は間接に50％以上の資本関係があるもの等を指す。

※2　独立企業間価格とは……国外関連者との取引を非関連者と同様の状況下で行った場合に成立する価格。

・事前確認制度（APA：Advance Pricing Arrangement）

国外関連者との取引を行っている法人が一定期間における独立企業間価格を決定する目的で、適正な基準（例：算定方法、利益率など）を税務当局に申し出て税務当局の検証を経て確認（独立企業間価格の決定）をする制度。

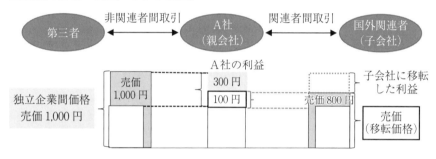

【ポイント・留意点】

・その他の移転価格税制に係る制度

○相互協議を行う場合、日本と租税条約が締結されている必要があります。

○必ずしも合意が得られるかについての保証はされていません。

○対象期間を過去年度にさかのぼって確認・合意することもできます（Roll-back）。

中分類	16.9 国際税務	小分類	16.9.4 外国子会社合算税制		

詳細解説

【用語解説】

・外国子会社合算税制

　俗称ではタックスヘイブン対策税制と呼ばれており、タックスヘイブンに企業グループの利益を集め、グループ全体の税負担を恣意的に減らすと、企業が実質的に活動している国の税収が減り弊害が起こる。

・軽課税国（タックスヘイブン）とは

　税負担が著しく低い、又は税が存在しない国や地域。租税回避地。

【ポイント・留意点】

・外国子会社合算税制の概要（現行法）

① 制度の立法趣旨

・日本の課税権の確保

・軽課税国を利用した国際的租税回避行為の防止

② 外国子会社合算税制の概要

・外国子会社合算税制の対象となる外国子会社（外国関係会社）が獲得した所得を、持分割合に応じてその親会社である内国法人の所得に合算（益金算入）する制度です。

・対象となる外国関係会社が欠損（損失）の場合における合算（損益通算）は認められません。

・制度の対象となる特定外国子会社等の範囲（現行法）

外国法人	内国法人以外の法人
外国関係会社	日本の株主により発行済株式等の50％超を直接又は間接に保有されている外国法人
特定外国関係会社	・ペーパーカンパニー ・事実上のキャッシュボックス ・ブラックリスト国に所在
対象外国関係会社	特定外国関係会社以外の外国関連会社で、経済活動基準を1つ以上満たさない会社
部分対象外国関係会社	特定外国関係会社以外の外国関連会社で、経済活動基準をすべて満たす会社

中分類	16.9 国際税務	小分類	16.9.5 税源浸食と利益移転 （BEPS）		

【用語解説】

・税源浸食と利益移転（BEPS；Base Erosion and Profit Shifting）

多国籍企業の積極的なタックスプランニングにより、国際的な節税行為が批判を浴びていることを受けて、OECD 租税委員会は2012年 6 月に BEPS プロジェクトを立ち上げた。

各国の税制の違いや優遇税制等を利用して、企業にとってのコストである税金を極小化しようとする行為。

・タックスプランニングとは

将来の法人税等の発生につき税務コストを最小限にする計画を行うこと。

【ポイント・留意点】

・OECD による BEPS プロジェクトの背景

○リーマンショック後の財政悪化や所得格差の拡大から、一部のグローバル企業が国際間の税制の隙間や抜け穴を利用した節税対策により税負担を軽減しているという問題が顕在化しました。

→タックスプランニングは合法であり、計画された様々な課税ルール及び相互作用を利用したものです。

○多国籍企業は様々な手法でタックスプランニングを実施します。

問題解決を図るため、OECD は2012年 6 月に「BEPS プロジェクト」を開始し、2023年発効予定です。

・OECD モデル租税条約

租税条約は二国間で締結されるため、各国が異なる内容の租税条約を締結すると、経理担当者の負担になります。そこで模範として作成されたのが OECD モデル租税条約です。

OECD 加盟国を中心に租税条約を締結する際のひな形となっており（加盟国の日本もこれに沿った規定を採用）、経済社会情勢の変化に対応して頻繁に改定が行われています。

・移転価格関連の文書化

グローバル企業活動に関する透明性の観点で、世界の多国籍企業が取り組んでいます。

多国籍グループによるグループ内取引を通じた所得の海外移転に対して、適正な課税とするためには、自国企業の国外関連者との取引（関連者取引）に関する情報を企業が税務当局に報告し、当局は全体像を把握する必要があります。

税務当局への共通様式を用いた多国籍企業の報告に関するルールが整備されました。

多国籍企業は、①マスターファイル、②国別報告書、③ローカルファイルを作成し、税務当局に提出又は保存することが義務付けられました。

詳細解説

マスターファイル	○グループの組織図 ○事業概要 ○無形資産の情報 ○金融活動の情報 ○財務状況	最終親会社が準備
国別報告書	○収入、税額、資本金 ○従業員数 ○有形資産額 ○事業分類（会社別）	
ローカルファイル	○組織図 ○経営戦略 ○競合会社 ○関連者取引 ○移転価格算定根拠	移転価格取引会社が準備

大分類 17 グループ通算制度 17

大分類	中分類	小分類	ポイント・解説
17 グループ通算制度	17.1 事前準備	17.1.1 事前説明実施	決算日程を踏まえ、スケジュールを作成します。また、各子法人向けの事務処理マニュアルを作成し、説明会により事前説明を行います。
		17.1.2 子法人体制整備	子法人側の窓口担当者を設定し、子法人側の体制を整備します。
	17.2 データ準備	17.2.1 子法人データ回収	各子法人より申告データを回収し、情報収集を行います。回収データを確認し、その内容に誤り等があれば修正等を実施し、各子法人の申告データを確定します。
		17.2.2 親法人データ準備	親法人の申告基礎データを準備し、別表作成に必要なデータを作成し、グループ全体の持株データを確定します。
	17.3 グループ通算税額計算	17.3.1 グループ通算税額計算	グループ通算税額計算を実施します。　　　　　詳細解説 P.226
	17.4 納税申告手続	17.4.1 税額通知	各法人の帰属税額を確認し、各子法人宛に帰属税額を通知します。　　　　詳細解説 P.227
		17.4.2 申告手続	親法人はグループ通算税額を確認し、確定申告書を作成し、期日までに所轄税務署に確定申告を行います。　　　　詳細解説 P.227
	17.5 納付手続	17.5.1 納付手続	各子法人に帰属税額を通知します。
		17.5.2 支払依頼	納付期限までに確実に支払ができるよう、納付依頼を行います。
		17.5.3 支払実行	支払を実行します。
		17.5.4 計上	支払事実を踏まえ、決済を記帳します。
	17.6 グループ法人税制	17.6.1 グループ法人税制	100％グループ内の法人を対象とする法人税制です。こちらは選択適用ではありません。　　詳細解説 P.228

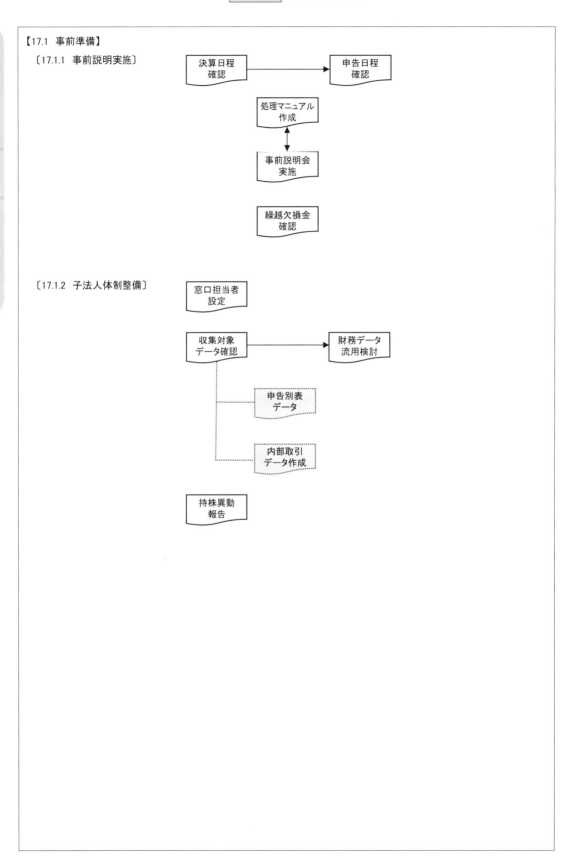

【17.1 事前準備】

〔17.1.1 事前説明実施〕

決算日程確認 → 申告日程確認

処理マニュアル作成 ⇅ 事前説明会実施

繰越欠損金確認

〔17.1.2 子法人体制整備〕

窓口担当者設定

収集対象データ確認 → 財務データ流用検討

申告別表データ

内部取引データ作成

持株異動報告

業務プロセスと取引仕訳

【17.2 データ準備】

〔17.2.1 子法人データ回収〕

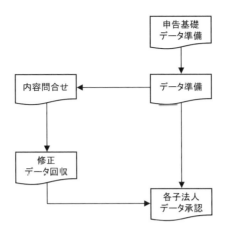

〔17.2.2 親法人データ準備〕

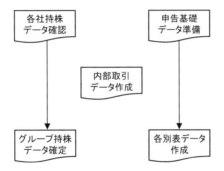

業務プロセスと取引仕訳

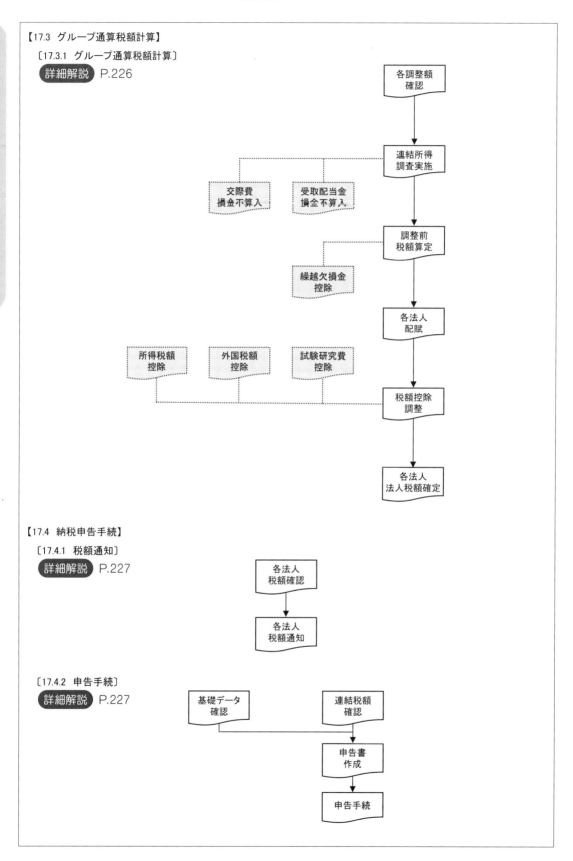

【17.3　グループ通算税額計算】

〔17.3.1　グループ通算税額計算〕

詳細解説　P.226

各調整額確認

連結所得調査実施

交際費損金不算入　　受取配当金損金不算入

調整前税額算定

繰越欠損金控除

各法人配賦

所得税額控除　　外国税額控除　　試験研究費控除

税額控除調整

各法人法人税額確定

【17.4　納税申告手続】

〔17.4.1　税額通知〕

詳細解説　P.227

各法人税額確認

各法人税額通知

〔17.4.2　申告手続〕

詳細解説　P.227

基礎データ確認　　連結税額確認

申告書作成

申告手続

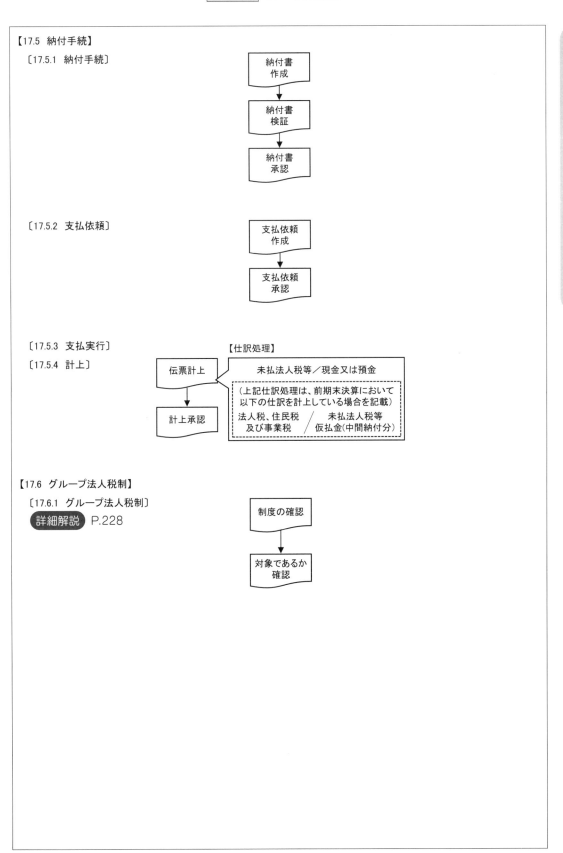

【17.5 納付手続】

〔17.5.1 納付手続〕

納付書
作成

↓

納付書
検証

↓

納付書
承認

〔17.5.2 支払依頼〕

支払依頼
作成

↓

支払依頼
承認

〔17.5.3 支払実行〕

〔17.5.4 計上〕

伝票計上

↓

計上承認

【仕訳処理】

未払法人税等／現金又は預金

（上記仕訳処理は、前期末決算において
以下の仕訳を計上している場合を記載）

法人税、住民税　／　未払法人税等
及び事業税　　　／　仮払金（中間納付分）

【17.6 グループ法人税制】

〔17.6.1 グループ法人税制〕

詳細解説 P.228

制度の確認

↓

対象であるか
確認

業務プロセスと取引仕訳

中分類	17.3 グループ通算税額計算	小分類	17.3.1 グループ通算 税額計算		

詳細解説

【用語解説】

・グループ通算制度

完全支配関係にある企業グループ内の各法人を納税単位として、各法人が個別に法人税額の計算及び申告を行い、その中で、損益通算等の調整を行う制度。

【ポイント・留意点】

・グループ通算制度における繰越欠損金

欠損法人の欠損金額をグループ内の他の法人の所得金額と損益通算します。

・欠損法人の欠損金額の合計額（所得法人の所得の金額の合計額を限度）を所得法人の所得の金額の比で配分し、所得法人において損金算入します。

この損金算入された金額の合計額を欠損法人の欠損金額の比で配分し、欠損法人において益金算入します。

【設例】

所得金額　A社300円、B社700円、C社▲150円、D社▲250円の場合

C社とD社の欠損金の合計▲400円を3（300）：7（700）に分配します。

所得金額	A社 300円	B社 700円	C社▲150円	D社▲250円
分配金額	A社▲120円	B社▲280円	C社 150円	D社 250円
損益通算後の所得金額	A社 180円	B社 420円	C社 0円	D社 0円

・欠損金の通算

通算法人に係る欠損金の繰越しの規定の適用については制限があります。

① グループ通算制度の導入前に連結納税制度を利用していた場合、導入前の繰越欠損金はそのままグループ通算制度における繰越欠損金とみなされます。

② 連結納税制度を利用していない場合、グループ通算制度を開始する前の親会社、子会社の繰越欠損金は自己の所得の範囲内でのみ控除できます。

③ グループ通算制度開始後に新たに加入する通算子会社の繰越欠損金は自己の所得の範囲内でのみ控除できます。

・修正申告・更生手続き

該当する会社のみが修正申告・更正手続きを実施します。

※ 損益通算等のグループ全体調整が必要な項目についても、当初申告合計結果のままとし、修正は行いません。

【参考資料・法的根拠（条文）等】

グループ通算制度の概要（国税庁）

中分類	17.4 納税申告手続	小分類	17.4.1 税額通知	17.4.2 申告手続	

詳細解説

【用語解説】

・個別申告方式

通算グループ内の各通算法人が個別に法人税額等の計算及び申告を行う。

・連帯納付責任

通算法人は、他の通算法人の各事業年度の法人税（その通算法人と当該他の通算法人との間に通算完全支配関係がある期間内に納税義務が成立したものに限る。）について、連帯納付の責任を負う。

【ポイント・留意点】

・確定申告書の提出

通算法人は、各事業年度終了日の翌日から2ヶ月以内に、確定申告書を税務署長に対し提出しなければなりません。ただし、特別の事情により提出できない場合には提出期限を2ヶ月間延長することができます。

・青色申告

グループ通算制度を利用する場合、青色申告が必要となります。

・中間申告の方法

その通算法人に係る通算親法人の事業年度の月数が6ヶ月を超える場合において、その通算法人の前期実績基準額が10万円を超えるときは、中間申告を行う必要があります。

1．前期実績に基づく予定申告と2．仮決算に基づく予定申告のいずれかを選択します。

仮決算に基づく予定申告を行おうとするときは、通算グループ内のすべての通算法人が仮決算に基づく中間申告書を提出する必要があります。ただし、通算グループ内のすべての通算法人の仮決算に基づく中間申告の法人税額の合計額がこれらの通算法人の前期実績基準額の合計額を超える場合には、通算グループ内のすべての通算法人について、仮決算に基づく中間申告を行うことができません。

・仮決算による中間申告書の提出期限

通算法人は、その事業年度開始後6ヶ月を経過した日から2ヶ月以内に中間申告書を提出することができます。提出期限までに提出しなかった場合には、前事業年度の実績に基づいた中間申告書の提出があったものとみなされます。

・e-Tax による申告

通算法人は e-Tax を使用し、納税申告書を提出する必要があります。

【参考資料・法的根拠（条文）等】

グループ通算制度の税務 Q&A（稲見誠一・大野久子監修・清文社）／グループ通算制度の概要（国税庁）

	中分類	17.6 グループ法人税制		小分類	17.6.1 グループ法人税制		

詳細解説

【用語解説】

・100%グループ内の法人とは

　完全支配関係（原則として、発行済株式の全部を直接又は間接に保有する関係）のある法人を指す。

【ポイント・留意点】

・グループ法人税制とは

　分社化や完全子会社化による企業グループの形成などの、企業グループの一体的な経営に対して、課税の中立性や公平性を確保する観点から整備された税制であり、100%グループ内の法人を対象としています。

・主な制度内容

① 100%グループ内の法人間の資産の譲渡取引等に係る損益の繰延べ

　資産のグループ内取引により生ずる譲渡損益については、その資産がグループ外に移転する等の時まで、計上を繰り延べます。

② 大法人の100%子法人等に対する中小企業向け特例措置の不適用

　大法人の100%子法人である中小法人は、それ以外の中小法人と資金調達能力など経営実態が異なることから、中小企業向け特例措置（軽減税率等）は、資本金の額が5億円以上の法人又は相互会社等の100%子法人には適用されません。

・グループ通算制度との関係

　100%グループ内の法人を対象とするという点で、グループ通算制度はグループ法人税制の中に包含されることとなります。

　ただし、選択適用とされているグループ通算制度とは異なり、グループ法人税制は100%グループ内の法人において必ず適用されることとなります。

大分類 18 税務調査対応　18

分類とポイント・解説

大分類	中分類	小分類	ポイント・解説
18 税務調査対応	18.1 調査前対応	18.1.1 事前検討	税務調査に際し、疎明案検討等の事前準備を行います。 詳細解説 P.231
	18.2 調査対応	18.2.1 調査立会い	税務調査に立会い、調査官の質問に答えます。 詳細解説 P.233
		18.2.2 現場確認 立会い	税務調査における現場確認に立会います。 詳細解説 P.233
		18.2.3 調査結果確認	税務調査の結果、否認案件等を確認します。 詳細解説 P.233

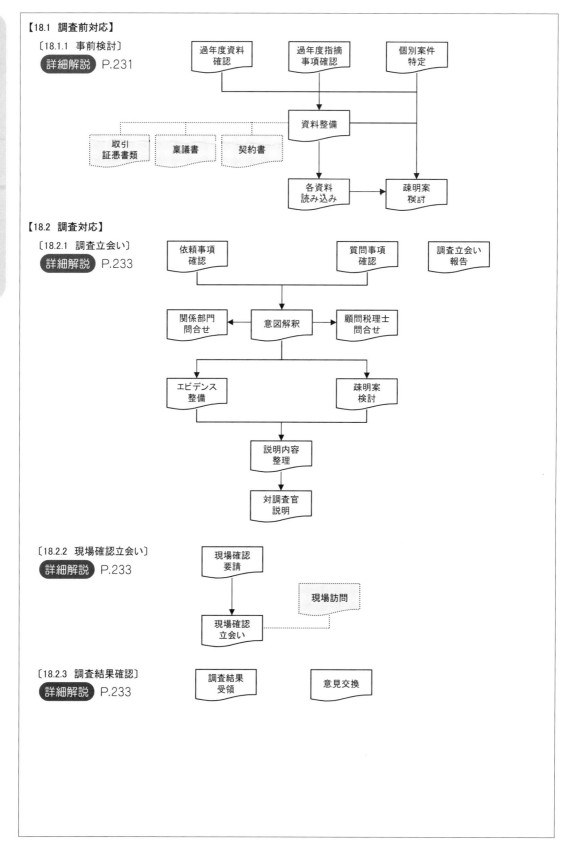

中分類	18.1 調査前対応	小分類	18.1.1 事前検討		

【用語解説】

・税務調査とは

税務申告及び納税が、法律に基づき、適法・適正に行われているか否かを確認し、必要な書類を収集するために、税務当局が行う調査。

・更正とは

納税申告書に記載された課税標準等又は税額等が、法律に従っていなかったときや調査において異なっていたときに、税務署長等がその課税標準等又は税額等を修正する手続き。

・修正申告とは

申告を行った後、納税者が、その納税申告書に記載された納税額、還付額、損失額等について誤っていたことに気がつき、追加の納税や還付金の返却等をするために申告書を変更する手続き。

【ポイント・留意点】

・税務調査の目的

税務調査は、適正・公正な課税の実現を目的とし、税務申告、納税について租税法に照らし、誤っている場合には、更正の実施又は修正申告書の提出を求めます。

・税務調査の形態

税務調査の形態は、税務署等内で税務職員が、納税者の提出した申告書類を机上で審理する「机上調査」、調査官が納税者の所在地等へ出向いて行う「実地調査」、調査対象の納税者の申告内容の裏付けのために取引先等に対して行われる「反面調査」があります。

一般的に、税務調査と呼ばれる場合は、「実地調査」を指します。

・税務調査の所轄組織

国税当局は、法人の所轄を資本金基準で区分し、原則として資本金1億円未満の内国法人を税務署の所轄とし、その他の資本金1億円以上の内国法人及び外国法人を国税局が所轄することとしています。

・税務調査の実施時期

税務職員は、必要があるときに税務調査を実施できることとなっており、税務調査の時期は、国税側から事前通知があるまでわかりません。

ただし、通常、税務調査は、数年のサイクルで周期的に実施されることが多いので、過去の税務調査の実施実績から、推測することがある程度可能です。

・税務調査の調査対象期間

原則的には、前回の税務調査で調査された申告年度の翌申告年度以降から、直近の申告年度までが対象期間となります。

ただし、更正は5年、偽りその他の行為に基づく更正は7年遡ることができることから、前記にかかわらず、7年間遡り調査することが可能です。また、法人税の純損失等に係る更正は10年遡ることができます※。

※ 平成29年3月31日以前に開始した事業年度において生じた欠損金額については9年間

・税務調査の事前通知

実地調査が行われる場合には、原則として、調査の対象となる納税者に対してあらかじめ電話等により事前通知がなされます。その際、税務代理権限証書を提出している税理士に対しても同様に通知がなされます。

　ただし、調査の適正な遂行に支障を及ぼすおそれがあると認められる場合等においては事前通知が行われないこともありますが、納税者は税務調査の受忍義務があるため、調査に応じる必要があります。

　事前通知に伴い実施する主な内容は次のとおりです。

① 税務調査の事前通知があった際には、調査実施日、来社人数、調査を行う場所、調査の目的、調査の対象となる税目、調査の対象となる期間、調査の対象となる帳簿書類その他の物件等を確認します。

　　調査実施日については、なるべく、会社と税理士の予定を調整して応答するべきですが、やむを得ない先約の予定などがある場合は、丁重にその理由を述べて、調査予定日の変更を申し出て調整を行います。

② 税務調査の事前通知があった旨、顧問税理士に連絡し、調査対応等を依頼します。

③ 調査会場の確保を行います。

④ 社内に対し、税務調査が実施されることについて周知を行います。

⑤ 調査官から依頼された用意すべき書類等を準備します。

・税務調査において準備しておくべき書類等

　税務調査において準備しておく書類等は、以下のとおりですが、具体的には、税務調査の事前通知を受けた段階で、あらかじめ調査の対象となる期間や書類等について、確認し準備すべきです。

① 会社概要

　　経歴書、組織図、法人設立登記簿謄本、取締役会議事録、現在の事業内容、取扱商品、サービス内容、主要株主、取引先、取引金融機関の一覧表　等

② 帳簿書類

　　仕訳帳、総勘定元帳、各種補助元帳、手形帳、売掛買掛帳、棚卸表　等

③ 証憑記録（業務の過程で作成・収受したもの）

　　注文書、契約書、送り状、領収書、見積書、請求書、納品書、仕入明細書、仕入計算書　等

④ その他

　　会計システム等の設計書・説明書、社内稟議書、社内規則、所得税源泉徴収簿（給与・報酬等）等の税務申告書類、子会社関係資料、ストックオプション関係書類、大口投融資関連資金の運用状況記録　等

【参考資料・法的根拠（条文）等】

通則法19、24、70、74の2、74の9、74の10

中分類	18.2 調査対応	小分類	18.2.1 調査立会い	18.2.2 現場確認立会い	18.2.3 調査結果確認

詳細解説

【用語解説】

・質問検査権とは

税務署等の当該職員が、税務調査について必要がある場合に、納税者等に対して質問をし、帳簿書類等を調査することができる権利。

・加算税とは

過少申告・無申告・過少納付・納付遅延に対し、制裁として本来の税金に付加して徴収する付帯税。過少申告加算税・無申告加算税・不納付加算税・重加算税の4種がある。

・決定とは

納税義務者が申告を行っていない場合に、税務署長等がその課税標準等や税額等を決める手続き。

【ポイント・留意点】

・立会い時の基本的な態度

① 調査官に対して、素直な気持ちで帳簿及び関係書類等を調査していただき、ご指導を受けるという態度を示します。

② 調査官からの質問には、明確に、正確な回答をします。

記憶が不明確等で即答できないものは、別途回答とする旨の了解を得たうえで、早急に調査し正確な回答に努めます。

※ 調査官は、質問検査権を有していることから、調査時において、不答弁、虚偽答弁、検査拒否、検査妨害、検査忌避があった場合には、1年以下の懲役又は50万円以下の罰金が科せられます。

③ 調査官の感情を刺激するような言動は避けます。

④ 調査開始後、短時間で調査官との信頼関係を作る努力をします。

・調査官からの依頼事項への対応

① 依頼事項は、メモを取るようにし、誤解のないよう確認を行います。

② 依頼事項については、なるべく早く回答するようにしますが、やむを得ず、時間がかかる場合は、その理由を説明し、調査官に了解を得ます。

③ 依頼事項は、進捗管理を行い、回答漏れのないよう注意します。

・調査中の指摘への対応

① 調査官の指摘事項は、辛抱強く最後まで聞きます。

② 調査中の指摘事項は、メモを取るようにします。

③ 指摘内容が、自社の手続きと異なる場合には、その処理した理由を正確に説明します。

④ その際には、帳簿書類や証憑類を提示して具体的な事実関係を説明し、その場では税法等の取扱いについて、法律論争は行わないようにします。

⑤ 調査官が把握した事実関係に誤認がある場合には、証拠資料を示し、正しい事実を説明するようにします。

⑥ どうしても税法の解釈適用等について意見が噛み合わない場合でも、感情的な発言、態度は極力避けるようにします。

⑦ 税法の解釈適用等の取扱いについて、意見が異なる場合は、必要に応じ、税理士と十分に協議した上でなるべく早く回答します。

・調査結果に対する対応

調査官の指摘事項については、調査官が、どのような事実から、どの法律に基づき指摘したかを把握し、事実と相違ないかを社内関係者及び税理士と協議し、その指摘を受け入れるか否かを判断します。

・重加算税の課税要件

課税標準等又は税額等の計算の基礎事実に隠蔽又は仮装があった場合には、重加算税が課税されます。

なお、重加算税率は、過少申告加算税及び不納付加算税に代えて賦課される場合は35％、無申告加算税に代えて賦課される場合は40％が適用されます。

・不服申立て

更正・決定は、行政処分であることから、税務署長が行った更正・決定に対して、不服のある場合は、再調査の請求、審査請求、訴訟により、処分の取消や内容の訂正を求めることができます。

不服申立ては、次の期間内に行うことができるとされています。

① 再調査の請求……処分があったことを知った日の翌日から3ヶ月以内

② 審査請求 ………再調査決定書謄本送達があった日の翌日から1ヶ月以内

③ 取消訴訟 ………処分又は裁決があったことを知った日から6ヶ月以内

なお、税務調査の結果、修正申告を行った場合は、不服申立てを行うことができません。

【参考資料・法的根拠（条文）等】

通則法25、68、75、77／行政事件訴訟法14

大分類 19 現金出納管理　　19

大分類	中分類	小分類	ポイント・解説
19 現金出納 管理	19.1 銀行振込 入金	19.1.1 入金情報入手	ファームバンキングやインターネットバンキング経由で銀行振込明細を入手することにより入金事実を確認します。 詳細解説 P.241
		19.1.2 入金仮計上	入金事実を確認後、仮受勘定にて入金計上処理を行い、伝票計上を承認します。
		19.1.3 入金内容確認	入金内容を確認し、自社の請求内容との確認を行います。また入金の対象部門に入金を通知します。 詳細解説 P.241
	19.2 銀行振込 支払	19.2.1 支払精査	関係部門からの支払依頼に対して、支払内容、妥当性を確認し、振込の依頼をします。
		19.2.2 支払実行	支払を行う口座の残高、振込先口座の登録などを確認後、銀行振込を実施します。
		19.2.3 支払計上	支払事実を確認後、支払伝票を計上します。
	19.3 小口現金 管理	19.3.1 補充手続	社内規程等により取り決めた額を踏まえ、支払内容を検証し、補充のための支払を承認します。
		19.3.2 補充実施	使用額補充のため、承認された金額の払戻しを行い補給を実施します。
		19.3.3 支払実行	支払依頼に基づき払出しを実施します。
		19.3.4 小口現金 出納帳管理	入金・支払報告等により、その実績を小口現金出納帳にて管理します。 詳細解説 P.242
		19.3.5 残高管理	小口現金出納帳の入出金額及び残高を確認し、社内規程等で定めた金額(取引決済額)との照合、手元現金残高との照合を行います。
	19.4 現金残高 管理	19.4.1 現金出納帳管理	手元現金の入出金事実を踏まえて現金出納帳を作成し、管理します。
		19.4.2 現金残高照合	現金出納帳の残高と現金の手元有高を照合します。 その際不符合があれば、その原因を究明します。
	19.5 預金残高 管理	19.5.1 預金台帳管理	銀行預金の入出金の事実を踏まえ、預金台帳を作成し管理します。
		19.5.2 預金残高照合	預金台帳の残高と銀行の預金残高を確認し、照合します。 その際不符合があれば、当座勘定調整表を作成し、原因を特定して正しい残高となるように調整します。
		19.5.3 使用口座管理	登録されている銀行口座の利用状況を確認し、使用頻度の低い口座について解約の要否を検討します。

分類とポイント・解説

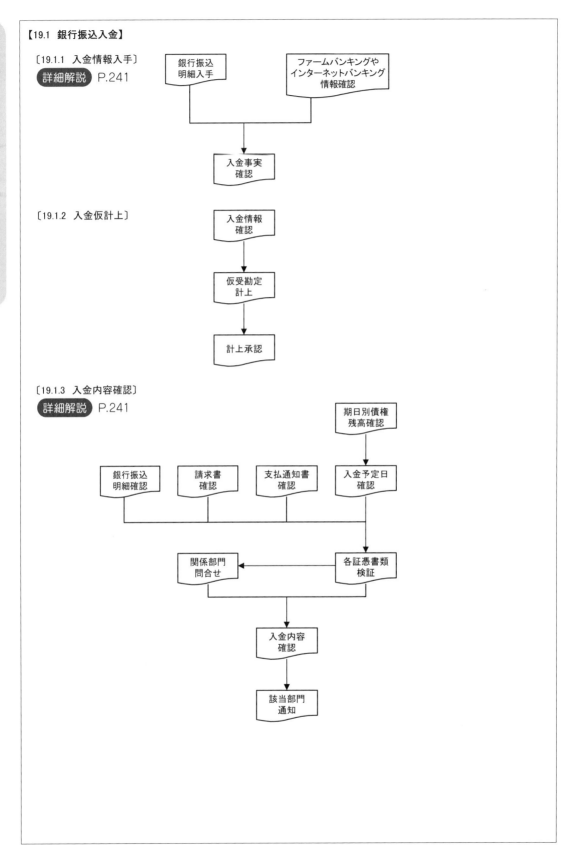

【19.1 銀行振込入金】

〔19.1.1 入金情報入手〕
詳細解説 P.241

銀行振込
明細入手

ファームバンキングや
インターネットバンキング
情報確認

入金事実
確認

〔19.1.2 入金仮計上〕

入金情報
確認

仮受勘定
計上

計上承認

〔19.1.3 入金内容確認〕
詳細解説 P.241

期日別債権
残高確認

銀行振込
明細確認

請求書
確認

支払通知書
確認

入金予定日
確認

関係部門
問合せ

各証憑書類
検証

入金内容
確認

該当部門
通知

業務プロセスと取引仕訳

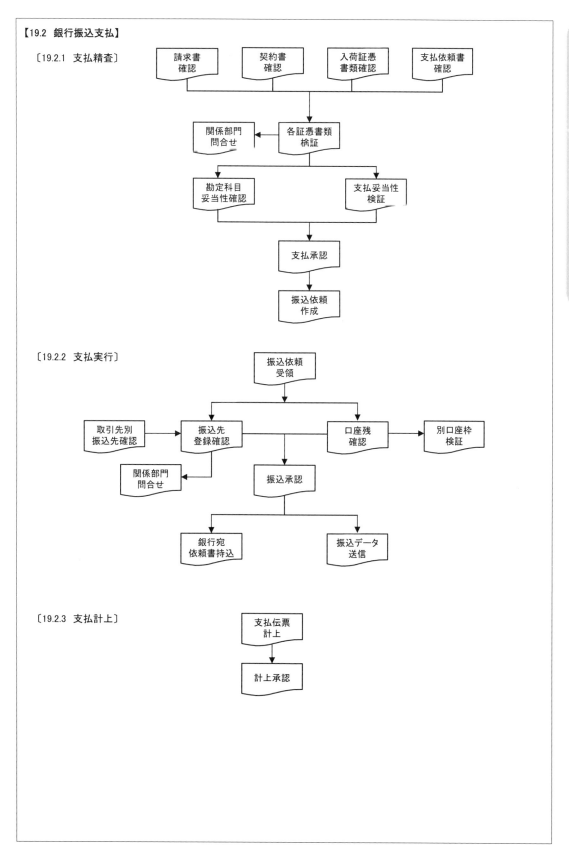

【19.2 銀行振込支払】

〔19.2.1 支払精査〕

請求書確認　契約書確認　入荷証憑書類確認　支払依頼書確認

関係部門問合せ ← 各証憑書類検証

勘定科目妥当性確認　支払妥当性検証

支払承認

振込依頼作成

〔19.2.2 支払実行〕

振込依頼受領

取引先別振込先確認 → 振込先登録確認 → 口座残確認 → 別口座枠検証

関係部門問合せ ← 振込先登録確認

振込承認

銀行宛依頼書持込　振込データ送信

〔19.2.3 支払計上〕

支払伝票計上

計上承認

業務プロセスと取引仕訳

業務プロセスと取引仕訳

【19.3 小口現金管理】

〔19.3.1 補充手続〕

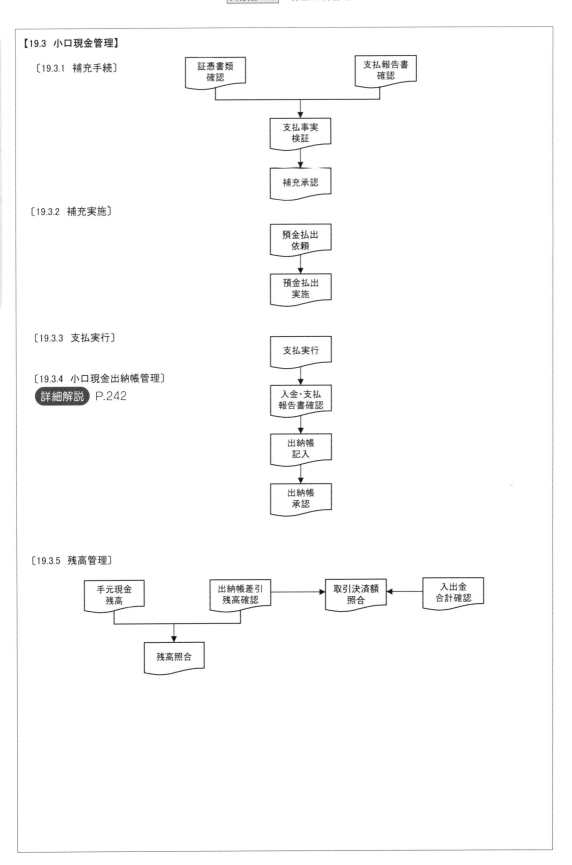

〔19.3.2 補充実施〕

〔19.3.3 支払実行〕

〔19.3.4 小口現金出納帳管理〕
詳細解説 P.242

〔19.3.5 残高管理〕

【19.4 現金残高管理】

〔19.4.1 現金出納帳管理〕

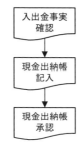

〔19.4.2 現金残高照合〕

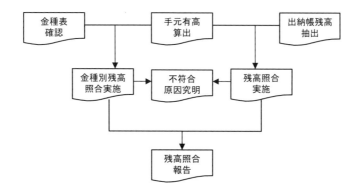

【19.5 預金残高管理】

〔19.5.1 預金台帳管理〕

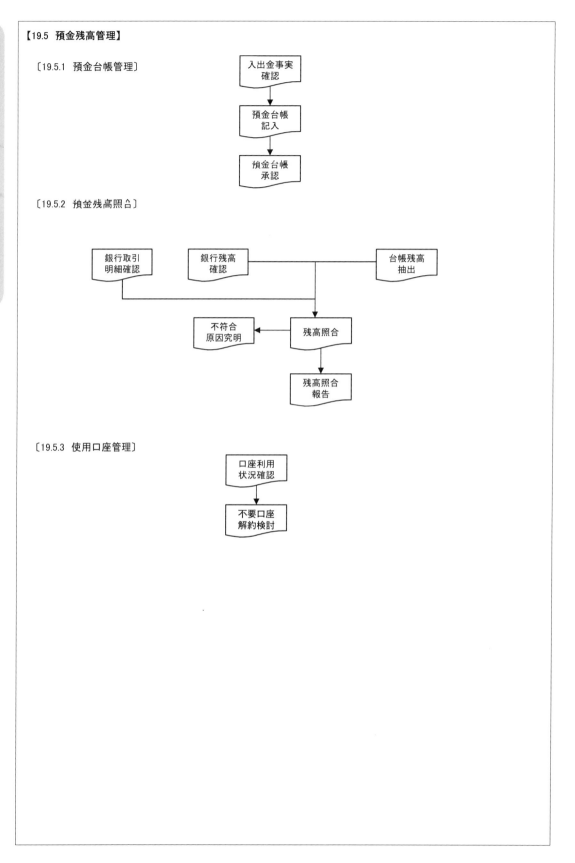

〔19.5.2 預金残高照合〕

〔19.5.3 使用口座管理〕

業務プロセスと取引仕訳

中分類	19.1 銀行振込入金	小分類	19.1.1 入金情報入手	19.1.3 入金内容確認	

【用語解説】

・ファームバンキングとは

　企業のコンピュータや端末機と銀行のコンピュータをデータ通信回線で接続し、各種銀行取引をオンラインで行うシステムのこと。これにより企業から銀行に対する振込・送金依頼、銀行から企業に対する預金残高等の各種会計情報の伝達や入金通知を瞬時に行うことができる。

・証憑とは

　請求書や領収書のことを証憑書類といい、これは実際に取引が行われたのか、その取引が正当であったのか、入金や支払が正しい手続きのもとで行われたかなどについての客観的な証拠書類となり、その取引についての根拠や裏付けとなる。

【ポイント・留意点】

・証憑や帳簿の取扱い

　商取引の過程では見積書・注文書・納品書・契約書などさまざまな証憑が取り交わされ、また取引を記録するために各種の伝票や帳簿が作成されます。これらは取引が完了したり、期末の決算手続きが済んでも、すぐに廃棄してはいけません。

　法人税法施行規則では、取引に関する帳簿・決算に関する書類（会社法で10年保存が義務付けられている書類以外）と預金通帳や小切手帳・手形帳の控え、借用証及び納品書、注文書、見積書等については起算日から7年間保存することが義務付けられています。

　なお、その起算日は、事業年度終了日から2ヶ月を経過した日（確定申告を行っている場合、前年の申告をした翌日）となります。

【参考資料・法的根拠（条文）等】

　法規59、67／会432、435

中分類	19.3 小口現金管理	小分類	19.3.4 小口現金出納帳管理		

【用語解説】

・小口現金とは

　少額の支払のため、各部署や事業所の会計係にあらかじめ若干の現金を渡しておき、小口の経費支払などを任せる。この前渡ししておく社内現金のことを「小口現金」と呼ぶ。

【ポイント・留意点】

・小口現金の管理方法

　小口現金の管理方法には「定額資金前渡法（インプレストシステム）」と「随時補給法」があります。

① **定額資金前渡法（インプレストシステム）**

　各部署の会計係に一定額の小口現金を渡し、「小口現金出納帳」などにお金の出入りを記録させます。そして、定期的（例えば週末又は月末）にその期間のお金の出入りを報告してもらい、最初に渡した金額から減った分だけ現金を補充します。つまり毎週（又は毎月）初めには必ず一定額の現金が会計係の手元にあるようにする方法であり、この方法によるのが通常です。

② **随時補給法**

　各部署の会計係への前渡資金を一定にせず、必要に応じて随時現金を補給する方法です。

【参考資料・法的根拠（条文）等】

「最新・会計処理ガイドブック」（清陽監査法人・清文社）

大分類 20 手形管理　20

大分類	中分類	小分類	ポイント・解説
20 手形管理	20.1 受取手形 入手	20.1.1 領収確認	債権管理台帳の確認を行い、手形受取に際し領収書を手交します。 詳細解説 P.258
		20.1.2 手形回収	受取手形の有効性を確認し、手形を回収します。 詳細解説 P.258
		20.1.3 手形仮計上	有効な手形入手の事実を踏まえ、受取手形仕訳を計上します。 詳細解説 P.258
		20.1.4 手形内容確認	受取手形の内容を確認し、対象債権を精査します。
	20.2 受取手形 決済	20.2.1 手形取立	期日到来に際し、取引銀行による取立を実施します。
		20.2.2 入金計上	取立事実を踏まえ、決済確認時に入金仕訳を計上します。
	20.3 受取手形 残高管理	20.3.1 受取手形台帳 管理	手形の入手・取立及び割引等の事実を踏まえ、受取手形台帳の管理を行います。
		20.3.2 受取手形期日 管理	期日別に受取手形の管理を行います。
		20.3.3 現物照合	受取手形の現物と、受取手形台帳の照合管理を行います。
	20.4 手形割引	20.4.1 割引手続	受取手形の割引を実施します。 詳細解説 P.259
		20.4.2 入金計上	手形割引の事実を踏まえ、入金仕訳を計上します。 詳細解説 P.259
	20.5 不渡対応	20.5.1 不渡確認	受取手形の不渡りの事実確認を行います。 詳細解説 P.260
		20.5.2 債権保全策 策定	不渡の事実を踏まえ、債権保全策の策定を行います。 詳細解説 P.260
	20.6 小切手 入手	20.6.1 領収確認	期日別債権残高データを確認し、小切手受取に際し領収書を手交します。
		20.6.2 小切手受取	有効性を確認し、小切手を受け取ります。
		20.6.3 預金勘定計上	小切手の入手を確認し、現金勘定に計上します。取立完了時に預金勘定への振替仕訳を計上します。

大分類	中分類	小分類	ポイント・解説
		20.6.4 先日付小切手 計上	先日付小切手を確認し、受取手形勘定に計上を行います。
		20.6.5 小切手内容 確認	小切手の内容を確認し、対象債権の精査を行います。
	20.7 先日付小 切手残高 管理	20.7.1 台帳管理	先日付小切手の入手及び取立等の事実を踏まえ、台帳の管理を行います。
		20.7.2 小切手現物 照合	小切手の現物と小切手台帳の照合管理を行います。
	20.8 支払手形 振出	20.8.1 支払精査	手形振出に際し、支払内容を証憑書類等により精査を実施します。
		20.8.2 支払手形発行	精査内容を踏まえ、支払手形の発行を実施します。
		20.8.3 支払手形計上	手形発行の事実を踏まえ、支払手形仕訳を計上します。
		20.8.4 領収確認	手形発行に際し、手形受取先より有効な領収書を入手します。
	20.9 支払手形 決済	20.9.1 決済計上	期日到来に決済事実を踏まえ、手形決済仕訳を計上します。
	20.10 支払手形 残高管理	20.10.1 支払手形台帳 管理	振出及び決済等の事実を踏まえ、支払手形台帳の管理を行います。
		20.10.2 支払手形期日 管理	期日別に支払手形の管理を行います。
		20.10.3 手形帳管理	手形帳の現物管理を行います。
	20.11 小切手 振出	20.11.1 支払精査	小切手振出に際し、支払内容を支払証憑等により精査を行います。
		20.11.2 小切手発行	精査内容を踏まえ、小切手の発行を行います。
		20.11.3 当座預金勘定 計上	小切手振出及び取立ての事実を踏まえ、会計伝票に計上を行います。
		20.11.4 領収確認	小切手発行に際し、有効な領収書の入手を行います。
		20.11.5 小切手帳管理	小切手帳の現物管理を行います。

大分類	中分類	小分類	ポイント・解説
	20.12 電子記録 債権・債務	20.12.1 電子記録債権 ・債務の発生	電子記録債権は、債務者・債権者の両方が金融機関を経由して電子債権記録機関に「発生記録」を請求します。 詳細解説 P.261
		20.12.2 電子記録債権 ・債務の記録	取引金融機関の処理後、記録原簿に支払等を記録します。 詳細解説 P.261

分類とポイント・解説

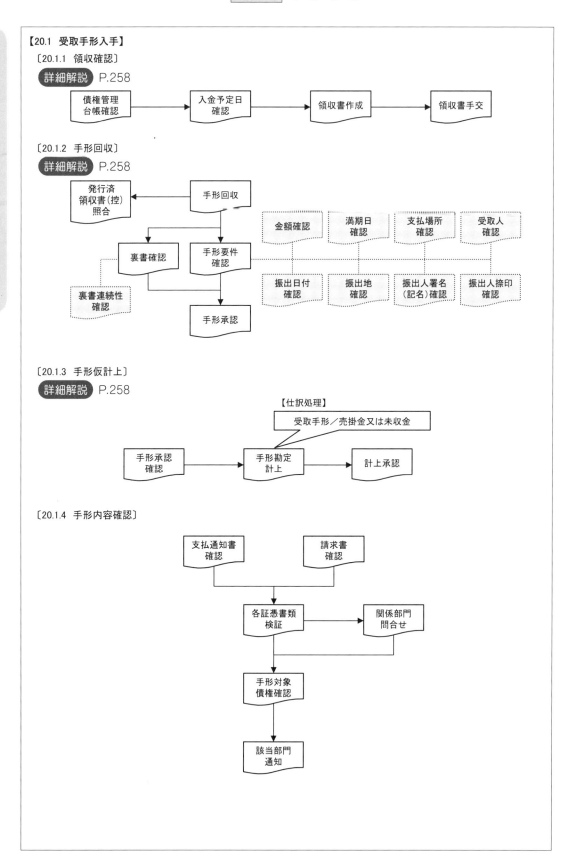

業務プロセスと取引仕訳

【20.1 受取手形入手】

〔20.1.1 領収確認〕

詳細解説 P.258

債権管理台帳確認 → 入金予定日確認 → 領収書作成 → 領収書手交

〔20.1.2 手形回収〕

詳細解説 P.258

手形回収 → 発行済領収書(控)照合

手形回収 → 裏書確認 → 裏書連続性確認

手形回収 → 手形要件確認 → 手形承認

手形要件確認: 金額確認 / 満期日確認 / 支払場所確認 / 受取人確認 / 振出日付確認 / 振出地確認 / 振出人署名(記名)確認 / 振出人捺印確認

〔20.1.3 手形仮計上〕

詳細解説 P.258

【仕訳処理】
受取手形／売掛金又は未収金

手形承認確認 → 手形勘定計上 → 計上承認

〔20.1.4 手形内容確認〕

支払通知書確認 / 請求書確認 → 各証憑書類検証 → 関係部門問合せ

各証憑書類検証 → 手形対象債権確認 → 該当部門通知

【20.2 受取手形決済】

〔20.2.1 手形取立〕

〔20.2.2 入金計上〕

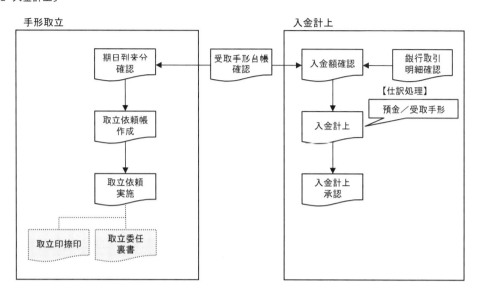

業務プロセスと取引仕訳

【20.3 受取手形残高管理】

〔20.3.1 受取手形台帳管理〕

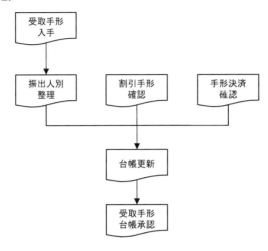

〔20.3.2 受取手形期日管理〕

〔20.3.3 現物照合 〕

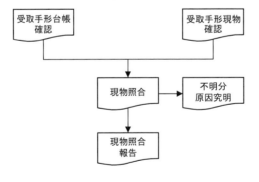

【20.4 手形割引】

〔20.4.1 割引手続〕

詳細解説 P.259

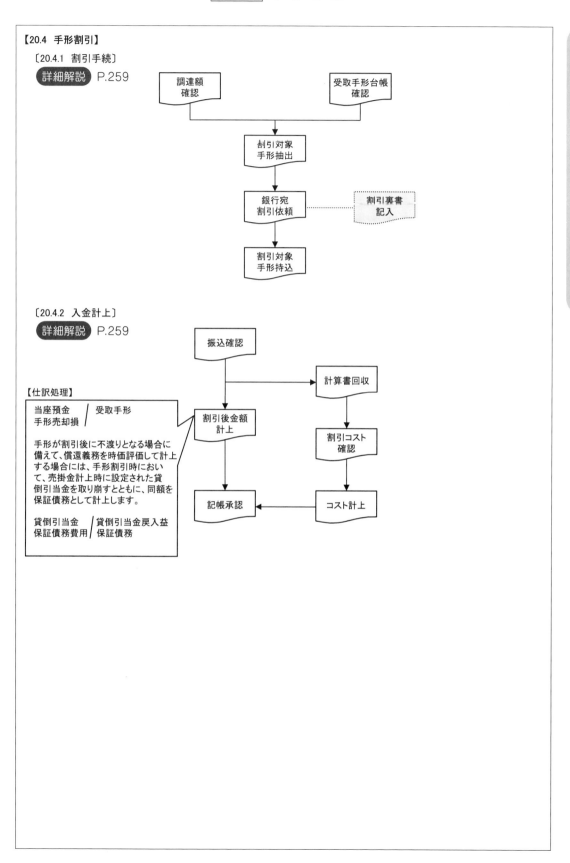

〔20.4.2 入金計上〕

詳細解説 P.259

【仕訳処理】

当座預金 ／ 受取手形
手形売却損 ／

手形が割引後に不渡りとなる場合に備えて、償還義務を時価評価して計上する場合には、手形割引時において、売掛金計上時に設定された貸倒引当金を取り崩すとともに、同額を保証債務として計上します。

貸倒引当金 ／ 貸倒引当金戻入益
保証債務費用 ／ 保証債務

業務プロセスと取引仕訳

業務プロセスと取引仕訳

【20.5 不渡対応】

〔20.5.1 不渡確認〕

詳細解説 P.260

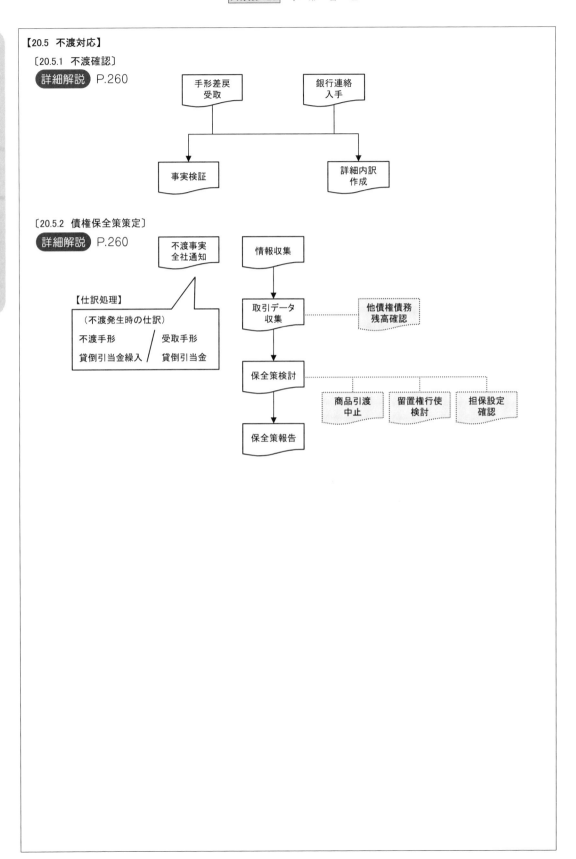

〔20.5.2 債権保全策策定〕

詳細解説 P.260

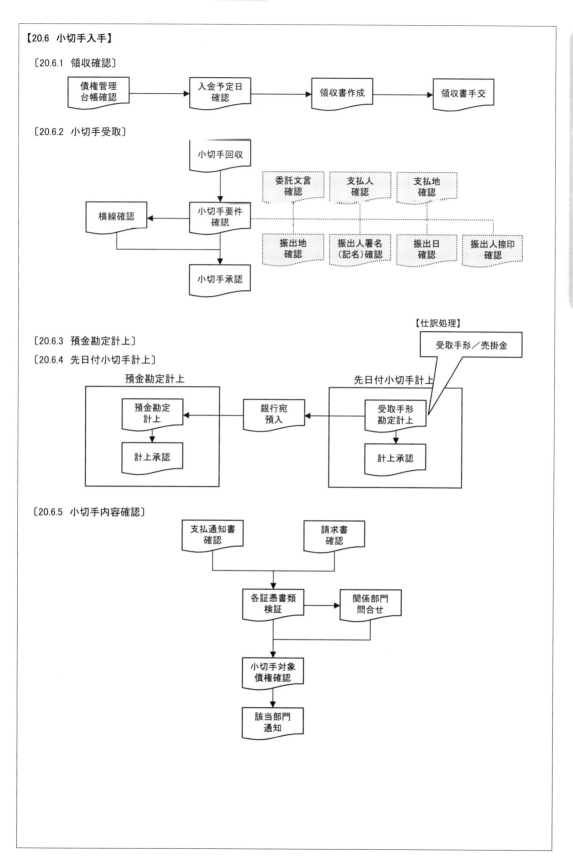

【20.6 小切手入手】

〔20.6.1 領収確認〕

債権管理台帳確認 → 入金予定日確認 → 領収書作成 → 領収書手交

〔20.6.2 小切手受取〕

小切手回収 → 小切手要件確認

委託文言確認　支払人確認　支払地確認

横線確認 ← 小切手要件確認

振出地確認　振出人署名（記名）確認　振出日確認　振出人捺印確認

小切手承認

〔20.6.3 預金勘定計上〕
〔20.6.4 先日付小切手計上〕

【仕訳処理】
受取手形／売掛金

預金勘定計上
　預金勘定計上
　計上承認

先日付小切手計上
　受取手形勘定計上
　計上承認

銀行宛預入 ← 受取手形勘定計上

預金勘定計上 ← 銀行宛預入

〔20.6.5 小切手内容確認〕

支払通知書確認　請求書確認

各証憑書類検証 → 関係部門問合せ

小切手対象債権確認

該当部門通知

業務プロセスと取引仕訳

【20.7 先日付小切手残高管理】

〔20.7.1 台帳管理〕

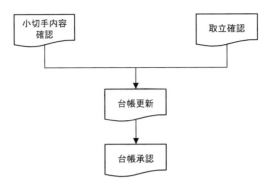

〔20.7.2 小切手現物照合〕

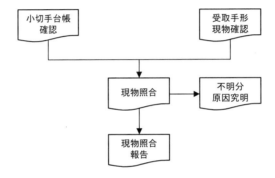

【20.8 支払手形振出】

〔20.8.1 支払精査〕

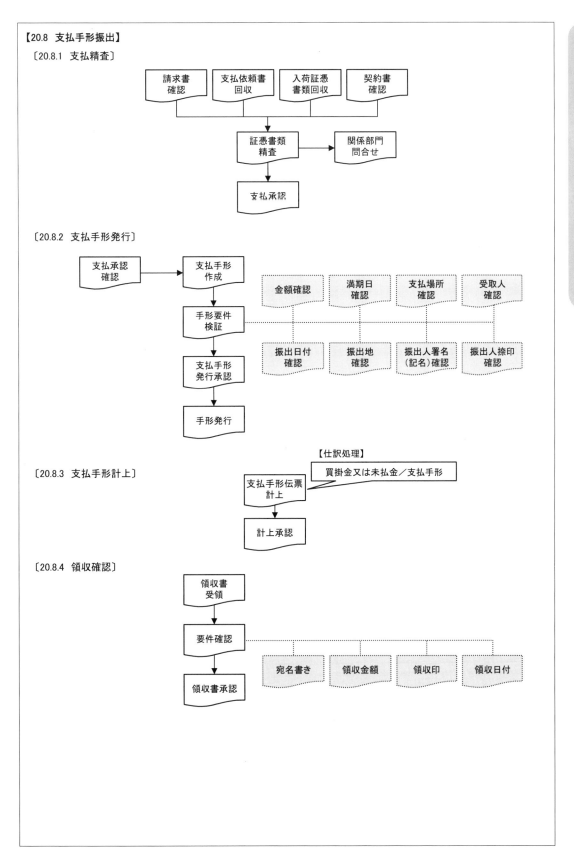

〔20.8.2 支払手形発行〕

〔20.8.3 支払手形計上〕

【仕訳処理】

〔20.8.4 領収確認〕

【20.9 支払手形決済】

〔20.9.1 決済計上〕

```
┌─────────┐      ┌─────────┐   ┌─────────┐
│ 銀行取引 │      │ 期日到来分│◀─│支払手形台帳│
│ 明細確認 │      │  抽出   │   │  確認   │
└────┬────┘      └────┬────┘   └─────────┘
     └──────┬─────────┘
         ┌──▼──┐
         │決済検証│
         └──┬──┘
         ┌──▼──┐
         │決済承認│
         └──┬──┘
    【仕訳処理】
         ┌──▼──┐   ┌──────────────────┐
         │決済伝票│   │ 支払手形／当座預金　等 │
         │ 計上 │   └──────────────────┘
         └──┬──┘
         ┌──▼──┐
         │計上承認│
         └─────┘
```

【20.10　支払手形残高管理】

〔20.10.1　支払手形台帳管理〕

```
┌──────────┐          ┌──────────┐
│ 手形内容   │          │ 手形決済   │
│ 確認       │          │ 確認       │
└────┬─────┘          └────┬─────┘
     │                        │
     └───────────┬───────────┘
                 │
           ┌─────▼─────┐
           │ 手形台帳   │
           │ 更新       │
           └─────┬─────┘
                 │
           ┌─────▼─────┐
           │ 支払手形   │
           │ 台帳承認   │
           └───────────┘
```

〔20.10.2　支払手形期日管理〕

```
           ┌───────────┐
           │ 支払手形残高│
           │ 確認       │
           └─────┬─────┘
                 │
           ┌─────▼─────┐
           │ 期日別     │
           │ 整理       │
           └─────┬─────┘
                 │
           ┌─────▼─────┐
           │ 期日別     │
           │ 支払手形残 │
           │ 報告       │
           └───────────┘
```

〔20.10.3　手形帳管理〕

```
┌──────────┐          ┌──────────┐
│ 使用済分   │          │ 未発行手形 │
│ 確認       │          │ 確認       │
└──────────┘          └──────────┘

        ┌──────────┐
        │ 現物照合   │
        └──────────┘
```

業務プロセスと取引仕訳

業務プロセスと取引仕訳

【20.11 小切手振出】

〔20.11.1 支払精査〕

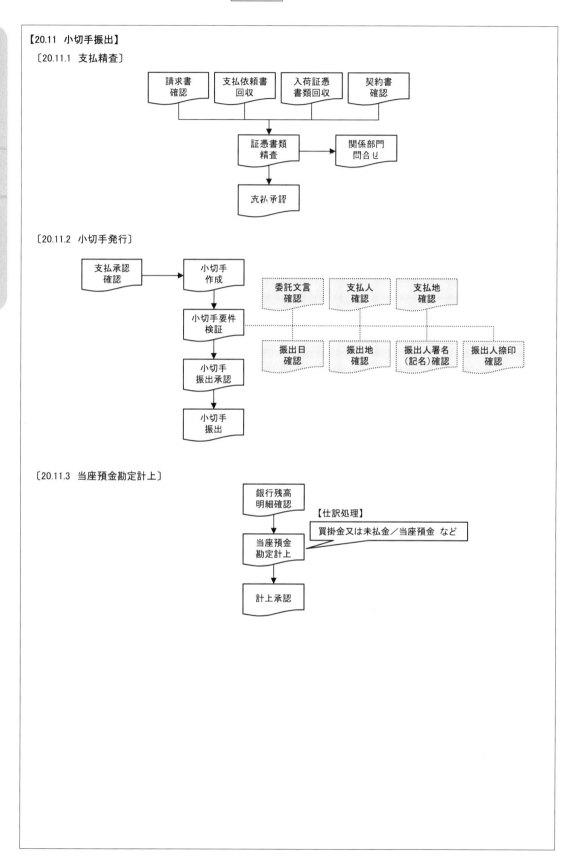

〔20.11.2 小切手発行〕

〔20.11.3 当座預金勘定計上〕

【仕訳処理】

買掛金又は未払金／当座預金 など

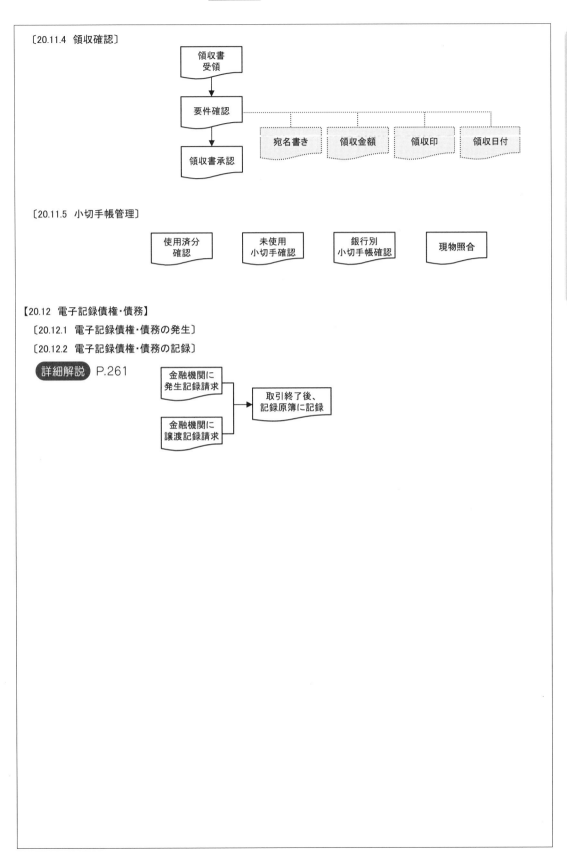

〔20.11.4 領収確認〕

領収書受領 → 要件確認 → 領収書承認

要件確認 ┄┄ 宛名書き / 領収金額 / 領収印 / 領収日付

〔20.11.5 小切手帳管理〕

使用済分確認 / 未使用小切手確認 / 銀行別小切手帳確認 / 現物照合

【20.12 電子記録債権・債務】

〔20.12.1 電子記録債権・債務の発生〕

〔20.12.2 電子記録債権・債務の記録〕

詳細解説 P.261

金融機関に発生記録請求 / 金融機関に譲渡記録請求 → 取引終了後、記録原簿に記録

業務プロセスと取引仕訳

詳細解説	中分類	20.1 受取手形入手	小分類	20.1.1 領収確認	20.1.2 手形回収	20.1.3 手形仮計上

【用語解説】

・受取手形とは

取引先との営業取引に基づき発生する手形債権をいい、法律上の約束手形、為替手形が該当する。

・約束手形とは

振出人が、自ら一定の金額を一定の期日に支払うことを約束する手形をいう。

・為替手形とは

発行者（振出人）が第三者（支払人）に対して、手形の所持人に一定の金額を支払うことを委託した手形をいう。

【ポイント・留意点】

・受取手形による取引を行う場合の留意点

手形による取引は、振出人（債務者）が手形を振り出した時点では資金（キャッシュ）の払出しは無く、役務の提供を得ることができる取引であることから、受取人（債権者）側としてはその受け取った手形が間違いなく資金（キャッシュ）化できることを前提として取引に関する契約を行う必要がある一方、資金（キャッシュ）を回収できない場合のリスクを払拭することは不可能なことから、そのリスク管理についても十分なものにしておく必要があります。

なお、手形取引を実施する場合に特に考慮すべき要件については以下のとおりです。

① 相手企業の財務状況等の確認（与信調査等）

② 決済までの期間を明確にする（長すぎないサイト）

③ 裏書の連続性を確認する（形式的に受取人から最後の裏書の被裏書人まで切れ目なく連続していること）

中分類	20.4 手形割引	小分類	20.4.1 割引手続	20.4.2 入金計上	

【用語解説】

・手形割引とは

　支払期日のまだ到来していない手形を、第三者（金融機関等）に裏書譲渡し、手形代金から割引料を控除した金額を支払期日前に取得することができる。一種の資金調達である。割引料は支払期日までの利息の他、手形振出人や受取人の信用力により決定される。

【ポイント・留意点】

・手形割引を実行する上での留意点

　手形を割り引く際には、割引実行日から支払期日までの利息及び諸費用を控除した金額を取得することとなりますが、この利息及び諸費用については、手形を持ち込んだ企業と手形の発行会社の信用度を加味して算定されることから、手形割引を実施する際には、金融機関等から手形割引の計算書を入手し適切な金額で仕訳を作成する必要があります。

　また、手形割引を実行する際は、その時点で資金（キャッシュ）を調達する必要があるために実施されることから、会社が当面いくらの資金（キャッシュ）を調達しようとしているのか、十分確認したうえで実施しなければなりません。

中分類	20.5 不渡対応	小分類	20.5.1 不渡確認	20.5.2 債権保全策策定	

【ポイント・留意点】

・不渡り発生時の留意点

　　受取手形、若しくは小切手の不渡り発生の連絡を金融機関等より受けた場合は、まず当該企業の現在における状況等事実の検証を行う必要があり、そのために詳細な情報を入手しなければなりません。

　　また、収集した情報等を迅速に自社の全組織に通知することにより、被害の拡大を抑制することができます。

　　当該企業との債権・債務それぞれの残高を確認するため、社内の各組織から取引データの収集を行い、その後、会社としての保全策を検討します。

　　保全策を検討する際に留意する点は以下のとおりです。

　① 商品引渡中止

　　　未回収債権の対価となる商品について先方への引渡しを完了してない場合は、その商品の引渡しを中止し、財務に与える影響を最小限に抑制します。

　② 留置権行使の検討

　　　留置権を行使できる物権を所有している場合は、これを行使するか否かを速やかに決定し、関連部門へ周知する必要があります。

中分類	20.12 電子記録債権・債務	小分類	20.12.1 電子記録債権・債務の発生	20.12.2 電子記録債権・債務の記録	

【用語解説】

・電子記録債権

　電子記録債権とは、磁気ディスク等をもって電子記録機関が作成する記録原簿に電子記録することによってはじめてその発生、譲渡等が行われることとなる金銭債権をいう。

【ポイント・留意点】

・電子記録債権法設立の目的

　事業者の資金調達の円滑化等を図るため、磁気ディスク等をもって電子債権記録機関が作成する記録原簿への電子記録を債権の発生、譲渡等の効力要件とする電子記録債権について規定するとともに、電子債権記録機関に対する監督等について必要な事項を定めることにより、電子記録債権制度を創設しました。

・電子記録債権による取引を行う場合のメリット

① 分割が可能になる。

② 作成・交付・保管のコストを軽減できる。

③ 電子債権記録機関の記録原簿によって管理されるため、盗難・紛失のリスクを軽減できる。

④ 同一の債権が二重に譲渡されるリスクを低減できる。

有価証券管理

大分類	中分類	小分類	ポイント・解説
21 有価証券管理	21.1 【中期運用】 購入準備	21.1.1 運用策確定	中長期資金計画のもと、資金運用方針（策）に従って、運用期間、運用金額、運用候補先を確認します。 　運用先の資金量、格付けや運用利回り、株式市況の状況などを検証、検討したうえで、運用銘柄、運用金額、運用期間を確定します。 詳細解説 P.276
	21.2 【中期運用】 運用実行	21.2.1 購入手続	確定した銘柄の有価証券の購入申請を行い、所定の契約書を作成します。 　社内において購入の承認を行います。
		21.2.2 支払依頼	購入承認を踏まえて、支払依頼書を作成し、その承認を行います。
		21.2.3 支払実行	購入代金の支払を行います。
		21.2.4 計上	有価証券購入実行を踏まえて、保有目的に従った適正な有価証券勘定仕訳を計上し、その承認を行います。
	21.3 【短期運用】 購入準備	21.3.1 運用候補 選定	単年度の運用方針（計画）に従って、運用ポジション、運用期間、運用金額、市況状況、社内の与信管理方針を確認します。運用銘柄等の運用策を検討し、売却銘柄、運用銘柄、期間、金額を確定します。
	21.4 【短期運用】 購入・売却 契約	21.4.1 購入・売却 契約	短期運用目的にて有価証券売買を実施するため、証券会社に売買の連絡を行い、社内において契約の承認を得て、契約を締結します。
	21.5 【短期運用】 購入・売却 実行	21.5.1 精算額確定	新規購入額、売却額を確認し、売買代金の精算額を算出します。
		21.5.2 支払依頼	購入代金の支払依頼を行い、その承認を行います。
		21.5.3 支払実行	購入代金の支払を行います。
		21.5.4 入金	売却代金の入金処理を実施します。
		21.5.5 計上	売買事実を踏まえ、伝票を作成して適正な有価証券仕訳を計上します。

大分類	中分類	小分類	ポイント・解説
	21.6 【投資目的】 投資判定	21.6.1 投資可否 検証	投資目的の有価証券購入申請に対し、投資可否の判定を行います。 投資先の財務データの収集などを行い、投資による収益効果や安全性を検証したうえで、投資可否などを検証します。 詳細解説 P.279
	21.7 【投資目的】 投資決定	21.7.1 検証結果 説明	検証結果資料を整備し、説明し、投資可否を決定します。 詳細解説 P.279
	21.8 【投資目的】 投資契約	21.8.1 契約内容 検証	契約書の記載内容の不備や契約条件を検証・確認したうえで承認します。
	21.9 【投資目的】 投資実行	21.9.1 支払依頼	投資を実行するにあたり、支払依頼を行い、その承認を行います。
		21.9.2 支払実行	投資の支払を実行します。
		21.9.3 計上	支払事実を踏まえ、伝票を作成して適正な有価証券仕訳を計上します。
		21.9.4 関係会社 明細表更新	投資明細を確認し、投資により連結範囲に変更点がある場合、関係会社明細表を更新します。
	21.10 有価証券 残高管理	21.10.1 台帳管理	有価証券台帳に必要事項を記入して更新し、残高管理を行います。
		21.10.2 外部委託 残高確認	外部機関に保管を委託している有価証券について、残高確認を実施します。 有価証券台帳から該当証券を抽出し、委託先より入手する証券明細と突合します。
		21.10.3 内部保管 残高実査	自社保管している有価証券の現物を有価証券台帳と実査により照合します。
	21.11 投資先評価	21.11.1 評価報告	投資先企業の業況、財務データ、格付データ、取引状況等を踏まえ、投資継続可否の評価を実施します。
	21.12 売却申請	21.12.1 損益検証 （上場）	上場株式の売却申請内容を検証します。 簿価・市場価格の確認、売却損益の算定などを行います。
		21.12.2 損益検証 （非上場）	非上場株式の売却申請内容を検証します。 時価算定方法の定義、時価算定、計上簿価の確認、売却損益の算定などを行います。
	21.13 売却実行	21.13.1 入金	売却代金の入金処理を実施します。
		21.13.2 計上	売却完了にあたり、証憑書類等を踏まえ、有価証券売却仕訳を計上します。 計算書内容の検証、振替伝票の計上、売却に伴うコスト算定と売却損益の計上などを行います。

左側縦書き：分類とポイント・解説

大分類	中分類	小分類	ポイント・解説
	21.14 時価評価	21.14.1 評価額算定 （上場）	期末において市場価格から、上場株式の時価評価額を算定します。 詳細解説 P.281
		21.14.2 評価額算定 （非上場）	期末において非上場株式の時価評価額を算定します。 評価額算定方法の定義、投資先財務データの確認などを行います。 詳細解説 P.281
		21.14.3 評価仕訳 計上	算定された評価額にて有価証券評価仕訳を計上します。 保有目的の確認、評価損益、評価差額の計上を伝票により行います。 詳細解説 P.281
	21.15 減損 （上場）	21.15.1 減損判定	期末において上場株式の時価評価額を算定し、減損を判定します。 含み損益を算定し、社内の減損評価基準に従って、減損の要否を判定します。 詳細解説 P.283
		21.15.2 減損仕訳 計上	減損実行を踏まえ、伝票により減損仕訳を計上します。 詳細解説 P.283
	21.16 減損 （非上場）	21.16.1 減損判定	期末において非上場株式について、投資先の業況、財務データなどから時価評価額・含み損を算定し、社内の減損評価基準に従って、回復可能性を考慮したうえで、減損の要否を判定します。 詳細解説 P.284
		21.16.2 減損仕訳 計上	減損実行を踏まえ、伝票により減損仕訳を計上します。 詳細解説 P.284
	21.17 受取配当金等 管理	21.17.1 配当等予定 確認	配当決議書等により配当予定を確認します。 計算書等により受取予定の有価証券利息を確認します。
		21.17.2 受取配当金 ・受取利息 計上	配当金入金を確認し、受取配当金を伝票により計上します。 有価証券利息の入金を確認し、受取利息を伝票により計上します。

分類とポイント・解説

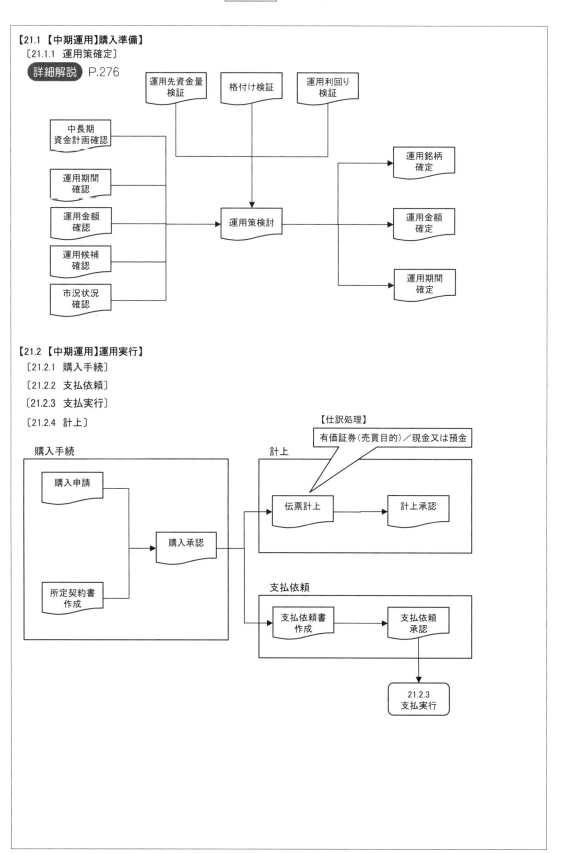

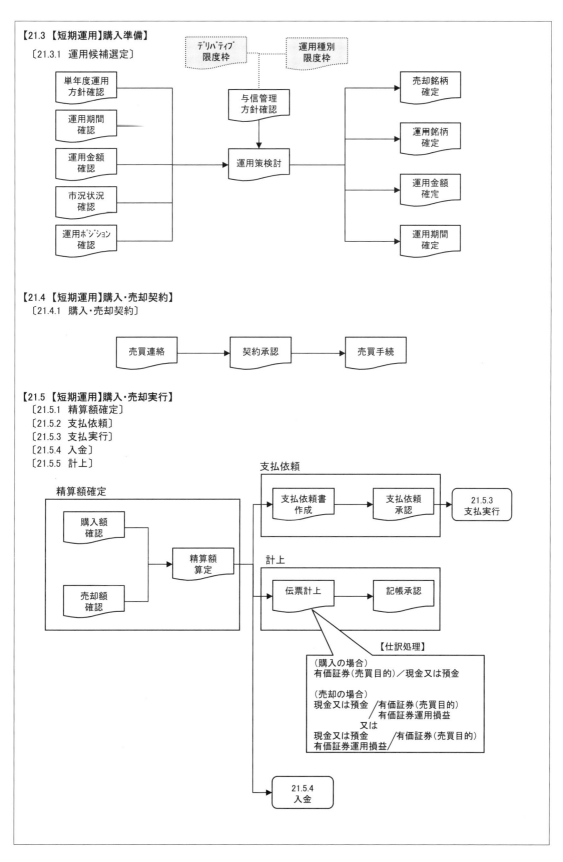

【21.3 【短期運用】購入準備】

〔21.3.1 運用候補選定〕

【21.4 【短期運用】購入・売却契約】

〔21.4.1 購入・売却契約〕

【21.5 【短期運用】購入・売却実行】

〔21.5.1 精算額確定〕
〔21.5.2 支払依頼〕
〔21.5.3 支払実行〕
〔21.5.4 入金〕
〔21.5.5 計上〕

業務プロセスと取引仕訳

【21.6 【投資目的】投資判定】

〔21.6.1 投資可否検証〕 詳細解説 P.279

【21.7 【投資目的】投資決定】

〔21.7.1 検証結果説明〕 詳細解説 P.279

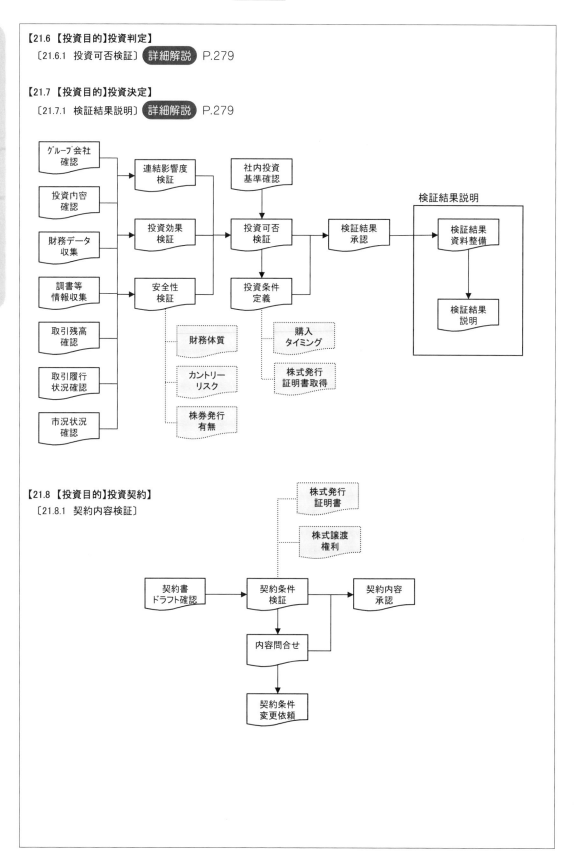

【21.8 【投資目的】投資契約】

〔21.8.1 契約内容検証〕

【21.9 【投資目的】投資実行】

〔21.9.1 支払依頼〕

〔21.9.2 支払実行〕

〔21.9.3 計上〕

〔21.9.4 関係会社明細表更新〕

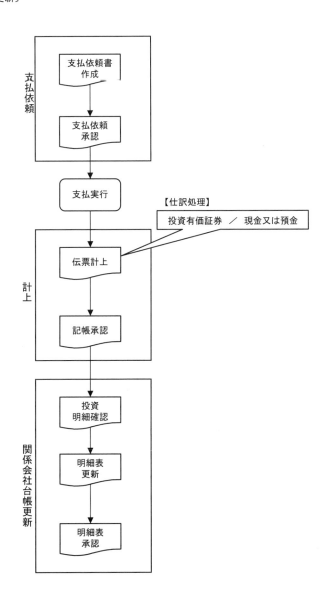

業務プロセスと取引仕訳

業務プロセスと取引仕訳

【21.10 有価証券残高管理】

〔21.10.1 台帳管理〕

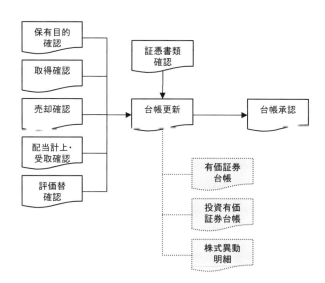

〔21.10.2 外部委託残高確認〕

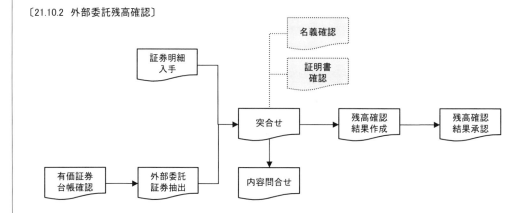

〔21.10.3 内部保管残高実査〕

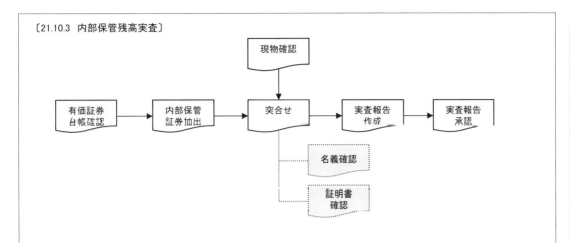

【21.11 投資先評価】

〔21.11.1 評価報告〕

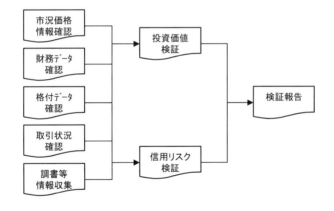

業務プロセスと取引仕訳

業務プロセスと取引仕訳

【21.12 売却申請】

〔21.12.1 損益検証(上場)〕

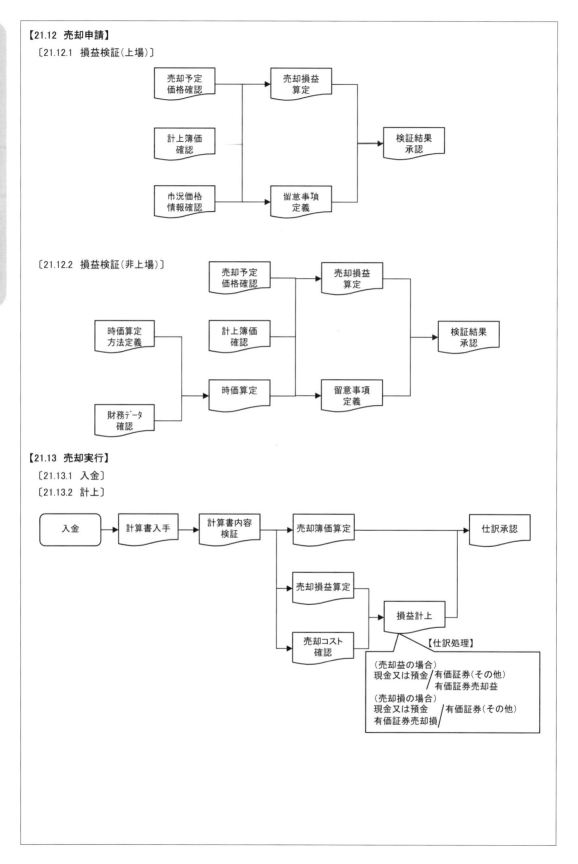

〔21.12.2 損益検証(非上場)〕

【21.13 売却実行】

〔21.13.1 入金〕

〔21.13.2 計上〕

【仕訳処理】

(売却益の場合)
現金又は預金／有価証券(その他)
　　　　　　　　有価証券売却益

(売却損の場合)
現金又は預金／有価証券(その他)
有価証券売却損／

【21.14 時価評価】
〔21.14.1 評価額算定（上場）〕 詳細解説 P.281

〔21.14.2 評価額算定（非上場）〕 詳細解説 P.281

〔21.14.3 評価仕訳計上〕 詳細解説 P.281

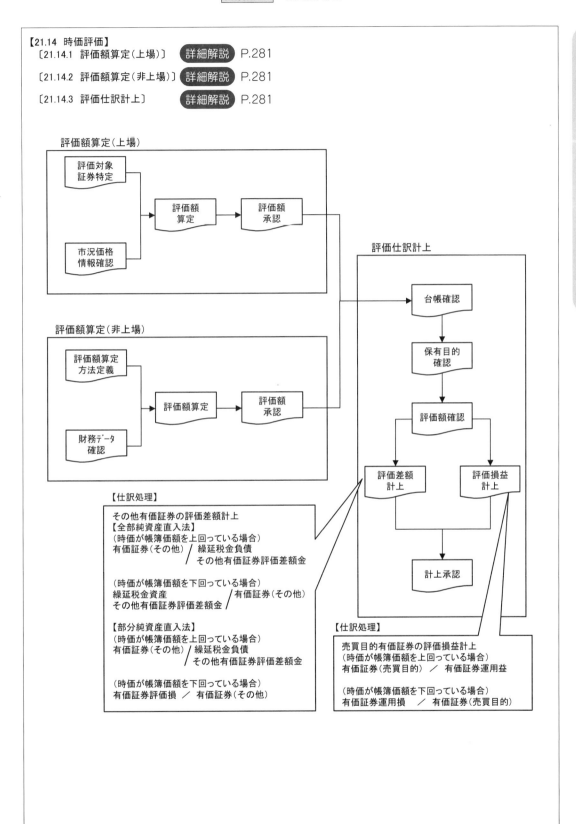

評価額算定（上場）

評価対象証券特定

市況価格情報確認

評価額算定

評価額承認

評価額算定（非上場）

評価額算定方法定義

財務データ確認

評価額算定

評価額承認

評価仕訳計上

台帳確認

保有目的確認

評価額確認

評価差額計上

評価損益計上

計上承認

【仕訳処理】
その他有価証券の評価差額計上
【全部純資産直入法】
（時価が帳簿価額を上回っている場合）
有価証券（その他）／ 繰延税金負債
　　　　　　　　 ／ その他有価証券評価差額金

（時価が帳簿価額を下回っている場合）
繰延税金資産　　　　　　　 ／有価証券（その他）
その他有価証券評価差額金 ／

【部分純資産直入法】
（時価が帳簿価額を上回っている場合）
有価証券（その他）／繰延税金負債
　　　　　　　　 ／その他有価証券評価差額金

（時価が帳簿価額を下回っている場合）
有価証券評価損 ／ 有価証券（その他）

【仕訳処理】
売買目的有価証券の評価損益計上
（時価が帳簿価額を上回っている場合）
有価証券（売買目的） ／ 有価証券運用益

（時価が帳簿価額を下回っている場合）
有価証券運用損 ／ 有価証券（売買目的）

業務プロセスと取引仕訳

【21.15 減損（上場）】
〔21.15.1 減損判定〕 詳細解説 P.283
〔21.15.2 減損仕訳計上〕 詳細解説 P.283

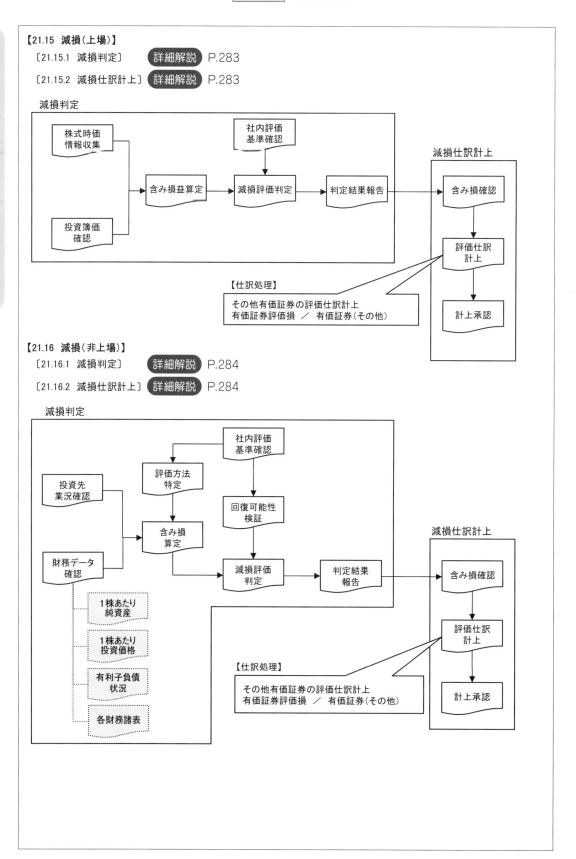

減損判定

株式時価情報収集

社内評価基準確認

投資簿価確認

含み損益算定

減損評価判定

判定結果報告

減損仕訳計上

含み損確認

評価仕訳計上

計上承認

【仕訳処理】
その他有価証券の評価仕訳計上
有価証券評価損 ／ 有価証券（その他）

【21.16 減損（非上場）】
〔21.16.1 減損判定〕 詳細解説 P.284
〔21.16.2 減損仕訳計上〕 詳細解説 P.284

減損判定

投資先業況確認

財務データ確認

社内評価基準確認

評価方法特定

回復可能性検証

含み損算定

減損評価判定

判定結果報告

1株あたり純資産

1株あたり投資価格

有利子負債状況

各財務諸表

減損仕訳計上

含み損確認

評価仕訳計上

計上承認

【仕訳処理】
その他有価証券の評価仕訳計上
有価証券評価損 ／ 有価証券（その他）

【21.17 受取配当金等管理】
　〔21.17.1 配当等予定確認〕
　〔21.17.2 受取配当金・受取利息計上〕

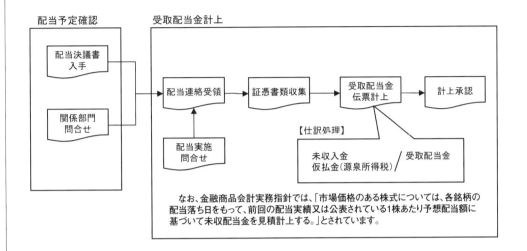

なお、金融商品会計実務指針では、「市場価格のある株式については、各銘柄の配当落ち日をもって、前回の配当実績又は公表されている1株あたり予想配当額に基づいて未収配当金を見積計上する。」とされています。

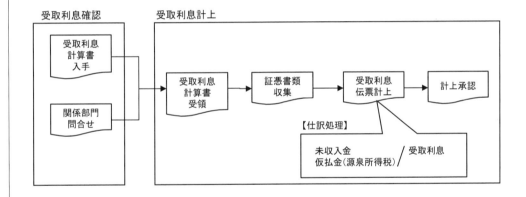

中分類	21.1 【中期運用】購入準備	小分類	21.1.1 運用策確定		

詳細解説

【用語解説】

・債券とは

　国、地方公共団体、一般事業会社などが、資金調達の手段として発行する有価証券の一般的な呼称。国債、地方債、金融債、社債、外国債などがある。

・利回りとは

　投資元本に対して1年に何%の収益を生み出すかを表したもの。これに対して利率は、「額面全額に対する利息の割合」のことで、利率と利回りは必ずしも一致しない。

　債券の収益は、利率ではなく利回りで表示される。債券は一般的に額面金額と異なる価格で発行されるので、利息のほかにこの額面金額と発行価格の差（償還差益（損））を加味する必要があるためである。

・格付とは

　一般的には、企業の発行する個別の債券（社債・CPなど）について、約定どおりに元本及び利息が支払われる確実性の程度を一定の記号や数字を用いて示したもの。国内外の格付機関により、投資家に向けた情報として提供されている。また、債券などの金融商品ではなく、政府・金融法人・事業法人などの機関・法人自身の債務の返済能力に対する格付もある。

・投資信託とは

　多数の投資家から少しずつ資金を集めて大口の資金にまとめ、それを専門家が株式や債券などの有価証券で運用し、その結果得た利益を投資家に還元する金融商品。投資家は資金運用の専門家にその運用を任せることになる。

・リスクとは

　金融商品についてのリスクとは、金融商品により得ることのできる収益が変動する可能性、不確実性のこと。よって損失だけではなく、利益を得られる変動の可能性であってもリスクである。およそ次にあげる6つに分類できる。

① 信用リスク…………債券や株式の発行体である国や金融機関、事業会社などの信用力の低下や経営破たんにより、元金・元本や利息などが支払われなくなる可能性。

② 価格変動リスク……債券や株式等の市場価格が変動して、金融商品の価値が変動する可能性。

③ 為替リスク…………外貨建金融商品において為替レートの変動により換算後の資産が増減する可能性。

④ 金利変動リスク……金利の変動により、受けるべきメリットや損失が増減する可能性。

⑤ 流動性リスク………時期や期間、金額の制限や手数料などのコストを発生させずに、現金化できるかどうかの可能性。

⑥ インフレリスク……物価の上昇により、貨幣価値が下落する可能性。

【ポイント・留意点】

・資金計画の確認

　資金運用を行うにあたって、まずは資金計画を確認することが必要です。中長期の運用を検討するには、中長期の資金計画を確認し、運用可能な期間や金額を検討します。資金運用の基本は、一時的な余剰資金を効率的に利用し収益を得ることですが、資金運用のために日々の運転資金が不足するようなことがあってはなりません。したがって当然、精度の高い資金計画の策定が前提となります。

・資金運用方針（策）の確認

　特に頻繁に資金運用を行う場合には、企業の資金運用を行うにあたっての方針をあらかじめ定めておく必要があります。運用方針（策）では、手元資金残高をどの程度確保するか、運用商品及び運用先を選択する基準はなにか、それらがもつリスクをどの程度許容するか等を決めておき、これに従って「リスクとリターン」を十分に検討したうえで実際の資金運用を行います。なお、会社・事業（本業）資金に影響する運用は慎みます。

・金融商品の選択

　どの商品を購入して資金運用を行うか、金融商品の選択の基準としては次の３つのポイントがあります。

　　①　収益性……収益をどれほど得られるか。元本の値上がり益（キャピタル・ゲイン）と利息や配当（インカム・ゲイン）が大きいほど、収益性は高い。

　　②　安全性……元本と利息をどれほど確実に受け取れるか。値下がりや元本割れの危険があれば安全性は低い。

　　③　流動性……どれほど容易に現金化できるか。例えば解約手数料などが必要な場合は流動性は低い。

　しかし、これらの３つを同時に満たす金融商品は現実的には存在しません。収益性が高ければ安全性と流動性は低く、安全性と流動性が高ければ収益性は低いのが通常です。例えば普通預金は、現金化が極めて容易で元本が保証されている(注)ため流動性と安全性は高いですが、反面その利率は低く、収益性が低い金融商品となります。

　　（注）　ペイオフ解禁により、元本のすべてが保証されるわけではありません。

・各金融商品の特徴

　運用の対象となる金融商品にはさまざまなものがありますが、有価証券による運用としては、債券、株式、投資信託が主たるものとしてあげられます。

　　①　債券

　債券は、「ミドルリスク・ミドルリターン」の商品ということができます。発行されるときに決められた金利が満期まで支払われる固定金利のものが一般的です（利付債券の場合）。償還期限があり満期まで保有すれば、元本とともに確定した利回りを得ることができます（元本保証・確定利回り）。ただし、発行体の信用度により債務不履行（デフォルト）が発生する場合があります。格付は、このデフォルト発生の確率を表したものといえるのですが、高い格付で安全性が高い債券は、多くの場合、より低い利率となります。

　また、債券は償還期限前の売買も可能で、一定の流動性を持っていますが、その場合は市場における時価による売買となります。債券の市場における価格変動リスクは、金利変動リスクとイコールということができ、通常、金利が上がると債券価格は下落します。市場での売買で利益を獲得するためには、債券市場の値動きはもちろん、景気や物価の動向、内外金利差、為替動向などの金利変動要因の状況を常に把握、分析することが重要です。

　　②　株式

　株式は、「ハイリスク・ハイリターン」の金融商品といえます。毎期の配当の他、株式の値上がり益も期待できますが、銘柄選択や市場の値動きによっては投資金額を大幅に下回る金額で売却せざるをえない場合もありえます。株価の変動要因は、企業収益、金利、為替、景気動向、政治・経済、社会経済情勢、株式需給などさまざまなものがあります。さまざまな情報を常に収集・分析して、銘柄の選択とタイミングのよい売買をすることが利益の獲得につながりますが、これには一定の専門的な知識と経験が必要です。

　なお、株式は本来、株式会社における株主の持分を示すものであり、株式を購入することは、その会社の議決権などの株主権を手に入れることになります。株式の持分が議決権の過半数を超えた場合、また過半数以下でも役員の派遣や融資の状況によっては子会社となり、連結決算の範

詳細解説

囲に影響を与える場合がありますので、留意する必要があります。

③ 投資信託

投資信託の特徴としては次の3つがあげられます。

　・小口の資金でも投資が可能であること
　・商品自体が分散投資の性質をもつためリスクが軽減されること
　・小口の投資家でも機関投資家のような専門家による運用が可能となること

また、投資信託は次の4者で構成されています。

1. 受益者………投資して運用の利益を受ける投資家
2. 販売会社……投資信託を販売している証券会社や銀行など
3. 委託者………投資家から集められた信託財産を運用する投資信託委託会社
4. 受託者………委託者の指図を受けて信託財産を管理する信託銀行

投資家（受益者）の資金は、販売会社を通じて、投資信託委託会社（委託者）に集められます。その資金は信託銀行（受託者）に預けられ、信託銀行自体の資産とは区分し、他人の資産として分別管理されます。投資信託委託会社（委託者）と信託銀行（受託者）は信託契約を締結しており、委託者は受託者に対して運用の指図を行います。

投資信託はその運用対象に株式を一切組み入れない「公社債投資信託」と、株式を組み入れる「株式投資信託」に大きく分けられます。「公社債投資信託」はより安全性が高く、「株式投資信託」は比較的「ハイリスク・ハイリターン」の商品といえます。またそれぞれについて、追加購入が可能な「追加型（オープン）」と、追加購入ができない「単位型（ユニット）」があります。安全性と流動性が高いのは"追加型公社債投信"で、代表的なものとしてはMMF、MRF、中期国債ファンド、短期公社債投信などがあります。

投資信託は証券会社や銀行などで購入できますが、非常に種類が多く、それぞれにより収益性、安全性、流動性の度合いが異なります。

・リスクの分散について

金融商品はさまざまなリスクをもっていますが、安定した収益を上げるためにはそれらのリスクを分散して、リスクを軽減させ、管理していくことがポイントとなります。それには投資資金を一つの金融商品や同一時期に集中させず、複数に分散投資する「ポートフォリオ運用」が必要です。

例えば、円安に強い輸出関連企業の株式と、円高に強い輸入関連企業の株式を共に運用対象とすると、為替レートの変動に対してそれぞれが逆の値動きをするため、為替リスクの影響が相殺され、利益も少なくなるものの、損失も軽減されます。これは株式という同種の商品の中で異なる銘柄に分散した例で、「投資対象の分散」の一つである「数の分散」という方法です。「投資対象の分散」には、株式と債券と預貯金というように異なる種類の金融商品を組み合わせる「種類の分散」という方法もあります。「投資対象の分散」以外の方法としては、投資する時期を何回かに分散する「投資時期の分散」、短期運用と長期運用のように異なる運用期間を組み合わせる「投資期間の分散」があります。

【参考資料・法的根拠（条文）等】

金融商品会計に関する実務指針（会計制度委員会報告第14号・最終改正2022年10月28日）

【関連項目】

21.3（【短期運用】購入準備）

中分類	21.6 【投資目的】投資判定	小分類	21.6.1 投資可否検証		
	21.7 【投資目的】投資決定		21.7.1 検証結果説明		

【ポイント・留意点】

・社内における投資判断のプロセス

　　投資の判断を行うまでのプロセスについては、社内で役割と責任を明確に決めておく必要があります。計画の策定、投資案件の検証、連結範囲の変更有無確認、投資実施の決定、契約、資金決済の実施、実施後の管理など、それぞれについて分担と責任を決めることは、すべてを一人が担当する場合に比べて、ミスや不正を防ぐとともに迅速な投資判断を可能にします。特に投資可否の判断については会社のマネジメント上重要な意味を持つことなので、社内の決裁権限上、その責任者を明確にしておく必要があります。

・投資可否の判断材料

　　投資を目的として有価証券購入を行うかどうか、その判断の材料として、投資対象について十分な検証を行う必要があります。その中で最も基本的でかつ重要なのが、投資先会社の財務データの分析です。有価証券報告書等を入手し、財務諸表等を用いて、当該会社の安全性、成長性、収益性などを分析します。以下、分析に用いられる主な指標を記載します。

〔安全性の分析〕

　　○自己資本比率（％）＝$\dfrac{自己資本}{総資産}\times 100$

　　　　安全性指標として最もポピュラーなもの。高い方が安全性が高い。

　　○有利子負債比率（％）＝$\dfrac{有利子負債}{自己資本}\times 100$

　　　　有利子負債の金額そのものや、その推移を見るのも重要。低い方が安全性が高い。

　　○インタレスト・カバレッジ・レシオ（倍）＝$\dfrac{利払前事業収益}{支払利息・割引料}$

　　　　金融費用の支払余力を見る指標。高い方が安全性が高い。

　　○フリーキャッシュフロー＝営業キャッシュフロー＋投資キャッシュフロー

　　　　キャッシュフロー計算書から算出。会社が稼いだ純粋な手元資金。

〔成長性の分析〕

　　○株価収益率（PER）（倍）＝$\dfrac{株価}{1株あたり当期純利益（EPS）}$

　　　　高ければ株価が割高、低ければ割安。同業種平均との比較がポイント。

　　○株価純資産倍率（PBR）（倍）＝$\dfrac{株価}{1株あたり純資産}$

　　　　通常 "PBR＝1倍" となると、株価が解散価値と等しいとされ、株価下落時の下値の目安とされている。

○配当利回り（％）＝$\dfrac{1株あたり配当金}{株価}\times100$

　　　配当から投資効率を判断する指標。他の金融商品の利回りと比較。

〔収益性の分析〕

○自己資本利益率（ROE）（％）＝$\dfrac{当期純利益}{自己資本}\times100$

　　自己資本に対してどれだけ利益を上げたかを表す。投資家が最も重視する指標のひとつ。

○売上高営業利益率（％）＝$\dfrac{営業利益}{売上高}\times100$

　　本業の収益力を見る。同業他社との比較が効果的。

○総資産利益率（ROA）（％）＝$\dfrac{当期純利益}{総資産}\times100$

　　　　　　　　　　＝$\dfrac{当期純利益}{売上高}\times\dfrac{売上高}{総資産}\times100$

　　　　　　　　　　　　↑　　　　↑
　　　　　　　　売上高当期純利益率　総資産回転率

　　収益性を総合的に判断する指標として広く用いられる。計算式からわかるように、総資産利益率（ROA）は、売上高当期純利益率と総資産回転率を向上させればよい。

【関連項目】

21.11.1（評価報告）、28（資金管理）

中分類	21.14 時価評価	小分類	21.14.1 評価額算定 （上場）	21.14.2 評価額算定 （非上場）	21.14.3 評価仕訳計上

詳細解説

【用語解説】

・有価証券とは

　　有価証券の主たるものは、株式、国債・地方債・社債などの債券、投資信託である。有価証券の貸借対照表価額の期末評価の方法は、市場価格の有無や有価証券の種類及び保有目的により、それぞれ定められている。

・時価とは

　　公正な評価額であり、取引を実行するために必要な知識をもつ自発的な独立第二者の当事者が取引を行うと想定した場合の取引価格。

・上場株式とは

　　上場株式とは、証券取引所（金融商品取引所）に上場されている株式。

・償却原価法とは

　　取得金額と債券金額との差額（取得差額）を、償還期に至るまで毎期一定の方法で貸借対照表価額に加減する方法。

【ポイント・留意点】

・有価証券に付すべき時価

①　株式

　　株式の時価は、期末日における取引所の取引価格の終値を優先適用します。終値がない場合は、気配値を適用します。その際の気配値は公表された売り気配の最安値又は買い気配の最高値とし、それらがともに公表されている場合はそれらの仲値とします。また、当日に終値も気配値も公表されていない場合は、同日前直近において公表された終値又は気配値を用います。

　　取引所で取引される株式については、市場価格のみが時価とされ、合理的に算定された価額は適用されません。

②　債券

　　時価は市場価格とし、市場価格がない場合（実務指針第53項②の場合を含む。）には、市場価格に準ずるものとして合理的に算定された価額が得られればその価額とします。市場価格とする取引価格は、株式の取引価格に準ずる終値又は気配値とします。市場価格に準ずるものとして合理的に算定された価額には、理論価格方式や比準価格方式によるもの等があります。自社で合理的な算定が困難な場合には、それらの方法に基づき算定された価格をブローカー又は情報ベンダーから入手して利用することができます。

③　投資信託

　　時価は市場価格とし、市場価格がない場合には、市場価格に準ずるものとして合理的に算定された価額が得られればその額とします。合理的に算定された価額には、証券投資信託委託会社の公表する基準価格、ブローカー又は情報ベンダーから入手される評価価格が含まれます。

※　市場価格のない有価証券のうち、社債その他の債券の貸借対照表価額は、債権に準じて取得価額とします。ただし、債券を債券金額より低い価額又は高い価額で取得した場合において、取得価額と債券金額との差額の性格が金利の調整と認められるときは、償却原価法に基づいて算定された価額を貸借対照表価額とします。社債その他の債券以外の有価証券については、取得原価をもって貸借対照表価額とします。

・評価差額計上

　金融商品に関する会計基準では、有価証券はその保有目的の観点から4つに分類されており、それぞれの会計処理については以下のとおりです。

① 売買目的有価証券

（時価が帳簿価額を上回っている場合）

　　有価証券（売買目的）　／　有価証券運用益

（時価が帳簿価額を下回っている場合）

　　有価証券運用損　／　有価証券（売買目的）

② 満期保有目的の債券

　時価評価は行わず、取得価額をもって貸借対照表価額とします。

　ただし、債券を債券金額より低い価額又は高い価額で取得した場合において、取得価額と債券金額との差額の性格が金利の調整と認められるときは、償却原価法に基づいて算定された価額をもって貸借対照表価額としなければなりません。

③ 子会社株式及び関連会社株式

　時価評価は行わず、取得価額をもって貸借対照表価額とします。

④ その他有価証券

　評価差額は洗い替え方式に基づき、次のいずれかの方法により処理します。

　・評価差額の合計額を純資産の部に計上する（全部純資産直入法）。

　（時価が帳簿価額を上回っている場合）

　　有価証券（その他）　／　繰延税金負債
　　　　　　　　　　　　　　　その他有価証券評価差額金

　（時価が帳簿価額を下回っている場合）

　　繰延税金資産　　　　　／　有価証券（その他）
　　その他有価証券評価差額金／

　・時価が取得原価を上回る銘柄に係る評価差額は純資産の部に計上し、時価が取得価額を下回る銘柄に係る評価差額は当期の損失として処理する（部分純資産直入法）。

　（時価が帳簿価額を上回っている場合）

　　有価証券（その他）　／　繰延税金負債
　　　　　　　　　　　　　　　その他有価証券評価差額金

　（時価が帳簿価額を下回っている場合）

　　有価証券評価損　／　有価証券（その他）

※　損益計算書に影響を与える税効果仕訳については、省略しています。

　なお、個別財務諸表上、投資その他の資産に属する繰延税金資産と固定負債に属する繰延税金負債がある場合は、それぞれ相殺して表示します。

【参考資料・法的根拠（条文）等】

金融商品に関する会計基準（企業会計基準第10号・最終改正2019年7月4日）Ⅳ.2.／

金融商品会計に関する実務指針（会計制度委員会報告第14号・最終改正2019年7月4日）

中分類	21.15 減損（上場）	小分類	21.15.1 減損判定		21.15.2 減損仕訳計上	

詳細解説

【用語解説】

・取得価額とは

金融資産の取得にあたって支払った対価に、手数料その他の付随費用を加算したものをいう。

【ポイント・留意点】

・時価のある有価証券の減損処理

売買目的有価証券以外の有価証券（満期保有目的の債券、子会社株式及び関連会社株式、その他有価証券）のうち、時価のあるものについて、時価が著しく下落した場合は、回復する見込みがあると認められる場合を除き、時価をもって貸借対照表価額とし、評価差額を当期の損失として計上します。売買目的有価証券については、毎期末に時価評価が行われ、かつ評価差額が損益に反映されるため、減損処理の対象となりません。

・著しい下落の判定と回復可能性の判断

① 時価の下落率が50％以上の場合

有価証券の時価が取得価額の50％以上下落した場合には、合理的な反証がない限り、回復可能性があるとは認められず、減損処理の対象となります。

② 時価の下落率が30％以上50％未満の場合

状況によっては50％を下回る下落率であっても時価の回復可能性がないとして減損処理を要する場合があることから、企業において「著しく下落した」と判定するための合理的な基準を設け、その基準に基づいて回復可能性の判定の対象とするかどうか判断することとなります。

③ 時価の下落率がおおむね30％未満の場合

個々の銘柄の有価証券の時価の下落率がおおむね30％未満の場合には、一般的には「著しく下落した」ときに該当しないものと考えられています。しかしながら、たとえ30％未満の下落率であっても、発行会社の業績の悪化や信用リスクの増大などによって生じることもあるため、30％未満の下落率を合理的な基準として設定することを妨げないとされています。

※ 時価が「著しく下落した」と判定するための合理的な基準については、時価の下落率のほか、債券管理目的上の対象企業の信用リスクに係る評価結果など加味して設定することが認められます。なお、会社が設定した「合理的な基準」については、文書をもって設定しておき、毎期継続的に適用することが必要です。

・評価仕訳計上

　　　　有価証券評価損　　／　　有価証券

【参考資料・法的根拠（条文）等】

金融商品会計に関する実務指針（会計制度委員会報告第14号・最終改正2019年7月4日）91、284

中分類	21.16 減損（非上場）	小分類	21.16.1 減損判定	21.16.2 減損仕訳計上	

詳細解説

【用語解説】

・取得原価とは

　　一定時点における同一銘柄の有価証券の取得価額の合計額から、前回計算時点より当該一定時点までに売却した部分に一定の評価方法を適用して計算した売却原価を控除した価額をいう。

・実質価額とは

　　1株あたりの純資産額に所有株式数を乗じた金額のこと。

【ポイント・留意点】

・時価のない有価証券の減損処理

　　市場価格のない株式は、取得原価をもって貸借対照表価額に計上するものとされていますが、当該株式の発行会社の財政状態の悪化により実質価額が著しく低下したときには減損処理を行い、評価差額を当期の損失として計上しなければなりません。

　　財政状態とは、一般に公正妥当と認められる会計基準によって作成された財務諸表に基づいて算定しますが、原則として発行会社の資産について時価評価額が入手できるのであれば、その評価差額を加味して算定した1株あたりの純資産額をいいます。財政状態の悪化とは、1株あたり純資産価額が、その株式を取得したときのそれと比較して相当程度下回っている場合をいいます。なお、この際に基礎とする財務諸表は、決算日までに入手し得る直近のものを使用し、その後の状況で財政状態に重要な影響を及ぼす事項が判明していればその事項も加味します。

・実質価額の回復可能性の判断

　　実質価額が、取得原価に比較して50%以上低下したような場合には、一般的に回復可能性がないものと判断されます。これは、市場価格のない株式の実質価額の回復可能性を判断するためには、当該株式の発行会社の財務諸表を時価評価した実質ベースで作成したり、あるいは、中長期の事業計画等を入手して財政状態の改善の見通しを判断したりすることが必要ですが、通常、外部の会社についてこのような手続きを要求することは困難であるからです。しかし、子会社や関連会社等（特定のプロジェクトのために設立された会社を含む。）については、財務諸表を実質ベースで作成したり、中長期の事業計画を入手したりすることが可能であり、この結果回復可能性が十分な証拠によって裏付けられるのであれば、減損処理を行わないことも認められます。

・評価仕訳計上

　　　　有価証券評価損　　／　　有価証券

【参考資料・法的根拠（条文）等】

　　金融商品会計に関する実務指針（会計制度委員会報告第14号・最終改正2019年7月4日）92、285

大分類　22　債務保証管理　　22

大分類	中分類	小分類	ポイント・解説
22 債務保証 管理	22.1 【グループ】 保証枠申請	22.1.1 申請内容 確認	申請された債務保証枠内容を確認すると共に連結範囲判定に関するグループ会社への影響度を検証します。 詳細解説　P.290
	22.2 【グループ】 保証枠更新 申請	22.2.1 更新申請 内容確認	申請された債務保証枠の更新申請内容の確認を行います。 詳細解説　P.291
	22.3 【グループ】 債務保証 契約	22.3.1 契約内容 検証	債務保証契約内容を検証します。
	22.4 【連帯保証】 債務保証 申請	22.4.1 保証可否 検証	連帯保証となる債務保証申請の保証可否の判定を行います。 詳細解説　P.291
	22.5 【連帯保証】 保証実行 決定	22.5.1 保証可否 説明	保証可否判定を説明します。
	22.6 【連帯保証】 債務保証 契約	22.6.1 契約内容 検証	債務保証契約内容を検証します。
	22.7 債務保証 残高管理	22.7.1 保証状況 確認	債務保証の使用状況を確認します。 債務保証契約を解除できるものがないか検討します。
		22.7.2 債務保証 台帳管理	債務保証残高及び債務保証料の徴収状況を管理します。
	22.8 債務保証料 管理	22.8.1 保証料算定	請求する保証料を算定します。
		22.8.2 請求	算定された債務保証料を請求します。
		22.8.3 入金	債務保証料の入金を確認します。
		22.8.4 計上	入金事実を確認し債務保証料を計上します。

業務プロセスと取引仕訳

【22.1 【グループ】保証枠申請】

〔22.1.1 申請内容確認〕

詳細解説 P.290

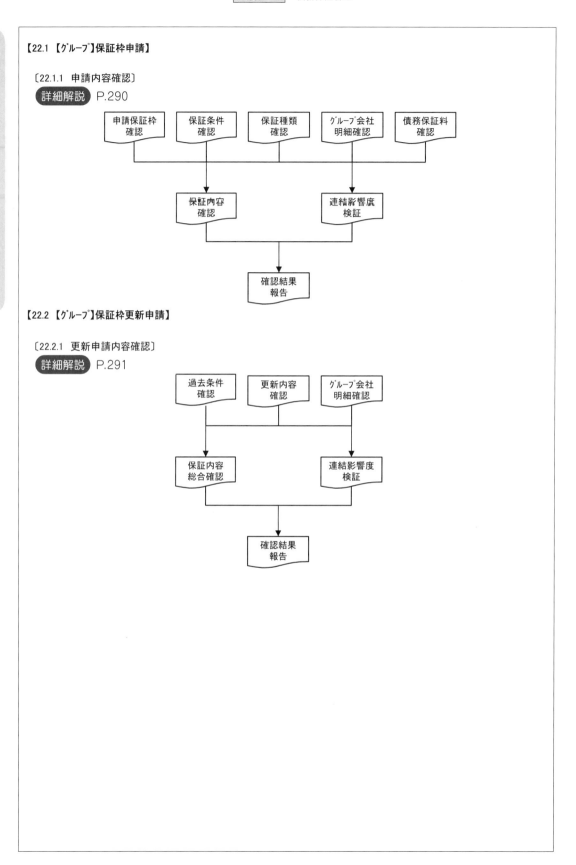

【22.2 【グループ】保証枠更新申請】

〔22.2.1 更新申請内容確認〕

詳細解説 P.291

【22.3 【ｸﾞﾙｰﾌﾟ】債務保証契約】

〔22.3.1 契約内容検証〕

【22.4 【連帯保証】債務保証申請】

〔22.4.1 保証可否検証〕

詳細解説 P.291

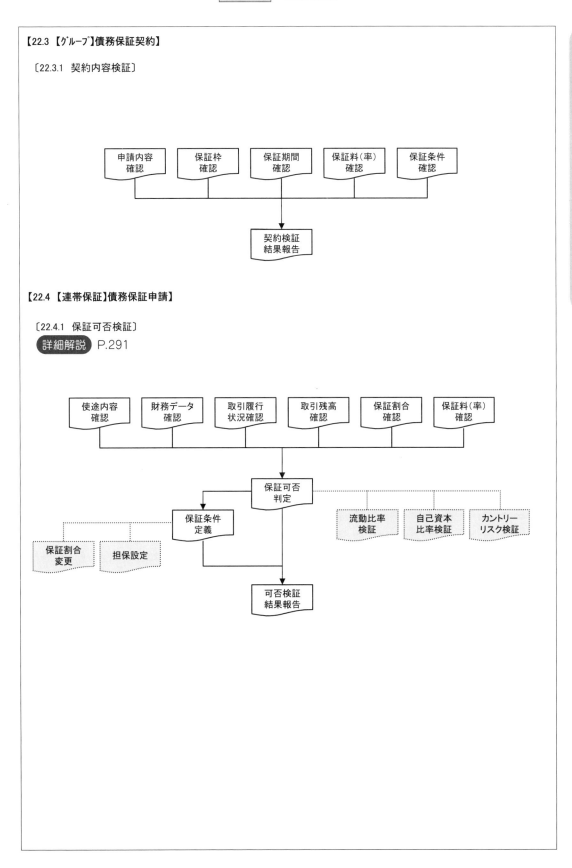

【22.5 【連帯保証】保証実行決定】

〔22.5.1 保証可否説明〕

【22.6 【連帯保証】債務保証契約】

〔22.6.1 契約内容検証〕

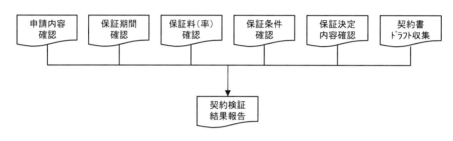

【22.7 債務保証残高管理】

〔22.7.1 保証状況確認〕

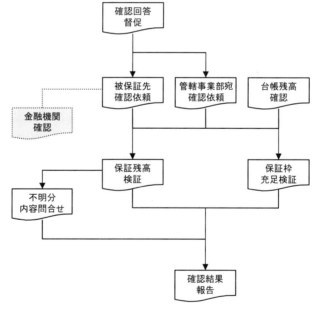

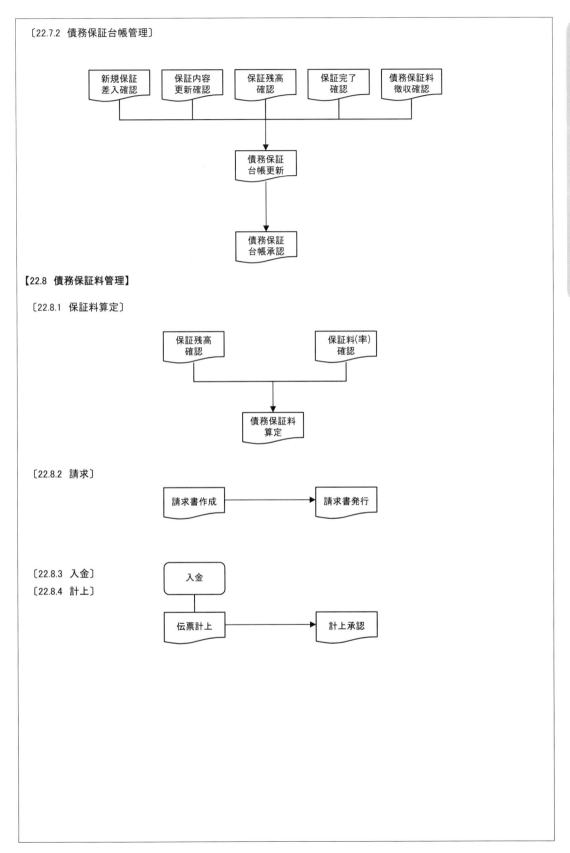

〔22.7.2 債務保証台帳管理〕

新規保証差入確認　保証内容更新確認　保証残高確認　保証完了確認　債務保証料徴収確認

債務保証台帳更新

債務保証台帳承認

【22.8 債務保証料管理】

〔22.8.1 保証料算定〕

保証残高確認　保証料(率)確認

債務保証料算定

〔22.8.2 請求〕

請求書作成　→　請求書発行

〔22.8.3 入金〕
〔22.8.4 計上〕

入金

伝票計上　→　計上承認

業務プロセスと取引仕訳

| 中分類 | 22.1
【グループ】保証枠申請 | 小分類 | 22.1.1
申請内容確認 | | |

詳細解説

【用語解説】

・偶発債務とは

偶発債務とは、債務の保証、係争事件に係る賠償義務及び保証類似行為等のように、決算日時点では発生していないが、将来の出来事次第では債務の発生が想定される潜在的な債務を総称していう。

・債務保証とは

主たる債務者が債務を履行しない場合、保証人がその債務を履行する責任を負うことを契約することにより、債権者の債権を担保するもの。

・保証類似行為とは

保証予約や経営指導念書等の差入れ等を総称して「保証類似行為」といい、会計上の取扱いは、債務保証に準じたものとなる。

【ポイント・留意点】

・債務保証の開示上の扱い

保証債務は、保証人となった企業における法律上の負担は、被保証人である債務者の支払能力がなくなった時に初めて発生するものであり、そのような事実が発生しない限り、当該債務を負担することはありません。したがって、貸借対照表に計上する必要のないものです。

ただし、将来の債務として発生する可能性は払拭できないものであり、発生する可能性をもった潜在的な債務といえることから、企業会計原則をはじめ、各種規則において財務諸表への注記が義務付けられています。

上記のように債務保証については、通常の場合、注記事項として開示されますが、保証人となった企業は、債務の負担の可能性が高くなると、会計上の取扱いを、注記事項から引当金の計上へと変更しなくてはなりません。

以上の考え方は、債務保証のみではなく、保証類似行為等の偶発債務についても同様です。

・内部統制上の留意点

債務保証等の偶発事象については、事実関係全部を把握することが重要なポイントとなります。

そのためには、①偶発事象の定義や例示等を社内規程などでルール化する、②取締役会決議事項に偶発事象に関する事項を取り入れる、③偶発事象に係る事項は経理部門に必ず情報が入る仕組みを作る、④経理部門は決算期ごとに偶発事象に係る情報を入手する、以上のようなことを事前に社内で取り決めておくことが必要です。

保証枠申請時においては、社内的に上記の点に留意し保証内容等の確認を実施しなければなりません。

また、債務保証の契約をする場合、相手企業等の「収益性」・「安全性」・「生産性」・「成長性」の指標等を確認し、実行することも必要です。

保証枠申請時においては、社内的に上記の点に留意し保証内容等の確認を実施しなければなりません。なお、グループ外部に対する安易な保証行為はリスクが高いため、慎重に検討し、対応することが必要です。

さらに、契約後においては、不要と考えられる債務保証契約が残っていないか検討することも必要です。

【参考資料・法的根拠（条文）等】

会計原則第三の1のC／財規58／財規ガイド58／連財規39の2／連財規ガイド39の2／計規103五／債務保証及び保証類似行為の会計処理及び表示に関する監査上の取扱い（監査・保証実務委員会実務指針第61号・最終改正平成23年3月29日）2

中分類	22.2 【グループ】保証枠更新申請	小分類	22.2.1 更新申請内容確認	
	22.4 【連帯保証】債務保証申請		22.4.1 保証可否検証	

詳細解説

【ポイント・留意点】

・債務保証の会計処理等

　債務保証の会計処理等については、以下のように取り扱われ、債務保証以外の偶発債務についても同様の処理で取り扱われます。

① 債務保証の履行の可能性が高くなった場合、債務保証損失引当金を計上しますが、その債務保証損失引当金の繰入額は、その金額、発生事由等に応じて、原則として営業外費用又は特別損失として計上することとなります。

② 貸借対照表における債務保証損失引当金の表示は、ワン・イヤー・ルールに従い、流動負債又は固定負債に区分する必要があります。

③ 債務保証の履行請求を受けた場合は、負担すべき債務を未払金等に計上します。

　なお、求償すべき債権については未収入金計上し、回収不能となる見積もり額を直接相殺するか、又は、貸倒引当金として計上します。

④ 債務保証損失引当金を計上し、その保証先の債務不履行により、債権者に対し保証債務を履行し又は保証債務の履行を請求された場合、債務保証損失引当金の目的取崩しを行うこととなりますが、同時に主たる債務者に対し求償債権が生じ、目的取崩しに対応する損失は、求償債権に対する貸倒引当金繰入額又は貸倒損失として発生します。これらを一連の会計処理と考え、原則、債務保証損失引当金の目的取崩しと、貸倒引当金繰入額又は貸倒損失は、それぞれを相殺後の金額で表示します（相殺は個別の取引先ごとに行います。）。

⑤ 債務保証について、債務保証損失引当金を設定するときは、注記に表示する債務保証金額は、債務保証損失引当金設定額を控除した後の残額を表示します。

　以上の処理は、債務保証をはじめ、偶発債務についても同様です。

【参考資料・法的根拠（条文）等】

会計原則第三の1のC／財規58／財規ガイド58／連財規39の2／連財規ガイド39の2／計規103五／債務保証及び保証類似行為の会計処理及び表示に関する監査上の取扱い（監査・保証実務委員会実務指針第61号・最終改正平成23年3月29日）

大分類	中分類	小分類	ポイント・解説
23 貸付金 管理	23.1 融資申請	23.1.1 融資可否 判定	融資申請内容を各種資料・データ等に基づき検証し可否判定を行います。 　その際、融資目的の明確化や使途内容の確認、融資先の財務データ、信用調査機関への調査依頼結果等に基づき、「安全性」、「収益性」、「保全方法」を検証し融資の可否判定を行います。　詳細解説　P.304
	23.2 融資決定	23.2.1 融資可否 通知	融資可否の検証結果に基づき、判定結果を通知します。
	23.3 融資契約	23.3.1 契約内容 検証	融資決定内容（契約額、期間、返済スケジュール、利率、条件）及び保全条件について確認（検証）を行います。　詳細解説　P.305
	23.4 融資実行	23.4.1 支払依頼	融資決定を踏まえ、融資支払依頼書を作成し、作成された支払依頼の承認を行います。
		23.4.2 支払	融資の支払を実行します。
		23.4.3 計上	融資支払事実を踏まえ、融資仕訳を計上します。
	23.5 【グループ】 融資枠申請	23.5.1 融資枠設定	グループ会社への融資枠申請額を確認するとともに、融資を実行した場合の融資先に対する支配力・影響力の変化に伴う連結範囲への影響度を検証します。 　その際に、融資枠額、条件、利率、設定期間、返済スケジュール等を確認します。
	23.6 元本回収	23.6.1 回収内容 確認	返済条件を踏まえ、融資先への請求内容を確認します。 　具体的には、融資契約書、融資元本残高、返済スケジュール、請求額、請求内容を確認します。
		23.6.2 請求	融資先に対し、請求書を作成し返済請求を実施します。
		23.6.3 入金	返済額の入金を確認します。
		23.6.4 計上	入金事実を踏まえ、回収伝票を作成し、融資返済仕訳を計上します。

分類とポイント・解説

<table>
<tr><th colspan="2" rowspan="8" style="writing-mode: vertical-rl;">分類とポイント・解説</th></tr>
</table>

大分類	中分類	小分類	ポイント・解説
	23.7 融資利息 回収	23.7.1 利息額計算	条件（元本残高、融資利率、利息計上期間）を確認し、請求利息額を計上します。
		23.7.2 未収利息 計上	決算時に期間計算された未収利息額を確認後、伝票を作成し計上します。
		23.7.3 請求	融資利息額を確認して請求書を作成し、融資先に請求します。
		23.7.4 入金	融資利息の入金を確認します。
		23.7.5 計上	入金事実を踏まえ、入金伝票を作成し受取利息仕訳を計上します。
	23.8 残高管理	23.8.1 融資台帳 管理	元本増減及び利息の回収状況等を融資台帳にて管理を行います。 管理方法としては、融資契約書等に基づいた融資台帳を作成することになります。
		23.8.2 残高確認	融資先における融資残高（融資元本、未収利息等）の確認を実施します。
		23.8.3 返済延滞・ 滞留報告	元本返済や利息回収遅延・延滞事実を報告し対応策を策定します。 具体的には、返済が延滞・滞留している融資取引を確認し、相手先の財務データや取引履行状況を確認します。その際、関係部門への報告も重要となります。
	23.9 条件見直・ 継続申請	23.9.1 可否判定	融資先の業況・返済状況を踏まえ融資条件を変更する場合は、各種資料、データ等に基づき、変更内容を検証します。
	23.10 【グループ】 条件見直・ 継続申請	23.10.1 条件見直・ 継続申請	融資先（グループ会社）の業況・返済状況を踏まえ、各種資料、データ等に基づき、融資条件の変更内容を確認します。融資条件変更の際には税務上の寄附金にならないよう留意する必要があります。

【23.1 融資申請】

〔23.1.1 融資可否判定〕

詳細解説 P.304

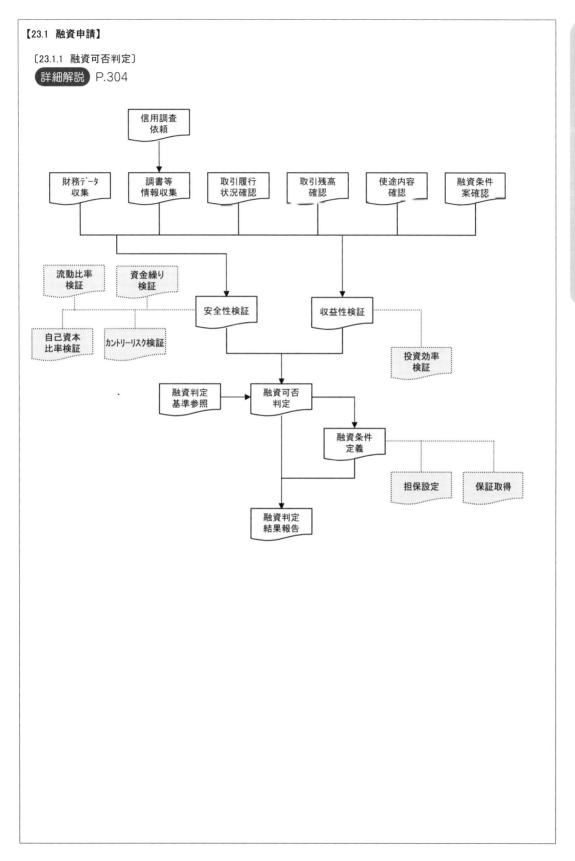

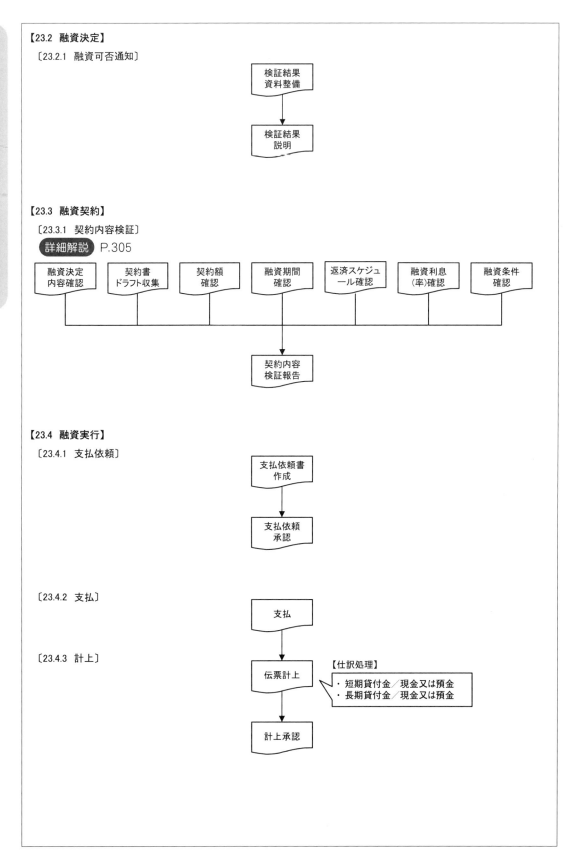

【23.2 融資決定】

〔23.2.1 融資可否通知〕

検証結果
資料整備

↓

検証結果
説明

【23.3 融資契約】

〔23.3.1 契約内容検証〕

詳細解説 P.305

| 融資決定内容確認 | 契約書ドラフト収集 | 契約額確認 | 融資期間確認 | 返済スケジュール確認 | 融資利息(率)確認 | 融資条件確認 |

↓

契約内容
検証報告

【23.4 融資実行】

〔23.4.1 支払依頼〕

支払依頼書
作成

↓

支払依頼
承認

〔23.4.2 支払〕

支払

↓

〔23.4.3 計上〕

伝票計上

【仕訳処理】

・ 短期貸付金／現金又は預金
・ 長期貸付金／現金又は預金

↓

計上承認

【23.5 ［グループ］融資枠申請】

〔23.5.1 融資枠設定〕

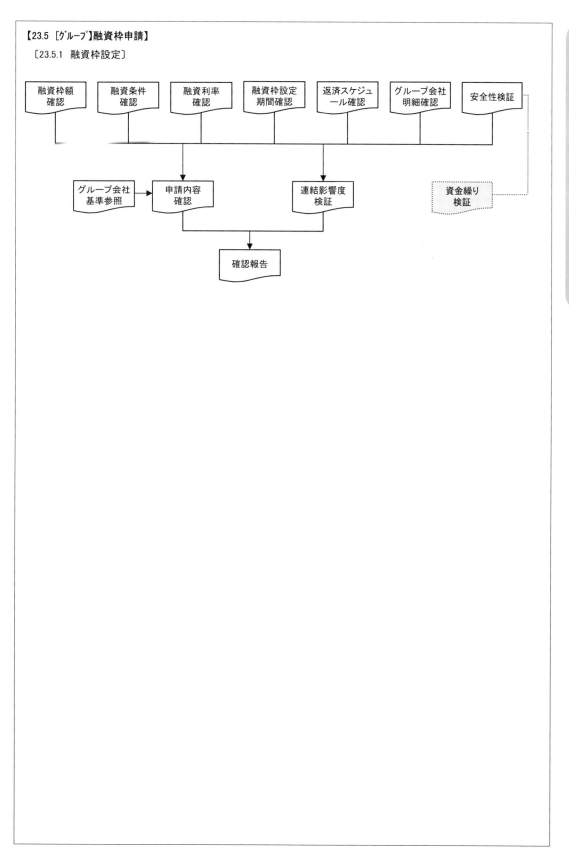

業務プロセスと取引仕訳

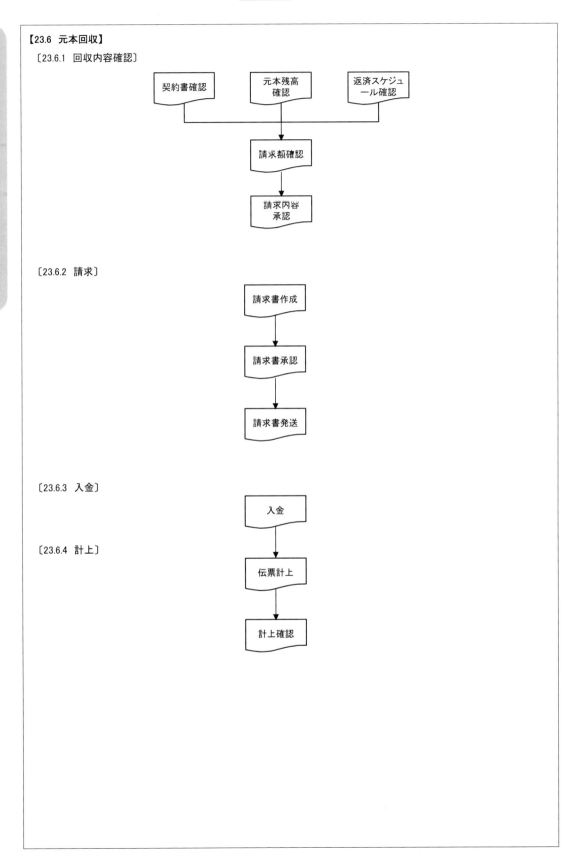

【23.6 元本回収】

〔23.6.1 回収内容確認〕

契約書確認

元本残高確認

返済スケジュール確認

請求額確認

請求内容承認

〔23.6.2 請求〕

請求書作成

請求書承認

請求書発送

〔23.6.3 入金〕

入金

〔23.6.4 計上〕

伝票計上

計上確認

【23.7　融資利息回収】

〔23.7.1　利息額計算〕

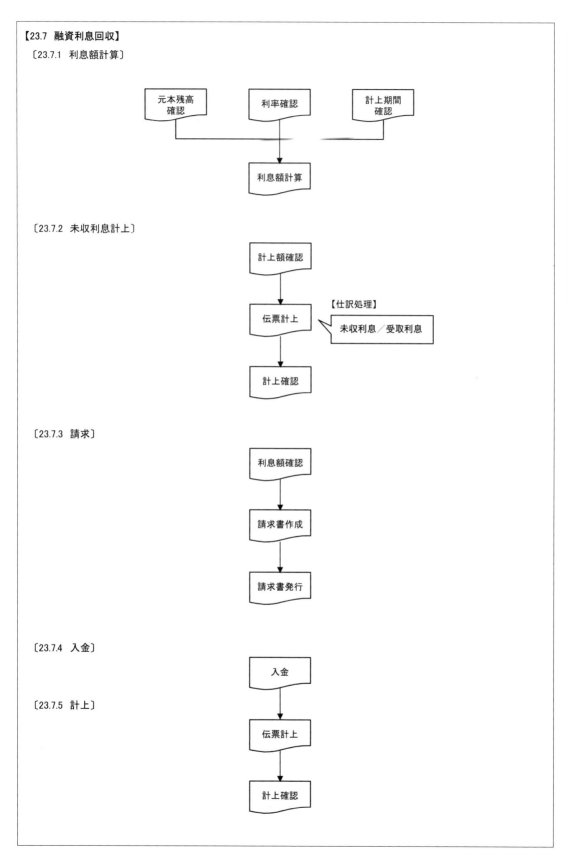

〔23.7.2　未収利息計上〕

〔23.7.3　請求〕

〔23.7.4　入金〕

〔23.7.5　計上〕

業務プロセスと取引仕訳

【23.8 残高管理】

〔23.8.1 融資台帳管理〕

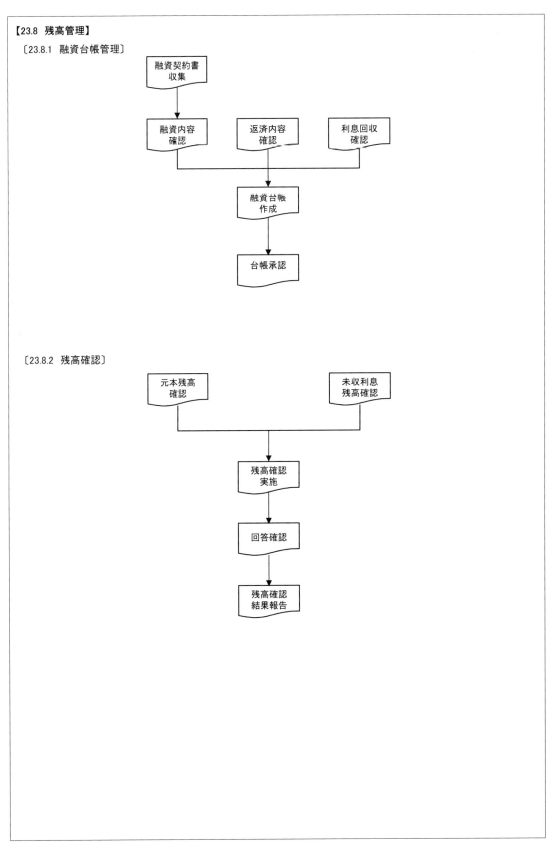

〔23.8.2 残高確認〕

〔23.8.3　返済延滞・滞留報告〕

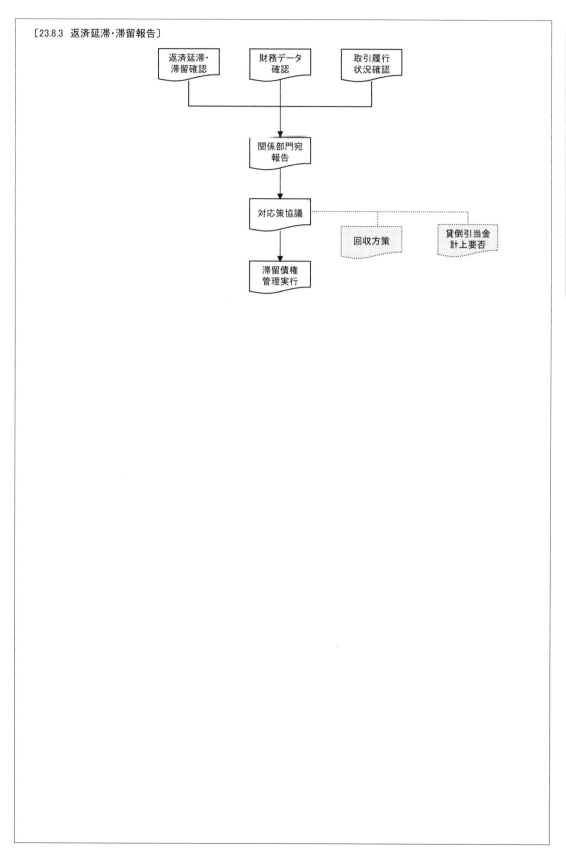

【23.9 条件見直・継続申請】

〔23.9.1 可否判定〕

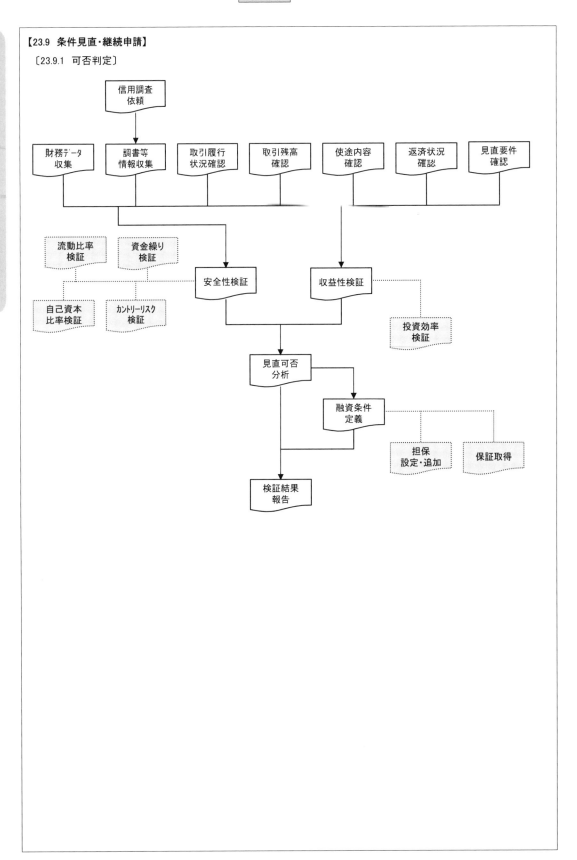

【23.10 【グループ】条件見直・継続申請】

〔23.10.1 条件見直・継続申請〕

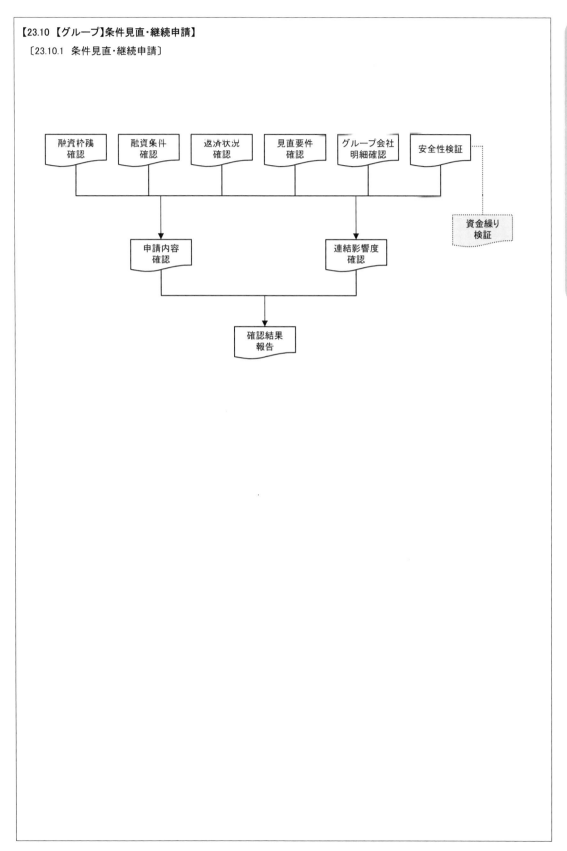

中分類	23.1 融資申請	小分類	23.1.1 融資可否判定		

【用語解説】

・安全性とは

　貸付金が確実に返済されるその可能性の度合い。安全性を確保するために、融資先の事業内容を精査し、その将来について正確な見通しをつけたうえで貸付を行う必要がある。

・収益性とは

　貸付は実行にかかるコストを回収することが必要であり、銀行であれば、多数の預金者から受け入れた預金を資金源とし、また、一般的な企業であれば、社内又はグループ内の余剰資金を資金源として、自らの計算とリスクにおいて資金を融通するものである。よって、自社の資金調達コストと貸付先の倒産リスクに見合った貸付利息を付して回収し、一定の収益を確保しなければならない。

・融資判定基準

　融資判定を一定のレベルで的確に実施するために、あらかじめ設定している判定基準のこと。取引先の会社概要や信用調査の結果に対応する融資可否基準・融資枠限度額などについて定めたものである。

【ポイント・留意点】

・企業調査（企業の総合的見方）

　融資先の倒産により貸付金の回収が不能となれば、予定していた利益が得られないだけでなく、当該取引にかかったコストがまるまる損失となってしまいます。そのようなことが幾つもの取引で発生したり、1件だけであっても金額が多額であったりすれば、会社の収支悪化にとどまらず、経営危機を招くことにもなりかねません。

　そのような事態を未然に防止するために、融資可否判定を充実させる必要があります。

　そのためにはまず、融資先の企業を調査することが重要になり、ポイントとしては次のことが挙げられます。

① 設立事情

　設立事情を調査するということは、企業が何を狙いとして事業を始めたかを知る原点であり、設立の時期や事情を知ったうえで、企業の現状をみるためにも重要な調査項目になります。

　設立事情を企業側から聴取する前に、具体的な情報収集の方法として、その企業の「商業登記簿」を閲覧したり、謄本や抄本等を取り寄せたりすることが挙げられます。

　事業の目的である定款内容は登記事項であり、容易に企業の目的を知ることができます。

② 事業内容の変遷

　ライフサイクルの変化や企業の国際化等で、企業を取り巻く事業環境は常に変化しています。

　大部分の企業は、収益を確保し永続しようとし、環境の変化に順応した事業内容の見直しを行いながら事業を継承・発展させています。

　しかし、大幅な事業内容の変更は、企業の存在を危うくすることもあり、変遷＝業歴を知ることは、その企業の現在までの成長過程により今後の永続性を見るうえでの重要なチェック事項のひとつといえます。

③ 企業の将来性

　成長産業に属している企業でも、その業界内における競争力がなければ激しい競争のもと業績不振に陥ることもあります。

　一般的に将来伸びる企業であるかどうかの目安として、業種や業態が成長産業に属しているかどうかで判断することが多いですが、企業を取り巻く経営環境は大きく変動しており、今後の成長性を検討するには、より広い社会、経済構造の変化を視野に入れ、消費者の意識の変化と行動の変化、技術の進歩など、分野やテーマ別に捉えていくことも将来性を判断するポイントとなります。

中分類	23.3 融資契約	小分類	23.3.1 契約内容検証	

【ポイント・留意点】

・契約書の作成時における留意点

　融資の実施に際し、契約書を作成しますが、これは金銭消費貸借契約に基づき作成することになります。

　ここでポイントとなる「金銭消費貸借契約」とは次のとおりです。

① **特徴**

(1) 消費貸借契約とは

　　金銭その他の物を借り受け、後にこれと同種、同等、同量の物を返還する契約をいいます（民587）。

(2) 契約の目的物

　　種類、品質、数量の同じ物を返還できれば何でも良いですが、取引の実態は圧倒的に金銭の消費貸借がほとんどです。

(3) 契約の特徴

　　借受物の「消費」が可能で、借主が所有権を取得します（使用貸借、賃貸借とは異なります。）。

(4) 成立要件

　　借主が金銭その他の代替物を貸主に返還することを約束し（返還の合意）、貸主から金銭その他の代替物を受け取ることにより成立します。

(5) 要物性

　　契約の成立には、「貸借りの合意」のほか、「目的物の交付」が必要となります。

　　これを「消費貸借の要物性」といいます。

② **弁済期**

(1) 弁済期限の約束がある場合

　　借主は約束に従って返済しなければなりませんが返済期限までは返さなくてもよいという利益を受けます。

　　これを「期限の利益」といいます（民136）。

　　ただし、返済期限があっても、借主が破産手続開始の決定を受けるなど、民法第137条に規定する事由に該当するとき、又は、期限の利益喪失約款（支払を怠ったときは、期限の利益を失うこと）があってこれらに該当したときは、直ちに返還しなければなりません。

(2) 弁済期限の約束がない場合

　　貸主は「相当の期間」を定めて「返還の催告」として返済を求めることができます（民591①）。

　　相当の期間とは「取引上一般に必要とされている期間」と解釈されています。

　　借主はいつでも返済ができます（民591②）。

　　ただし、利息付きの貸し金の場合、原則として、借主は返済期までの利息を支払う必要があります。返済期を過ぎると「債務不履行」により遅延損害金が発生します。

③ 利息

(1) 利息とは

元本使用の対価として、元本の額と貸与期間に比例して支払われる金銭等をいいます。金銭貸借の場合、利息は「元本×利率×期間」で算出されます。

(2) 利息の支払時期

約束があれば、それによりますが、約束がなければ、元本の返済期と同じ時期に支払う、つまり後払いとなります。

(3) 単利と複利

単利は、元本だけに利息をつけることをいい、複利は、期限の来た利息を元本に組み入れ、元利合計額を元本として利息をつけることをいいます。

(4) 利息の制限

利息は、借主保護の観点から、「利息制限法」により制限されており、制限利率を超える部分は無効となります。

利息制限法で定められている制限利率は次のとおりです（利息制限法1）。

・10万円未満の場合　　　　　　　年20%
・10万円以上100万円未満の場合　年18%
・100万円以上の場合　　　　　　年15%

④ 遅延損害金

遅延損害金とは、貸金を期限までに返還しないときに発生します。

返還義務を守らない、つまり「債務不履行」の借主は、損害金を支払うことになります。

遅延損害金の利息についても「利息制限法」で定められており、制限利率の1.46倍となります（利息制限法4）。

・10万円未満の場合　　　　　　　年29.2%
・10万円以上100万円未満の場合　年26.28%
・100万円以上の場合　　　　　　年21.9%
・ただし、貸金業者の場合は金額に関わらず、年20.0%となります（利息制限法7）。

【関連項目】

23.5.1（融資枠設定）

大分類　24　借入金管理

24

大分類	中分類	小分類	ポイント・解説
24 借入金 管理	24.1 借入要件 定義	24.1.1 借入条件 交渉	借入先（金融機関）との交渉を通じ借入条件（借入金額・借入年月日・形式・返済期限・返済方法・借入利率・利払方法・元利金の支払方法等）を定義します。 　借入利率の条件定義にあたっては、金利市況等を参考にします。　【詳細解説】 P.313
	24.2 借入契約	24.2.1 契約内容 確認	借入契約内容（借入金額・借入年月日・形式・返済期限・返済方法・借入利率・利払方法・元利金の支払方法等）を確認します。 　借入先（金融機関）と契約書（金銭消費貸借契約証書）を取り交わします。
	24.3 借入実行	24.3.1 入金	借入を実行し、借入額を入金します。 　入金時には出納簿に記帳し出納管理を実施します。
		24.3.2 計上	借入契約・入金事実を踏まえ借入金仕訳を計上します。
	24.4 借入利息 管理	24.4.1 借入利息 算定	借入契約（利息対象期間・借入利率等）に基づき支払うべき借入利息を算定します。 　算定した借入利息額と借入先から送付される利息計算書等との照合を行います。　【詳細解説】 P.315
		24.4.2 支払依頼	借入利息の支払依頼書を作成し、支払依頼を行います。 　【詳細解説】 P.315
		24.4.3 支払	借入利息の支払を実行します。 　支払時には出納簿に記帳し出納管理を実施します。 　【詳細解説】 P.315
		24.4.4 計上	利息支払事実を踏まえ支払利息伝票を起票し、支払利息仕訳を計上します。　【詳細解説】 P.315
	24.5 借入金 残高管理	24.5.1 借入金台帳 管理	借入契約書（金銭消費貸借契約証書）に基づき、借入金残高や支払利息等を借入金台帳にて管理します。 　借入金台帳は、借入元利金の支払の都度更新します。
		24.5.2 残高確認	借入先（金融機関）より残高証明書を入手し、借入金台帳の借入金残高と照合し確認します。 　残高確認結果を報告します。

分類とポイント・解説

大分類	中分類	小分類	ポイント・解説
	24.6 借入金返済	24.6.1 返済額検証	借入元本を借入契約に基づき返済します。 　借入契約に基づき返済額を確認し、借入先（金融機関）から送付される計算書等と照合します。 　借入時に担保が設定されている場合は担保抹消を実施します。
		24.6.2 支払依頼	借入元本の支払依頼書を作成し、支払依頼を行います。
		24.6.3 支払	借入元本の返済を実行します。 　支払時には出納簿に記帳し出納管理を実施します。
		24.6.4 計上	元本返済事実を踏まえ支払伝票を起票し、借入返済仕訳を計上します。

【24.1　借入要件定義】

〔24.1.1　借入条件交渉〕

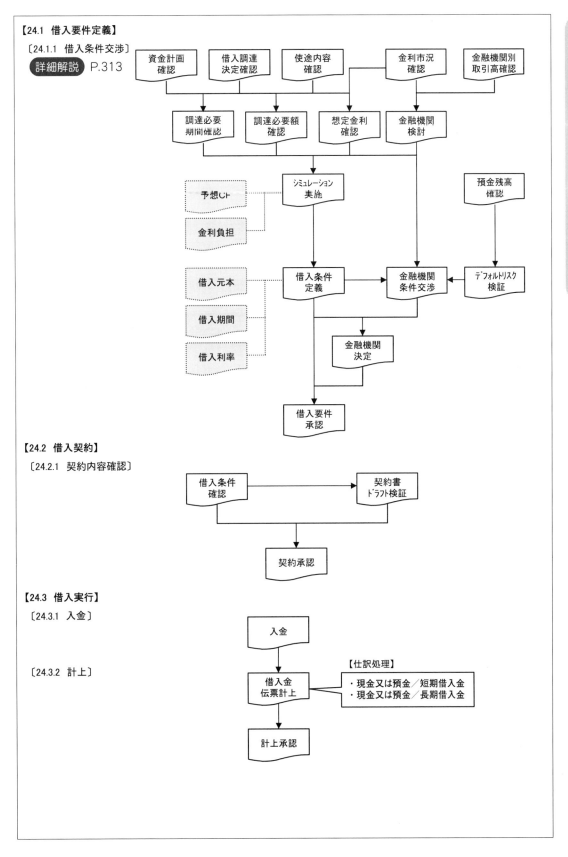

業務プロセスと取引仕訳

【24.2　借入契約】

〔24.2.1　契約内容確認〕

【24.3　借入実行】

〔24.3.1　入金〕

〔24.3.2　計上〕

業務プロセスと取引仕訳

【24.4 借入利息管理】

〔24.4.1 借入利息算定〕

詳細解説 P.315

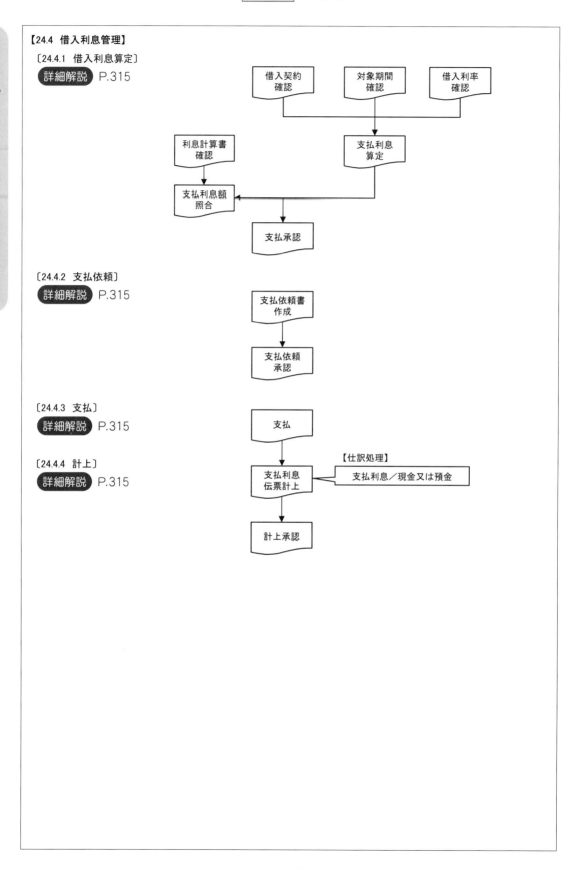

借入契約確認 → 対象期間確認 → 借入利率確認

利息計算書確認

支払利息算定

支払利息額照合

支払承認

〔24.4.2 支払依頼〕

詳細解説 P.315

支払依頼書作成

支払依頼承認

〔24.4.3 支払〕

詳細解説 P.315

支払

〔24.4.4 計上〕

詳細解説 P.315

【仕訳処理】

支払利息伝票計上

支払利息／現金又は預金

計上承認

【24.5 借入金残高管理】

〔24.5.1 借入金台帳管理〕

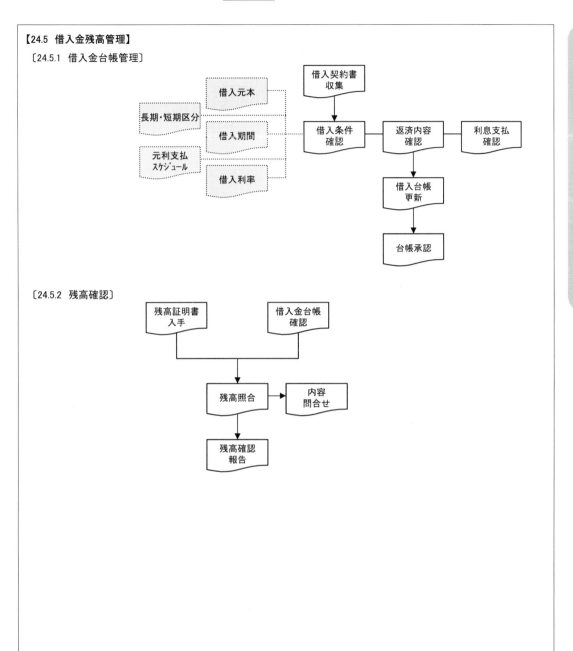

〔24.5.2 残高確認〕

業務 プロセスと取引仕訳

業務プロセスと取引仕訳

【24.6 借入金返済】

〔24.6.1 返済額検証〕

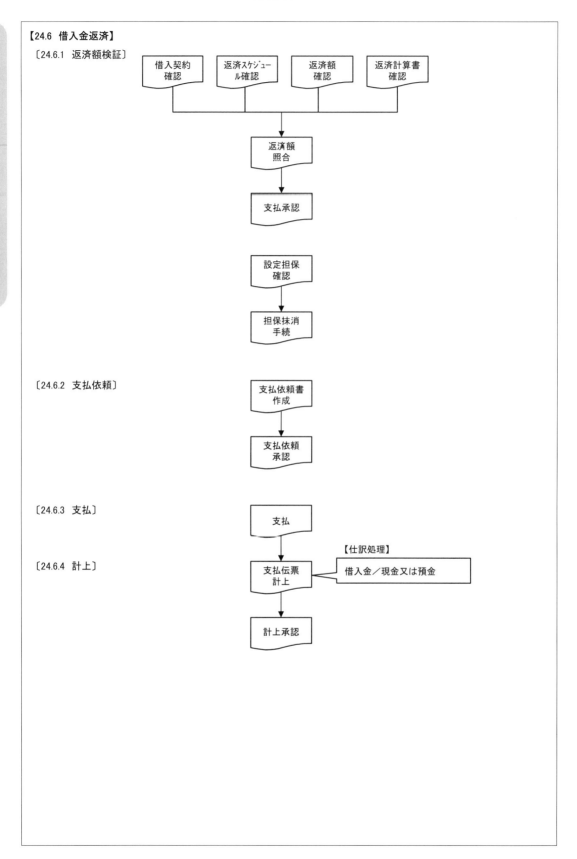

借入契約確認 ／ 返済スケジュール確認 ／ 返済額確認 ／ 返済計算書確認

返済額照合

支払承認

設定担保確認

担保抹消手続

〔24.6.2 支払依頼〕

支払依頼書作成

支払依頼承認

〔24.6.3 支払〕

支払

〔24.6.4 計上〕

支払伝票計上

【仕訳処理】

借入金／現金又は預金

計上承認

中分類	24.1 借入要件定義	小分類	24.1.1 借入条件交渉		

詳細解説

【用語解説】

・借入金とは

　資金を提供してくれた人に対して、借りたお金に利子を付け加えて返す資金調達方法。借り手である企業と貸し手である金融機関との間で借入金額や金利などが決定される。

・短期借入金とは

　会計上、借入金のうち決算日の翌日から起算して1年以内に支払期限が到来するものをいう。通常、決算資金、納税、賞与資金、その他一時的な資金の借入に利用する。

・長期借入金とは

　会計上、借入金のうち決算日の翌日から起算して1年を超えて支払期限が到来するものをいう。設備資金（土地・建物・機械などの購入や長期投資のための資金）や長期運転資金（運転資金に関して長期に借り入れる資金）の借入に利用する。

【ポイント・留意点】

・借入形態

　借入形態は大別して、①手形借入、②証書借入、③手形割引、④当座借越の4つに分類されます。

①　手形借入……借用証書の代わりに借り入れる側が金融機関宛の手形を振り出し、これと引き換えに金融機関から借入をする方法です。手形借入の場合、短期の借入によることが一般的です。

②　証書借入……借入の内容や条件などを記載した金銭消費貸借契約証書を差し入れたうえで借入をする方法です。証書借入は、設備資金など長期の借入によることが一般的です。

③　手形割引……支払期日の到来していない手形を、第三者（金融機関等）に裏書譲渡し、手形代金から割引料を控除した金額を支払期日前に取得する方法です。割引料は支払期日までの利息の他、手形振出人や受取人の信用力により決定されます。

④　当座借越……当座預金の残高が不足しても、一定の限度額まで金融機関が支払う方法です。

・借入手順と方法

　会社が借入を実行するときは、まず借入金融機関を選定します。そして選定した金融機関へ借入の実行の事前打診を行い、借入申込書・付属添付資料を提出し、面談（詳細の説明）を行います。借入条件（期間、担保・保証人、利率等）について交渉を行い、条件に関して合意に至れば、契約手続きを経て、借入を決定します。

　主な付属添付資料は、次のとおりです。

①　会社が存在することがわかる書類……法人印鑑証明書、商業登記簿謄本、定款、許認可証書

②　会社の構成がわかる書類………………役員名簿、株主名簿、会社案内等

③　会社の状況がわかる書類………………決算書3期分、直近の試算表、収支予想表、事業計画書等

④　その他、保証人、担保等に関する書類の提示を求められます。

詳細解説

・借入申込から実行までの流れ

　　会社が金融機関へ借入申込を行うと、金融機関ではその支店内で借入実行が決裁されるものと、本店で審議し決裁されるものの2つに分類されます。どちらの場合も、金融機関の貸付担当者が書類を作成し、役席・支店長等へ書類を回付します。前者の場合はその後、条件等の付加を含めて貸付の決定がされます。後者の場合は支店長等への回付後、本店審査部へ送付され、条件等が付加され、貸付が決定します。そうした審査を経て借入が実行されます。

・金融機関の審査方法

　　金融機関は借入を実行する会社の経営状況や経営者、担保、取引状況等において①安全性、②成長性、③収益性、④流動性、⑤公共性などの項目によりその会社を審査します。

中分類	24.4 借入利息管理	小分類	24.4.1 借入利息算定	24.4.2 支払依頼	24.4.3 支払	24.4.4 計上

【用語解説】

・市場金利とは

全融市場で決められる金利のことで、経済、社会、政治、金融情勢により絶えず変動している。代表的なものとして次のようなものがある。

LIBOR（ライボー）……London Interbank Offered Rate の略で、ロンドン市場での銀行間貸出金利。

TIBOR（タイボー）……Tokyo Interbank Offered Rate の略で、東京市場での銀行間貸出金利。

実際の借入金利は、「市場金利＋一定のスプレッド（利ざや)」となる。

・プライムレート（最優遇貸出金利）とは

金融機関が資金を貸し出す際の最低金利で、最も信頼のおける顧客に適用される。

・短期プライムレートとは

金融機関が短期資金を貸し出す際のプライムレート。レートは、各金融機関が自らの資金調達コストや市場の金利動向をもとに決定をしている。現在は、新短期プライムレート（新短プラ）と呼ばれることもあり、中小企業や個人への貸出金利として適用されることが多くなっている。

・長期プライムレートとは

金融機関が1年以上の長期資金を貸し出す際のプライムレートで、長期借入金の金利指標となる。

【ポイント・留意点】

・金利の決定

金利は借入の際、以下のような条件を勘案して決定されます。

①その時の金利情勢（日本銀行が定める基準割引率及び基準貸付利率）、②借入企業の経営内容や銀行との取引状況、③借入期間、④借入の目的・使途、⑤借入金額、⑥担保物件の種類と価値、⑦各銀行の金利に対する方針、⑧格付け

金利の交渉は、借入の内容が確定しない最初の段階では行えない場合が多く、利率は銀行取引の方針によって変化するので、他の銀行の利率を参考にするとよいでしょう。

・金利計算方法

金利日数……………金利期間の計算には「片端入れ」と「両端入れ」があります。
「片端入れ」は借入日と返済日のどちらか一方を借入日数に算入しない方法をいい、「両端入れ」は借入日も返済日も借入日数に算入する方法をいいます。

金利計算日数………「実質借入日数÷360日」とする計算と「実質借入日数÷365日」とする計算方法があります。日本市場で成立している金利は原則365日ベースで計算されますが、LIBOR を適用する場合は360日ベースとなります。

先払いと後払い……金利期間開始日に金利を支払うのが先払いであり、終了日に金利を支払うのが後払いです。

大分類	中分類	小分類	ポイント・解説
25 社債管理	25.1 社債発行 要件定義	25.1.1 発行要件 定義	社債発行に際し発行要件（債券総額・債券の形式・利率・償還価額・利息支払の方法及び期限・担保設定等）を定義します。 　社債利息の要件定義にあたっては金利市況等を参考にします。　詳細解説 P.323
		25.1.2 管理者 設定	社債発行に際し管理者の候補を抽出し、各候補者の情報を収集したうえで候補者にヒアリングを実施します。そして管理者を設定します。　詳細解説 P.323
	25.2 社債発行 取締役会 付議	25.2.1 取締役会 付議	社債発行に際し取締役会付議資料を作成し、取締役会に付議します。
	25.3 社債発行 準備	25.3.1 格付取得	取締役会の承認を受けた後、格付機関への提出書類を整備し、格付機関への格付依頼を行い、格付を取得します。　詳細解説 P.325
		25.3.2 管理者契約	設定した管理者との社債契約書（総額引受契約証書等）を作成し、契約手続きを行います。
	25.4 社債発行 実施	25.4.1 入金	社債発行に伴い入金処理を行います。 　入金時には出納簿に記帳し出納管理を実施します。　詳細解説 P.326
		25.4.2 社債発行費 算定	発行期間の確認、発行期間を踏まえた発行費用の処理方法を検討し、発行費用を算定します。　詳細解説 P.326
		25.4.3 計上	発行事実を踏まえ、社債発行費用及び社債発行仕訳を計上します。　詳細解説 P.326
	25.5 社債残高 管理	25.5.1 社債台帳 管理	社債契約書に基づき社債要件を確認し、社債残高や社債利息等を社債台帳にて管理します。 　社債台帳は社債利息の支払、社債償還の都度更新します。
	25.6 社債利息 管理	25.6.1 利息算定	社債契約（社債期間・社債利率等）に基づき支払うべき社債利息額を算定します。
		25.6.2 支払依頼	社債利息の支払依頼書を作成し、支払依頼を行います。
		25.6.3 支払	社債利息の支払を実行します。 　支払時には出納簿に記帳し出納管理を実施します。
		25.6.4 計上	利息支払事実を踏まえ社債利息伝票を作成し、社債利息仕訳を計上します。

<table>
<tr><th>大分類</th><th>中分類</th><th>小分類</th><th>ポイント・解説</th></tr>
<tr><td rowspan="4"></td><td rowspan="4">25.7
社債償還</td><td>25.7.1
償還額確認</td><td>社債契約書に基づき償還スケジュール及び償還額を確認します。</td></tr>
<tr><td>25.7.2
支払依頼</td><td>社債償還額の支払依頼書を作成し、支払依頼を行います。</td></tr>
<tr><td>25.7.3
支払</td><td>社債償還額の支払を実行します。
支払時には出納簿に記帳し出納管理を実施します。</td></tr>
<tr><td>25.7.4
計上</td><td>社債償還の事実を踏まえ支払伝票を作成し、社債償還仕訳を計上します。</td></tr>
</table>

分類とポイント・解説

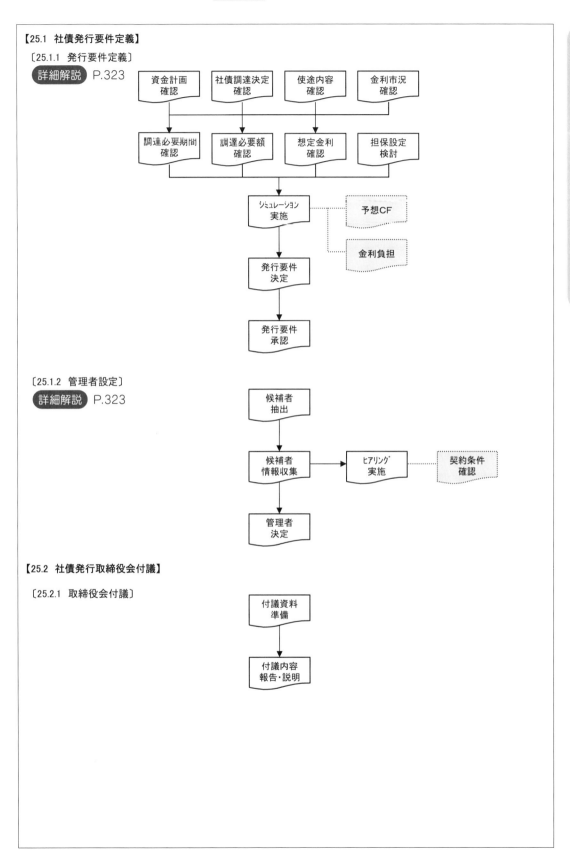

【25.1 社債発行要件定義】

〔25.1.1 発行要件定義〕
詳細解説 P.323

資金計画確認　社債調達決定確認　使途内容確認　金利市況確認

調達必要期間確認　調達必要額確認　想定金利確認　担保設定検討

シミュレーション実施 …… 予想CF

…… 金利負担

発行要件決定

発行要件承認

〔25.1.2 管理者設定〕
詳細解説 P.323

候補者抽出

候補者情報収集 → ヒアリング実施 …… 契約条件確認

管理者決定

【25.2 社債発行取締役会付議】

〔25.2.1 取締役会付議〕

付議資料準備

付議内容報告・説明

業務プロセスと取引仕訳

業
務
プ
ロ
セ
ス
と
取
引
仕
訳

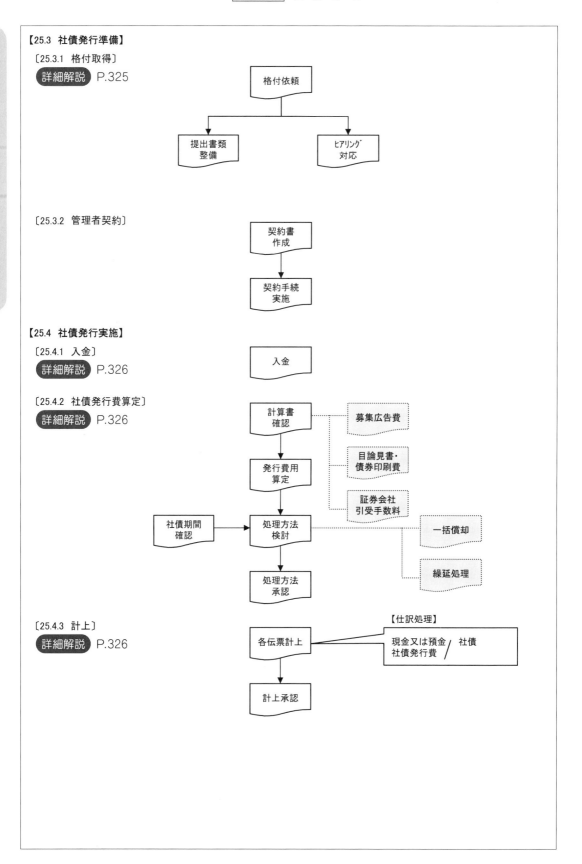

【25.3 社債発行準備】

〔25.3.1 格付取得〕

詳細解説 P.325

格付依頼

提出書類
整備

ヒアリング
対応

〔25.3.2 管理者契約〕

契約書
作成

契約手続
実施

【25.4 社債発行実施】

〔25.4.1 入金〕

詳細解説 P.326

入金

〔25.4.2 社債発行費算定〕

詳細解説 P.326

計算書
確認

募集広告費

発行費用
算定

目論見書・
債券印刷費

証券会社
引受手数料

社債期間
確認

処理方法
検討

一括償却

繰延処理

処理方法
承認

〔25.4.3 計上〕

詳細解説 P.326

各伝票計上

【仕訳処理】

現金又は預金 / 社債
社債発行費 /

計上承認

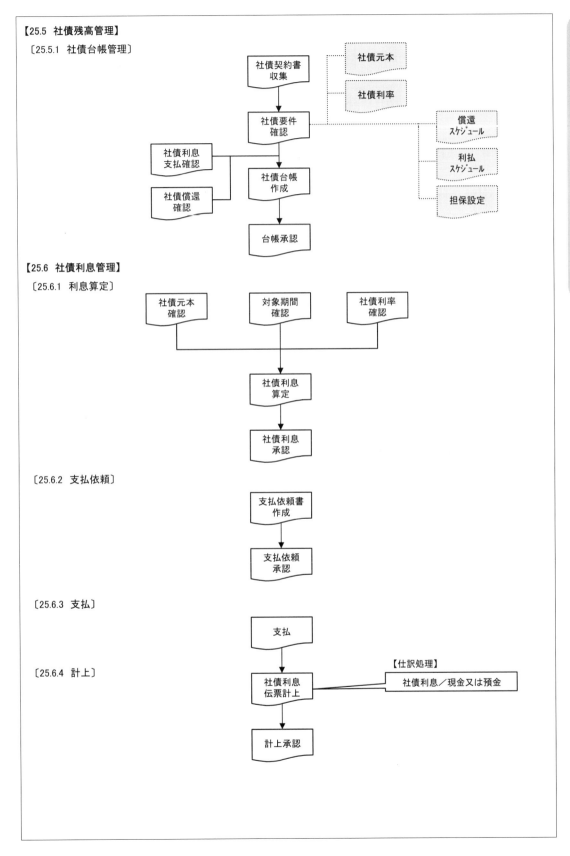

【25.5 社債残高管理】

〔25.5.1 社債台帳管理〕

社債契約書収集

社債元本

社債利率

社債要件確認

償還スケジュール

利払スケジュール

担保設定

社債利息支払確認

社債台帳作成

社債償還確認

台帳承認

【25.6 社債利息管理】

〔25.6.1 利息算定〕

社債元本確認 　対象期間確認 　社債利率確認

社債利息算定

社債利息承認

〔25.6.2 支払依頼〕

支払依頼書作成

支払依頼承認

〔25.6.3 支払〕

支払

〔25.6.4 計上〕

社債利息伝票計上

【仕訳処理】

社債利息／現金又は預金

計上承認

業務プロセスと取引仕訳

【25.7 社債償還】

〔25.7.1 償還額確認〕

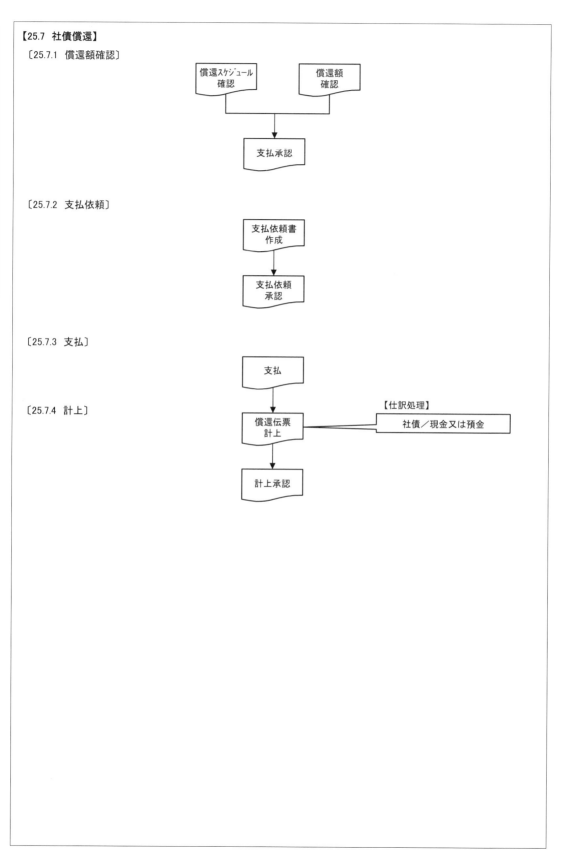

償還スケジュール
確認

償還額
確認

支払承認

〔25.7.2 支払依頼〕

支払依頼書
作成

支払依頼
承認

〔25.7.3 支払〕

支払

〔25.7.4 計上〕

償還伝票
計上

【仕訳処理】

社債／現金又は預金

計上承認

中分類	25.1 社債発行要件定義	小分類	25.1.1 発行要件定義	25.1.2 管理者設定	

【用語解説】

・社債とは

　株式会社等が発行する債券で、設備投資資金等を多数の投資家から調達するためのものであり、いわゆる借金の一種。

　民間の事業会社の発行する債券であることから事業債とも呼ばれている。

　社債には、普通社債と新株予約権付社債（旧転換社債・非分離型ワラント付社債）等がある。

・社債管理者とは

　社債権者のために弁済の受領、債権の保全その他の社債の管理を行う者。

【ポイント・留意点】

・社債の発行

　社債の発行は企業による資本市場からの証券発行形式による長期資金調達方法のひとつです。広く一般から資金調達ができる点と、増資と異なり資本の増加を伴わない点に特徴があります。発行形態としては、社債を発行する企業（発行会社）が発行手続き並びに募集を自ら行う直接発行と、証券会社などの仲介者を通じて募集を行う間接発行との2つがあります。

・社債発行の決定

　発行会社は、社債を発行するときは、社債を引き受ける者の募集に際して、募集社債の総額、利率、償還方法及び期限などを決定する必要があり（会676）、次の事項は取締役会で決定しなければなりません。その事項とは、①二以上の募集に係る上記（会676）決定事項の決定を委任するときはその旨、②募集社債の総額の上限（各募集に係る募集社債の総額の上限の合計額）、③募集社債の利率の上限その他の利率に関する事項の要綱、④募集社債の払込金額の総額の最低金額その他の払込金額に関する事項の要綱、です（会362）。

　こうした決定を行うに先立ち、発行会社はまず長期資金調達手段の検討において、社債以外の他の調達手段を含め、コスト、調達可能額等を比較します。社債の検討においては、社債募集の事務に熟達し起債市場の情勢に明るい社債管理者・引受会社から、市場の動向・予測される発行条件など提案を受け、これらの過程で発行に必要な諸条件を含め漸次社債の輪郭を固めていきます。

・担保付社債と無担保社債

　社債は、担保の有無によって、「担保付社債」と「無担保社債」に分類されます。現在発行されている社債は、無担保社債が主流となっています。担保付社債には一般担保付社債と物上担保付社債があります。

・社債管理者の設置

　社債の発行に際しては、投資家保護の観点から会社法上、社債管理者の設置が義務付けられています（会702）。ただし、各社債の金額が1億円以上の場合、又は同種類の社債の総額を当該種類の各社債の金額の最低額で除して得た数が50を下回る場合を除きます。社債管理者は、銀行、信託銀行のほか、法務省令で定める者に限られます（会703）。社債管理者は、社債権者のために社債に係る債権の弁済を受け、又は社債に係る債権の実現を保全するために必要な一切の裁判上又は裁判外の行為をする権限を有します（会705）。

　社債管理者を設置しない社債の場合についても、実務上の要請に基づき発行者に準ずる権限を与えられる財務代理人が設置されるのが一般的です。財務代理人は、事務等を代行する位置付けであり、社債管理者が持つ社債権者保護のための義務、権能等は一切有していません。

詳
細
解
説

【参考資料・法的根拠（条文）等】

　会362、676、702、703、705

【関連項目】

　25.2.1（取締役会付議）

中分類	25.3 社債発行準備	小分類	25.3.1 格付取得		

【用語解説】

・格付とは

　格付は、信用リスクを判断するための指標の一つ。スタンダード・アンド・プアーズ（S&P）、ムーディーズ、フィッチ・レーティングス、格付投資情報センター（R&I）、日本格付研究所（JCR）などの信用格付会社が「AAA（トリプルエー）」などの符号で、各企業の信用リスクの安全度を示している。

【ポイント・留意点】

・社債の格付基準

　格付評価を行う場合の内部基準を格付基準といいます。格付は投資家が投資情報として利用するほか、発行体のクーポンレートなど債券発行条件の決定などに幅広く利用されています。一般的にランク付けは高格付の債券ほど、発行会社にとって有利な発行条件（低利回り）で発行することができるといわれています。主な格付基準としては、債券の元利払いに対する評価という点から、キャッシュフロー分析、発行契約の内容についての判断が総合的に行われるほか、事業内容・業界動向・財務収益動向・展開力・経営力等が具体的に評価の対象となっています。

中分類	25.4 社債発行実施	小分類	25.4.1 入金	25.4.2 社債発行費算定	25.4.3 計上

詳細解説

【用語解説】

・社債発行費とは

　　社債の募集のための広告費や証券会社の取扱手数料など、社債発行のため直接支出した費用のこと。

【ポイント・留意点】

・社債発行費

　　会　社　法……会社法上の規定は無いが、旧商法と同じ（社債を発行したときにおけるその発行に必要な費用）。

　　税　　　法……社債券等の印刷費、その他債券の発行のために支出した費用（法令14①五）。

　　財務諸表等規則……社債募集のための広告費、金融機関の取扱手数料、金融商品取引業者の取扱手数料、目論見書・社債券等の印刷費、社債の登記の登録免許税その他社債発行のため直接支出した費用（財規ガイド36④）。

　　社債発行費は、社債発行によって資金を調達するために必要な費用として、当該社債の償還期間と対応するので、費用の期間負担の合理性により繰延処理されます。よって、理論的には、当該社債の償還期間にわたって償却するのが妥当です。しかし、この社債発行費の償却について、会社法では定めがありませんが、企業会計基準委員会の「繰延資産の会計処理に関する当面の取扱い」によれば、原則的に支出時に費用（営業外費用）として処理するが、繰延資産に計上することもでき、その場合は、社債の償還期間にわたり償却しなければならないとされています。

・社債の貸借対照表価額

　　「金融商品に関する会計基準」によれば、債務額をもって貸借対照表価額とするとされていますが、社債を社債金額よりも低い価額又は高い価額で発行した場合など、収入に基づく金額と債務額とが異なる場合には、償却原価法に基づき算定された価額をもって、貸借対照表価額とするとされています。

　　また、その際には、償還スケジュールに合わせて長期・短期の区分が必要となります。

　　上記の差額については、かつて、社債発行差金として繰延資産の取扱いをされてきましたが、企業会計基準委員会の「繰延資産の会計処理に関する当面の取扱い」の公表により、繰延資産としての取扱いは認められなくなりました。また、すでに貸借対照表に社債発行差金が計上されている場合には、当該社債発行差金の償却に関する会計処理は継続するものの、償却額は、社債利息に含めて表示し、当該社債発行差金は社債から控除して表示することとされました。

【参考資料・法的根拠（条文）等】

　　法令14①五／財規ガイド36④／金融商品に関する会計基準（企業会計基準第10号・最終改正2019年7月4日）26／繰延資産の会計処理に関する当面の取扱い（企業会計基準委員会実務対応報告第19号・最終改正2010年2月19日　修正日2020年3月31日）

大分類 26 デリバティブ取引管理

26

大分類	中分類	小分類	ポイント・解説
26 デリバティブ取引管理	26.1 ヘッジ方針策定	26.1.1 ヘッジ取引方針策定	過去のヘッジ取引の実績データや市場価格の実績をもとにキャッシュフローヘッジ方針、相場ヘッジ方針を策定し、社内調整を行います。 詳細解説 P.332
	26.2 契約	26.2.1 取引先選定	策定したヘッジ方針により、取引先の抽出、及び安全性の検証を行い、取引先を選定します。
		26.2.2 商品検証	選定した取引先から提示された商品の検証、シミュレーションを行います。
		26.2.3 契約実行	契約内容の検証を行い、契約締結を行います。
	26.3 取引実行	26.3.1 要件確定	ポジション状況等を踏まえて取引要件を確認します。
		26.3.2 取引通知	取引先に対して取引要件を連絡します。
		26.3.3 権利行使	ヘッジによる実現損益、現物取引で発生した損益を確認し、比較検証を行います。
		26.3.4 伝票計上	検証事実を踏まえ実現損益仕訳を伝票計上します。
	26.4 ポジション管理	26.4.1 台帳管理	取引先からのステートメントを確認し、ポジション残高を台帳に記帳します。
		26.4.2 ポジション報告	現物・ヘッジのポジション状況を報告します。
		26.4.3 ヘッジ有効性検証	時価の変動状況・変動幅を確認し、ヘッジ取引の有効性を検証します。 詳細解説 P.334
	26.5 時価評価	26.5.1 時価評価報告	デリバティブ持高の時価評価を行い、報告します。

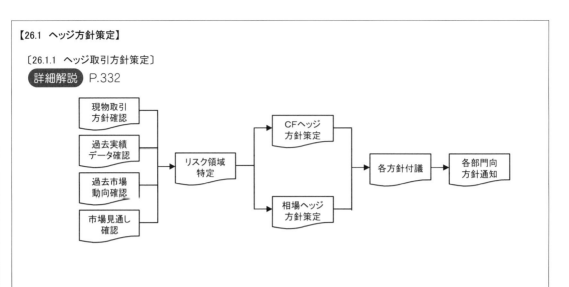

【26.1　ヘッジ方針策定】

〔26.1.1　ヘッジ取引方針策定〕

詳細解説　P.332

業務プロセスと取引仕訳

【26.2 契約】

〔26.2.1 取引先選定〕

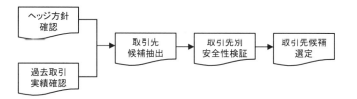

〔26.2.2 商品検証〕

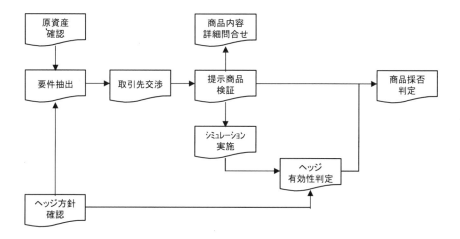

〔26.2.3 契約実行〕

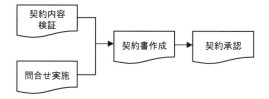

業務プロセスと取引仕訳

業務プロセスと取引仕訳

【26.3 取引実行】

〔26.3.1 要件確定〕

※ 限月とは、先物取引やオプション取引などの
デリバティブ取引において、満期が属する月の
ことをいいます。

〔26.3.2 取引通知〕

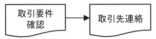

〔26.3.3 権利行使〕

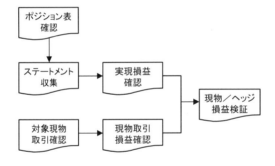

〔26.3.4 伝票計上〕

【26.4 ポジション管理】

〔26.4.1 台帳管理〕

| 日次明細確認 | → | 台帳記帳 | → | 台帳承認 |

〔26.4.2 ポジション報告〕

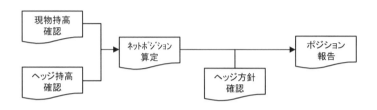

現物持高確認 / ヘッジ持高確認 → ネットポジション算定 → ヘッジ方針確認 → ポジション報告

〔26.4.3 ヘッジ有効性検証〕

詳細解説 P.334

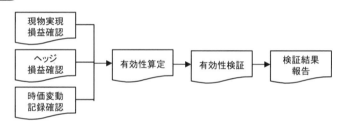

現物実現損益確認 / ヘッジ損益確認 / 時価変動記録確認 → 有効性算定 → 有効性検証 → 検証結果報告

【26.5 時価評価】

〔26.5.1 時価評価報告〕

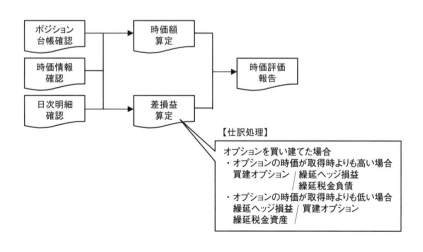

ポジション台帳確認 / 時価情報確認 / 日次明細確認 → 時価額算定 / 差損益算定 → 時価評価報告

【仕訳処理】
オプションを買い建てた場合
・オプションの時価が取得時よりも高い場合
買建オプション / 繰延ヘッジ損益
　　　　　　　／ 繰延税金負債
・オプションの時価が取得時よりも低い場合
繰延ヘッジ損益 / 買建オプション
繰延税金資産 ／

業務プロセスと取引仕訳

中分類	26.1 ヘッジ方針策定	小分類	26.1.1 ヘッジ取引方針策定		

詳細解説

【用語解説】

・ヘッジとは

　企業が保有している資産又は負債の将来における市場変動リスクを回避すること。また、その目的のため行われる取引をヘッジ取引といい、その手段としてデリバティブが利用される。

・デリバティブとは

　既存の金融商品（株式、債券、為替）等から派生してできた取引に付けられた総称で、金融派生商品と訳される。金融派生商品は、先渡取引、先物取引、スワップ、オプション等に大別され、将来の時点で商品を売買する予約取引であり、先渡取引を除いては、将来に買値と売値の差額の部分のみをやりとりする差金決済が一般的となっている。

　また、デリバティブの元となる商品のことを原資産という。

- ・先渡取引……………将来のある期日における売買について現時点で売買する量と価格の約束をする店頭取引（相対取引）。
- ・先物取引……………先渡取引と同様の取引で、取引所取引によるもの。
- ・スワップ取引………等価と考えられる将来の一定期間に起こるキャッシュフローを交換する相対取引。主なものに金利スワップ、通貨スワップがある。
- ・オプション取引……原資産を将来の一定期日あるいは一定期間内に、特定の価格で買う、又は売ることができる権利の売買取引。

【ポイント・留意点】

・ヘッジ取引方針の策定

　ヘッジ取引には、相場変動を相殺するものとキャッシュフローを固定するものとがあります。また、ヘッジ会計の適用（後述）には、自社においてリスク管理方針が策定されており、その方針に従っていることが要件となっています。

① 公正価値ヘッジ

　公正価値ヘッジとは、既存の資産・負債及び確定している契約について、相場変動を相殺する取引によって、リスクをヘッジするものです。

② キャッシュフローヘッジ

　キャッシュフローヘッジとは、既存の資産・負債及び予定取引から生じる将来のキャッシュフローを固定し、将来のキャッシュフローが変動するリスクをヘッジするものです。

・ヘッジ会計適用要件

　ヘッジ手段であるデリバティブ取引により生じる正味の債権及び債務は、時価評価し損益を認識することが原則的な処理方法です。しかし、ヘッジ対象の資産又は負債に係る相場変動等が損益に反映されない場合には、両者の期間損益が合理的に対応しなくなり、ヘッジ対象の相場変動等による損失の可能性がヘッジ手段によってカバーされているという効果が財務諸表に反映されないこととなります。このため、ヘッジ対象及びヘッジ手段に係る損益を同一の会計期間に認識し、ヘッジの効果を財務諸表に反映させるためにヘッジ会計を適用します（金融商品に関する会計基準）。

　ヘッジ会計を適用するためには、次の要件を満たす必要があります。

(1) ヘッジ取引が企業のリスク管理方針に従ったものであることが、取引時に次のいずれかによって客観的に認められること
① 当該取引が企業のリスク管理方針に従ったものであることが、文書により確認できること
② 企業のリスク管理方針に関して明確な内部規程及び内部統制組織が存在し、当該取引がこれに従って処理されることが期待されること
(2) ヘッジ取引時以降において、ヘッジ対象とヘッジ手段の損益が高い程度で相殺される状態又はヘッジ対象のキャッシュフローが固定されその変動が回避される状態が引き続き認められることによって、ヘッジ手段の効果が定期的に確認されていること

・デリバティブ利用法

　例えば、金融機関から変動金利にて長期資金を借り入れるとします。利払いは半年ごとに到来しますが、今後の市場金利の動向が不透明であることから利払い額の変動を回避したいと考えています。このような場合、変動金利と固定金利を交換する金利スワップが有効です。固定金利を支払い、変動金利を受け取る金利スワップ取引を行い、受け取った変動金利を金融機関への利払いに充てるのです。

　この借入金の利払いに伴うキャッシュフローと金利スワップ契約でのキャッシュフローを合計すれば、借入金に対して固定金利を支払うキャッシュフローと同等になります。すなわち、市場金利の変動リスクを回避すること（ヘッジ）ができるわけです。

　ときには、市場金利が大幅に下落し、変動金利であれば金利負担を低く抑えることができるかもしれません。しかし、ヘッジとはあくまで将来の不確実性を排除しようとする行為なので、利払い額をあらかじめ確定するという点で、ヘッジは有効に働くと考えることができます。

【参考資料・法的根拠（条文）等】

「会計処理ハンドブック＜第6版＞」（有限責任監査法人トーマツ編・中央経済社）／会計原則第二の1のA

中分類	26.4 ポジション管理	小分類	26.4.3 ヘッジ有効性検証		

詳細解説

【ポイント・留意点】

・ヘッジ有効性の検証

　ヘッジを行うことによる有効性を検証する方法として、比率分析による方法があります。具体的には、原則としてヘッジ開始時から有効性判定時点までの期間において、(a)ヘッジ対象の相場変動の累計とヘッジ手段の相場変動の累計の比率を比較する方法、又は(b)ヘッジ対象のキャッシュフロー変動の累計とヘッジ手段のキャッシュフロー変動の累計とを比較する方法により判断します。これらの比率がおおむね80～125％の範囲内にあれば「ヘッジの有効性が高い」といえるでしょう。

　また、オプション取引については、(c)オプション価格の変動額とヘッジ対象の時価変動額を比較する方法の他に、(d)オプションの基礎商品の時価変動額とヘッジ対象の時価変動額を比較する方法が認められています。

（原則）

(a) $80\% \leqq \dfrac{\text{ヘッジ手段の相場変動の累計}}{\text{ヘッジ対象の相場変動の累計}} \leqq 125\%$

(b) $80\% \leqq \dfrac{\text{ヘッジ手段のキャッシュフローの変動の累計}}{\text{ヘッジ対象のキャッシュフローの変動の累計}} \leqq 125\%$

(c) $80\% \leqq \dfrac{\text{オプション価格の変動額}}{\text{ヘッジ対象の時価変動額}} \leqq 125\%$

(d) $80\% \leqq \dfrac{\text{オプションの基礎商品の時価変動額}}{\text{ヘッジ対象の時価変動額}} \leqq 125\%$

　例えば、ヘッジ手段の損失額が80でヘッジ対象の利益額が100ならば、上記(b)にあてはめると、相殺は100分の80で80％と測定され、また、ヘッジ手段の利益額が100でヘッジ対象の損失額が80ならば相殺は80分の100で125％と測定され、これらのヘッジ手段とヘッジ対象には高い相関関係があり、ヘッジの有効性は高いと言えます。

　ヘッジ取引開始時に行ったヘッジ効果の事前確認の結果がヘッジ手段の高い有効性を示している限り、たとえ上記により算出した変動額の比率が高い相関関係を示していなくても、その原因が変動幅が小さいことによる一時的なものと認められるときは、ヘッジ会計の適用を継続することができます。

大分類　27　外貨建取引管理　　27

大分類	中分類	小分類	ポイント・解説
27 外貨建 取引管理	27.1 為替方針 策定	27.1.1 リスクマネ ジメント 方針策定	過去の為替実績データ、今後の為替市場動向を注視したうえで、自社の経営方針に沿ったリスク管理方針を策定します。次に外貨保有高方針、為替予約方針の策定を行うとともに、ヘッジ会計に耐えうる取引の有効性を検証します。各方針について社内への浸透が大切となります。
	27.2 為替ポジ ション管 理	27.2.1 ポジション 報告	為替予約残高を確認し、外貨建債権・債務残高データを収集したうえで、そのネット残高に対して時価評価を実施します。算定結果を踏まえて為替相場変動のリスクを伴う為替ポジション（為替持高）の報告を行います。その際にはリスクマネジメント方針との整合性を確認しておきます。更に今後の為替対応案を策定して承認を得ます。　詳細解説　P. 340
		27.2.2 台帳管理	外貨建債権・債務残高、為替予約残高を確認して管理台帳を作成します。作成した管理台帳について承認を得ます。
	27.3 為替予約 管理	27.3.1 為替予約 台帳管理	新規予約額及び予約実行額を把握したうえで予約台帳に記載してその承認を得ます。
		27.3.2 為替予約 締結	為替予約方針を確認し、為替予約残高を確認したうえで取引金融機関と為替予約を締結します。　詳細解説　P. 341
		27.3.3 為替予約 実行	為替予約の実行にあたっては、予約実行対象の外貨残高、帳簿上の計上レート、実勢レートを確認し、予約実行におけるヘッジの有効性を検討したうえで、予約実行の判断をします。　詳細解説　P. 341
		27.3.4 計上	為替予約実行に伴い算定した発生損益について、会計処理に必要な伝票を作成し、その承認を得ます。　詳細解説　P. 341
	27.4 期末評価	27.4.1 評価換算	期末時における外貨建債権・債務残高及び決算日レート等を確認し、外貨建債権・債務の期末評価額を換算します。　詳細解説　P. 343
		27.4.2 計上	期末評価損益を計上します。　詳細解説　P. 343
	27.5 外貨預金 管理	27.5.1 通貨別台帳 管理	預金通貨別に台帳管理を行います。
		27.5.2 円換算後 台帳管理	期末の円換算を実施し、為替差損益を計上します。

業
務
プ
ロ
セ
ス
と
取
引
仕
訳

【27.1　為替方針策定】

〔27.1.1　リスクマネジメント方針策定〕

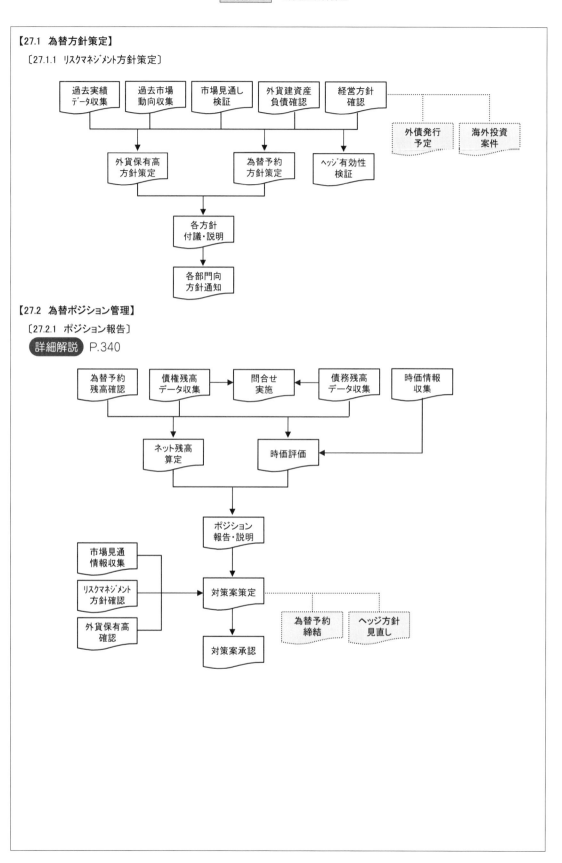

【27.2　為替ポジション管理】

〔27.2.1　ポジション報告〕

詳細解説　P.340

〔27.2.2 台帳管理〕

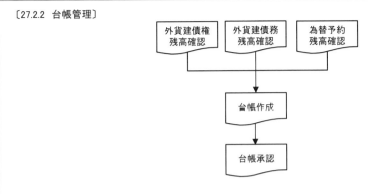

【27.3 為替予約管理】

〔27.3.1 為替予約台帳管理〕

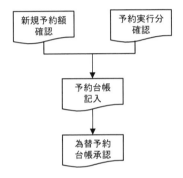

〔27.3.2 為替予約締結〕

詳細解説 P.341

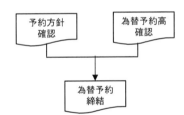

業務プロセスと取引仕訳

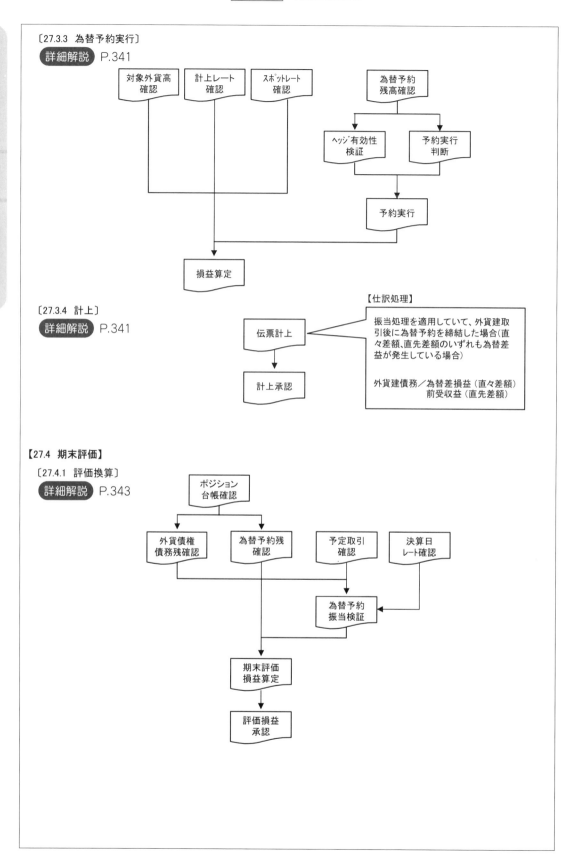

〔27.3.3 為替予約実行〕
詳細解説 P.341

対象外貨高
確認

計上レート
確認

スポットレート
確認

為替予約
残高確認

ヘッジ有効性
検証

予約実行
判断

予約実行

損益算定

〔27.3.4 計上〕
詳細解説 P.341

伝票計上

計上承認

【仕訳処理】

振当処理を適用していて、外貨建取引後に為替予約を締結した場合（直々差額、直先差額のいずれも為替差益が発生している場合）

外貨建債務／為替差損益（直々差額）
　　　　　　前受収益（直先差額）

【27.4 期末評価】

〔27.4.1 評価換算〕
詳細解説 P.343

ポジション
台帳確認

外貨債権
債務残確認

為替予約残
確認

予定取引
確認

決算日
レート確認

為替予約
振当検証

期末評価
損益算定

評価損益
承認

〔27.4.2 計上〕

詳細解説 P.343

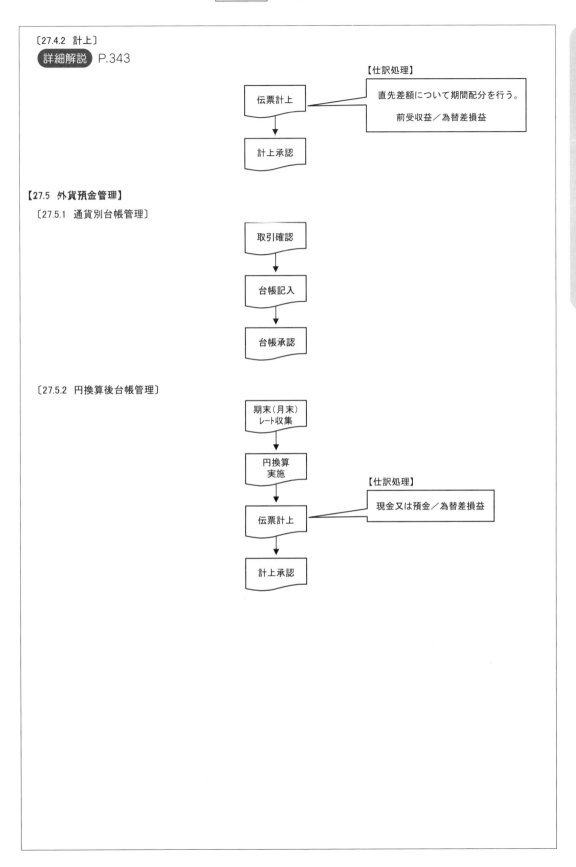

【仕訳処理】

伝票計上 ← 直先差額について期間配分を行う。

前受収益／為替差損益

↓

計上承認

【27.5 外貨預金管理】

〔27.5.1 通貨別台帳管理〕

取引確認

↓

台帳記入

↓

台帳承認

〔27.5.2 円換算後台帳管理〕

期末（月末）
レート収集

↓

円換算
実施

↓

【仕訳処理】

伝票計上 ← 現金又は預金／為替差損益

↓

計上承認

中分類	27.2 為替ポジション管理	小分類	27.2.1 ポジション報告		

詳細解説

【用語解説】

・為替ポジションとは

外国為替の持高のこと。外国為替取引により発生した外貨建債権・債務残高の差額であり、その金額について為替相場変動のリスクを伴う。

【ポイント・留意点】

・為替ポジションの把握方法

為替ポジションを操作するためには外貨建債権債務の把握方法を知ることが大切です。残高ベースで表を作成して把握する方法と月ごとの受払ベースで作成して把握する方法とがあり、両方を併用してポジションをつかみます。

〔残高ベース〕

外貨建債権項目（輸出契約、外貨預金、先物為替買予約等）と外貨建債務項目（輸入契約、先物為替売予約等）の残高の合計を出し、その差額を把握します。残高ベースの方法は、ポジション（持高）の一般的状況を知ることができ、ポジション操作に必要ですが、実務上重要な受払の期間別動向がつかめません。

〔月別受払ベース〕

なるべく短い期間別に把握した方が良いのですが、通常は月別で作表を行います。外貨建債権債務項目の各項目の月別受払予定額を表にまとめ、各月の受取と支払のいずれが大きいかを把握します。

ポジション操作には、残高ベース表も使いますが、主として月別受払ベース表を使用します。また、残高ベース表で総合ポジションをどのようにもっていくかの方針を立てて操作する方法もあります。

中分類	27.3 為替予約管理	小分類	27.3.2 為替予約締結	27.3.3 為替予約実行	27.3.4 計上

【用語解説】

・為替予約とは

　将来行う外国為替の売買の予約であり、将来の一定時点において、ある一定量の通貨を他の通貨による一定の価額で売買することを相対で取り決める契約。為替相場変動によるリスクを回避し損益を確定させるために利用される。

【ポイント・留意点】

・為替予約の実務

　為替予約は銀行の顧客に対する与信でもあります。銀行に対して自己責任の原則、取引の独立性、譲渡の禁止などの他、予約の取消し、延長、手数料等の重要な条項が含まれた包括約定書を差し入れます。個々の予約を申し込むときは、Contract Slip（予約票、予約取引証書）を銀行に提出します。予約の実行について特に注意することは、Contract Slip の Delivery 欄に記載されている期間内に、原則として全額実行しなければならないことです。

　条件変更その他の理由で予約金額の全部又は一部を実行できなくなった場合は予約の取消しも可能です。取消しの方法は反対取引が原則ですが、特別の場合には無条件取消しが認められることもあります。また、予約実行の延長も可能です。ただし、締結した予約のもとになっている取引を他に譲渡したことによる予約自体の譲渡は、原則として認められません。

・ヘッジ有効性の検証

　金融商品会計に関する実務指針ではリスク管理方針に関連し、ヘッジ関係について「ヘッジ手段とヘッジ対象」「ヘッジ有効性の評価方法」を正式な文書に記載することを要求しています。外貨建取引の為替リスクには為替予約又は通貨オプションをヘッジ手段として用います。ヘッジ有効性の評価方法としては、ヘッジ期間を通して一貫して当初に決めた評価方法を用いて、そのヘッジ関係が高い有効性を持って相殺が行われていることを確認する必要があります。具体的な有効性予測の方法としては「比率分析」や「回帰分析」等の統計的手法の利用が考えられます。

①　比率分析

　ヘッジ手段とヘッジ対象の損益（又はキャッシュフロー変動）を単純に比較する手法。原則としてヘッジ開始時から有効性判定時点までの期間において、ヘッジ対象の相場変動又はキャッシュフロー変動の累計とヘッジ手段の相場変動又はキャッシュフロー変動の累計とを比較して判断します。両者の変動額の比率が概ね80%から125%の範囲内にあれば、ヘッジ対象とヘッジ手段との間に相関関係があると認められます。

②　回帰分析

　各々の変数に対する過去の実績を調べ、他の変数に基づきもう一方の変数の期待値を計算するとともに変数間の関係を確立することにより、2つの変数の間に統計的な重要性があるかどうかを決定するものです。ヘッジ分析の場合、2つの変数は「ヘッジ対象の損益」と「ヘッジ手段の損益」です。回帰分析には統計的な解釈や専門的知識を必要とするため、採用する企業は限られているのが現状です。

・為替予約が付された場合の会計処理

　金融商品に関する会計基準の規定によれば、「デリバティブ取引により生じる正味の債権及び債務は、時価をもって貸借対照表価額とし、評価差額は、原則として、当期の損益として処理する」（金融商品に関する会計基準25）ことになります。

　すなわち、

⑴　為替予約は期末に時価評価したうえで貸借対照表に計上すること

詳細解説

(2) (1)で計算された時価評価差額は損益計算書に計上すること
になります。

　為替予約に関する原則処理は「独立処理」と言われます。これは、為替予約（ヘッジ手段といいます。）を外貨建金銭債権債務（ヘッジ対象といいます。）とは独立した取引として処理するためです。

　為替予約の対象とした外貨建金銭債権債務等は決算時の為替相場で換算したうえで貸借対照表に計上し、換算差額は損益計算書に計上します。この結果、為替予約が外貨建金銭債権債務と同一通貨、同一期日、同一金額の条件を充たしていれば、為替予約から発生する時価評価差額（為替差損益）と外貨建金銭債権債務から発生する換算差額（為替差損益）とは、お互いに相殺しあうことになります。

　ただし、外貨建債権債務が直物為替相場で換算されるのに対し、為替予約は先物為替相場で換算されるため、ほぼ近い金額にはなるものの完全には一致しません。

【参考資料・法的根拠（条文）等】

金融商品に関する会計基準（企業会計基準第10号・最終改正平成20年3月10日）

【関連項目】

26.4.3（ヘッジ有効性検証）

中分類	27.4 期末評価	小分類	27.4.1 評価換算	27.4.2 計上	

【用語解説】

・予定取引

　未履行の確定契約に係る取引及び契約は成立していないが、取引予定時期、取引予定物件、取引予定量、取引予定価格等の主要な取引条件が合理的に予測可能であり、かつ、それが実行される可能性が極めて高い取引をいう。

・為替予約の振当処理

　為替予約等により確定する決済時における円貨額により外貨建金銭債権債務額等を換算し直物相場との差額を期間配分する方法をいう。

【ポイント・留意点】

・決算日レートの取扱い

　決算時の直物為替相場としては、決算日の直物為替相場を使用します（決算日の為替相場が異常と認められる場合に限り、決算日の前後一定期間の直物為替相場に基づいて算出された平均相場を用いることができます。）。

　なお、勘定区分ごとに適用すべき為替相場が定められており、為替相場の適用原則は下記のとおりとなります。

	勘定区分		換算方法
1	外国通貨、外貨預金、外貨建金銭債権債務、外貨建自社発行社債（行使期間満了前の転換社債型新株予約権付社債を除く。）		決算時の為替相場により円換算します。換算差額は当期の損益に計上します。
2	外貨建自社発行新株予約権		発行時の為替相場により円換算します。
3	旧商法による外貨建自社発行転換社債型新株予約権付社債（行使期間満了前）		
		原則処理	発行時の為替相場により円換算します。
		行使の可能性がないと認められるもの	決算時の為替相場により円換算します。換算差額は当期の損益に計上します。
4	会社法による外貨建自社発行転換社債型新株予約権付社債（行使期間満了前）		決算時の為替相場により円換算します。換算差額は当期の損益に計上します。
5	外貨建売買目的有価証券		時価を決算時の為替相場で円換算します。換算差額は有価証券運用損益に含めて処理します。
6	外貨建満期保有目的有価証券		外国通貨による償却原価を決算時の為替相場により円換算します。換算差額は当期の損益に計上します。
7	外貨建その他有価証券	時価のあるもの （原則処理）	時価を決算時の為替相場で円換算します。換算差額を含む評価差額は純資産の部に直入する（全部純資産直入法）か、又は、評価差益は純資産の部に計上し、評価差損は当期の損失として処理（部分純資産直入法）します。
		時価のあるもの （債券の特例処理）	時価を決算時の為替相場で円換算します。外国通貨の時価の変動に係る換算差額を評価差額とし、それ以外の換算差額を為替差損益として処理することができます。
		時価のないもの （原則処理）	取得価格を決算時の為替相場で円換算します。換算差額は純資産の部に直入します。
		時価のないもの （債券の特例処理）	取得原価を決算時の為替相場で円換算し、換算差額を為替差損益として処理することができます。

8	外貨建子会社株式・外貨建関連会社株式	取得時の為替相場により円換算します。
9	時価の著しい下落等により評価額を引き下げる有価証券	時価又は実質価額を決算時の為替相場で円換算します。換算差額は当期の有価証券評価損として処理します。
10	デリバティブ取引等	時価を決算時の為替相場で円換算します。換算差額は、当該デリバティブ取引の評価差額に含めて処理します。
11	外貨建未収収益・未払費用	外貨建金銭債権債務に準ずるものとして取り扱います。

・為替予約等振当の対象となる外貨建金銭債権債務等

　　振当処理の対象となる外貨建金銭債権債務等とは、金融商品会計基準におけるヘッジ会計の要件を満たし、為替予約等が振当処理されることにより将来のキャッシュフローが固定されるものに限られます。

　　※ヘッジ会計の要件

時点	ヘッジ要件の内容
ヘッジ取引時の要件	取引時に、ヘッジ取引が企業のリスク管理方針に従ったものであることが、次のいずれかにより客観的に認められることが必要です。 ⑴　ヘッジ取引が企業のリスク管理方針に従ったものであることが、文書により確認できること。 ⑵　企業のリスク方針に関して内部規程及び内部統制組織が存在し、ヘッジ取引がこれに沿って処理されることが期待されること。
ヘッジ取引時以降の要件	ヘッジ取引時以降において、次のいずれかによってヘッジ手段の効果が定期的に確認されていることが必要です。 ⑴　ヘッジ対象とヘッジ手段の損益が高い程度で相殺される状態が引き続き認められること。 ⑵　ヘッジ対象のキャッシュフローが固定され、その変動が回避される状態が引き続き認められること。

・為替予約等の振当処理における為替換算差額の取扱い

　　外貨建金銭債権債務等の円貨による帳簿価額（取得時若しくは発生時、又は前決算時の直物為替相場により換算されている）と為替予約による円貨額との差額のうち、予約締結時までに生じている為替相場の変動による額（直々差額）は当期（予約日の属する期）の為替差損益として計上し、残額（直先差額）は、当期から決済日の属する期までにわたって合理的な方法により配分し、各期の損益として処理することとされています。

【参考資料・法的根拠（条文）等】

「会計処理ハンドブック＜第6版＞」（有限責任監査法人トーマツ編・中央経済社）／外貨建取引等会計処理基準注解／外貨建取引等の会計処理に関する実務指針（会計制度委員会報告第4号・最終改正2022年10月28日）

【関連項目】

26.4.3（ヘッジ有効性検証）

詳細解説

大分類 28 資 金 管 理

大分類	中分類	小分類	ポイント・解説
28 資金管理	28.1 中長期 資金計画 策定	28.1.1 参考データ 提供	資金計画策定にあたり、マネジメントに参考データを提供します。 設備投資計画、営業収支予定、調達の返済・償還スケジュール等から資金需要の確認を行い、資金調達案及び金利負担見直し案の策定を行います。　詳細解説　P.350
		28.1.2 マネジメント案 検証	マネジメントによる資金計画案を検証します。 実現性の検証及び実現のための対応策を検討し、結果を報告します。　詳細解説　P.350
	28.2 単年度 資金計画 策定	28.2.1 部門別計画 策定依頼	各部門に策定ガイドライン及び策定スケジュールを提示し、作成依頼を行います。 　詳細解説　P.352
		28.2.2 部門別計画 検証	部門別の資金計画を検証します。 部門別月別計画数値の確認及び実現性の検証を行い、最終部門別月別計画数値を作成します。　詳細解説　P.352
		28.2.3 全社計画 策定	単年度全社計画を策定します。 中長期計画の進捗や部門別計画及び設備投資予算、売上予算、販管費予算、調達返済・償還スケジュール等を基に、調達方針案と運用方針案を策定し、最終資金計画を策定します。 　詳細解説　P.352
	28.3 実績管理	28.3.1 月次資金 実績検証	資金実績を検証します。 当月損益計算書、貸借対照表及び過去の貸借対照表を基に、資金移動表及び資金運用表を作成し、当月キャッシュフロー計算書等と併せて実績の検証及び資金繰りの分析を行います。 　詳細解説　P.353
		28.3.2 計画見直 策定	単年度の見直し案を策定します。 当年度実績数値等を確認し、調達方針見直案及び運用方針見直案を策定し、最終見直計画を策定します。　詳細解説　P.353
	28.4 グローバル 展開関連の 資金繰り	28.4.1 グループ キャッシュ マネジメント	海外拠点を含めた、企業グループ全体でキャッシュマネジメントを行います。 　詳細解説　P.355
		28.4.2 効率的資金 管理	CMS（キャッシュマネジメントシステム）、GCMS（グローバルキャッシュマネジメントシステム）等を利用して、グループ全体で効率的資金管理を図ります。 　詳細解説　P.355

業務プロセスと取引仕訳

【28.1　中長期資金計画策定】

〔28.1.1　参考データ提供〕

詳細解説 P.350

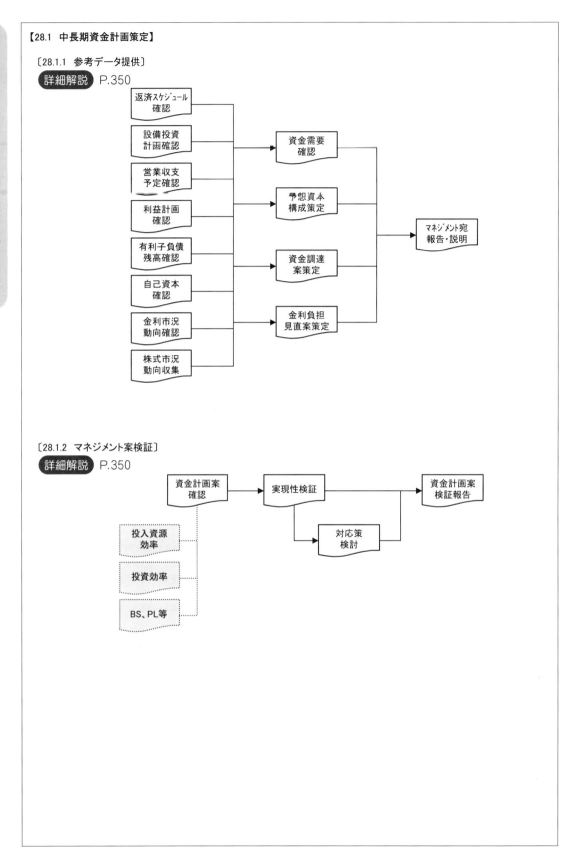

〔28.1.2　マネジメント案検証〕

詳細解説 P.350

【28.2 単年度資金計画策定】

〔28.2.1 部門別計画策定依頼〕

詳細解説 P.352

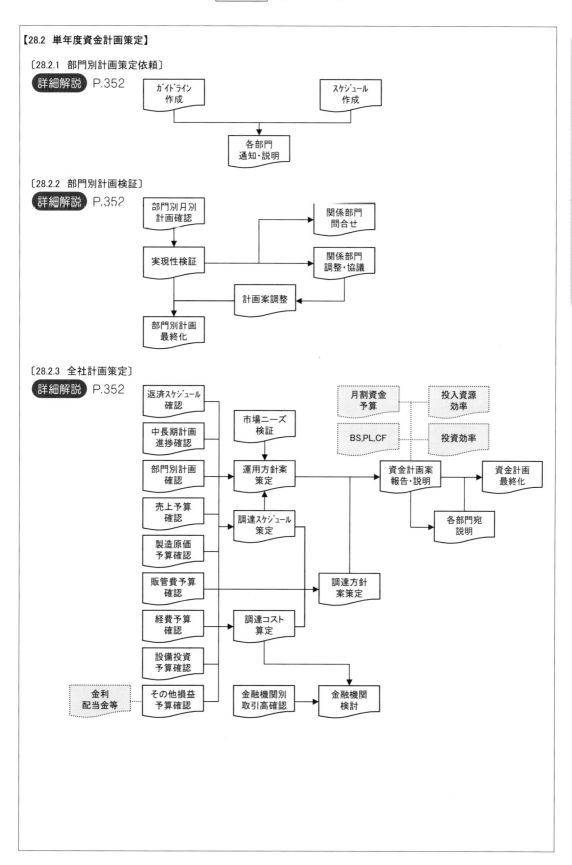

〔28.2.2 部門別計画検証〕

詳細解説 P.352

〔28.2.3 全社計画策定〕

詳細解説 P.352

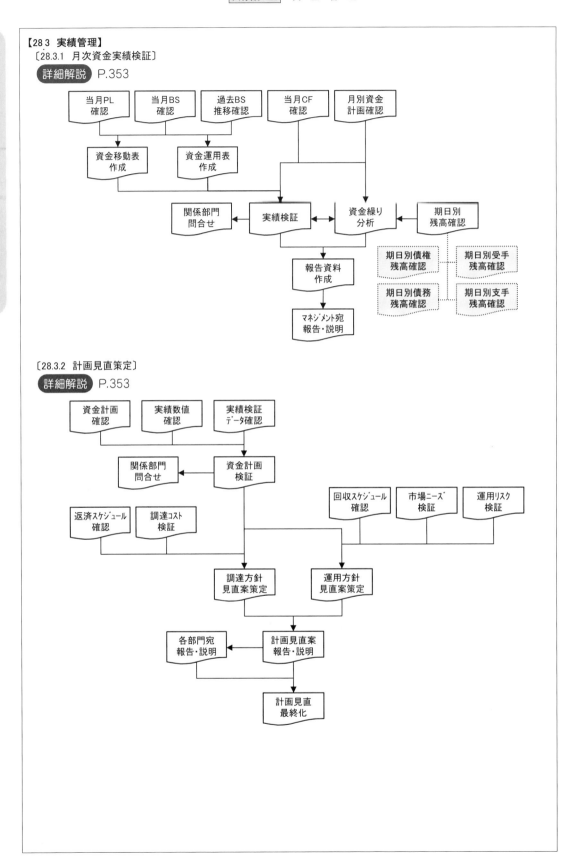

【28.3 実績管理】
〔28.3.1 月次資金実績検証〕
詳細解説 P.353

- 当月PL確認
- 当月BS確認
- 過去BS推移確認
- 当月CF確認
- 月別資金計画確認

- 資金移動表作成
- 資金運用表作成

- 関係部門問合せ
- 実績検証
- 資金繰り分析
- 期日別残高確認

- 期日別債権残高確認
- 期日別受手残高確認
- 期日別債務残高確認
- 期日別支手残高確認

- 報告資料作成
- マネジメント宛報告・説明

〔28.3.2 計画見直策定〕
詳細解説 P.353

- 資金計画確認
- 実績数値確認
- 実績検証データ確認

- 関係部門問合せ
- 資金計画検証

- 回収スケジュール確認
- 市場ニーズ検証
- 運用リスク検証

- 返済スケジュール確認
- 調達コスト検証

- 調達方針見直案策定
- 運用方針見直案策定

- 各部門宛報告・説明
- 計画見直案報告・説明

- 計画見直最終化

【28.4 グローバル展開関連の資金繰り】

〔28.4.1 グループキャッシュマネジメント〕

〔28.4.2 効率的資金管理〕

詳細解説 P.355

中分類	28.1 中長期資金計画策定	小分類	28.1.1 参考データ提供	28.1.2 マネジメント案検証	

詳 細 解 説

【用語解説】

・中長期資金計画
3〜5年程度の事業計画に基づいて各年度の長期的な性格を持つ支出と収入を明確にし、資金不足をきたさないように管理するための計画。

・内部資金
留保利益、減価償却累計額など、社内で調整して融通する資金。

・長期資金
自己資本に固定負債（社債＋長期借入金）を加えたもの。

・フリーキャッシュフロー
企業が生み出すキャッシュのうち、使途に制限なく、企業（経営者）が自由に使えるお金のこと。
〔キャッシュフロー計算書からフリーキャッシュフローを求める際の一般的な算式〕
フリーキャッシュフロー ＝ 営業キャッシュフロー ＋ 投資キャッシュフロー

【ポイント・留意点】

・中長期資金計画策定の目的
事業で利益を計上していても、売掛債権の膨張、過剰在庫、あるいは過大な設備投資から資金繰りがつかずに、黒字倒産という事態が発生することもあります。

事業計画をたてても、それだけでは絵に描いた餅にすぎません。その事業計画に資金的な裏付けが得られてはじめて成果をあげることができます。この資金的な裏付けを行うための重要な行為が資金計画です。現在の企業会計は現金主義によっていないことから、損益計算書では資金収支が把握できないため、資金の裏付けのための資金計画が必要となります。

・設備投資計画の確認
設備投資は、土地、建物、工場、機械など長期間資金を運用するもので、一旦投下した資金は、その後の各事業年度の利益で回収していくため、回収まで長期間を要します。しかも、その投下する資金額は巨額にのぼるのが通常であるため、設備投資は、長期的・戦略的な視点から、慎重に計画を立てることが不可欠です。そして必要と判断された投資は、具体的な内容・実施時期・投資額などを検討する必要があります。特に採算性と資金計画が重要なポイントとなります。

・設備資金計画の留意事項
設備資金は安全を優先して考えるべきであり、そのためには次の点に留意する必要があります。
① 内部資金（自己金融）によってまかなうようにする。
　回収まで長期となる設備資金は、返済義務のない内部資金が最も適しています。ただし、利払いはありませんが、内部資金に対しても配当金等の資本コストは発生します。
② 長期資金によってまかなうようにする
　設備資金の全部を内部資金でまかないきれないときは、借入や社債等の長期資金により設備資金を調達します。ただし、この資金を短期資金として調達した場合には、財務構成が不安定になるという点に留意が必要です。
③ 自己資本（増資）によってまかなうようにする。
　内部資金や長期資金だけでまかなえない場合には、増資等により自己資本を増強し、それによって調達した資金で設備投資を行うこともあります。ただし、増資した場合は、増資後の株主構成等に留意する必要があります。

〔設備投資の健全さを表す指標〕

固定比率（％）　　　：固定資産÷自己資本×100

　　　　　　　　　　　一般に100％以下であることが望ましいといわれています。

固定長期適合率（％）：固定資産÷（自己資本＋固定負債）×100

　　　　　　　　　　　100％以上になるのは流動負債の一部が固定資産の取得に充当されて
いるため、財務構成として危険な状態だと判断されます。

詳細解説	中分類	28.2 単年度資金計画策定	小分類	28.2.1 部門別計画策定依頼	28.2.2 部門別計画検証	28.2.3 全社計画策定

【ポイント・留意点】

・単年度資金計画策定の目的

　当該年度における資金の基本方針を決定するものであり、収支計画・設備投資計画とともに当該事業計画の一環として、経営状況を資金面から把握することを目的としています。

・部門別計画のポイント

　部門とは、ライン部門（購買・生産・販売など）とスタッフ部門（総務・経理・企画など）という機能別組織の場合と、製品別・地域別・顧客別などの事業部制組織の場合とでは異なりますが、その部門単位に合わせて計画を設定します。

　要は資金的な裏づけを伴う全社利益計画達成のため、各部門が業務活動を行っていくための明確な行動指針となる計画であるべきなのです。

中分類	28.3 実績管理	小分類	28.3.1 月次資金実績検証	28.3.2 計画見直策定	

【用語解説】

・資金運用表

　前期と当期の貸借対照表の各科目残高の増減額から、資金の調達と運用状況を分類し、資金全体としての動きを見るための表で、一般に資金の源泉（又は使途）を把握する際には、その資金が一時的な余資である流動資金（運転資金）によるものか、確固とした資金の固定資金によるものか区分することができる。

・資金移動表

　比較貸借対照表と損益計算書の両方をもとに作成し、一定の期間の資金の動き、資金の移動そのものを見るためのもので、比較貸借対照表からその期に資金がどれだけ増減したかを見るとともに、損益計算書からその期の資金がどういう取引で活動したのかを見て、その原因を明らかにすることができる。

・キャッシュフロー（CF）計算書

　会社の活動を3つ（営業活動、投資活動、財務活動）に分けて、それぞれの一定期間の資金の出入りを示したもので、企業の資金創出力をその源泉となる活動に分類して表すことができる。

【ポイント・留意点】

・固定資金とは

　確固とした資金の源泉・使途を計画するもので、資金の源泉を計画する収支計画と、資金の使途を計画する設備投資計画等を結合させ、資金の過不足原因を把握するものです。

　固定資金の源泉とは、事業活動に伴って得た利益及び減価償却費、退職給付引当金増加額等を指し、使途については設備投資支出、出資等、決算支出（配当等）などを指すものです。

・流動資金（運転資金）とは

　一時的な余剰あるいは必要資金を計画するもので、流動資産及び流動負債の増減額（当年度末残－前年度末残）により計画を策定します。

　流動資金（運転資金）の源泉とは、買掛金等流動負債の増加（あるいは売掛金・在庫等流動資産の減少）を指し、使途はその逆を指すものです。

・資金運用表の作成

　比較貸借対照表、資金運用表の精算表、資金運用表の作成の3つの段階に分けて作成します。

① 比較貸借対照表の作成

　前期と当期の貸借対照表の各科目の残高を1つの貸借対照表（比較貸借対照表）にまとめます。

　次に今期の損益計算書、前期株主資本等変動計算書から修正すべき項目を確認します。

　(1) 当期に発生した減価償却費があるか

　(2) 当期末に当期未払法人税などが負債項目に計上されているか

　(3) 当期に債権の償却があるか

② 資金運用表の精算表の作成

　貸借対照表欄に比較貸借対照表の金額を転記し、各科目の増減額を増減差額欄に記入します。

　なお、資産の増加は借方、減少は貸方に記入し、負債と純資産の増加は貸方、減少は借方に記入します。

次に、前期末の剰余金処分の内容と修正仕訳の内容を修正欄に記入し、各科目の増減差額欄と修正欄を足し引きした結果を、流動資産、流動負債に属するものは流動資金（運転資金）欄に、固定資産、固定負債、純資産に属するものは固定資金欄に記入します。

流動資金（運転資金）欄と固定資金欄の合計は、正味運転資金欄に差額を入れて合わせます。両方の金額が一致すれば精算表は完成です。

③　資金運用表の作成

「資金の源泉」と「資金の使途」の各項目は、精算表の固定資金欄から転記し、「正味運転資金の増加の原因」の項目は精算表の流動資金（運転資金）欄から転記し運用表を完成させます。

・資金移動表の作成

資金移動表の作成手順は大きく4段階に分けられます。

①　比較貸借対照表と損益計算書から資金精算表を作成します。

ただし、資金運用表の精算表とは2つの点が異なります。

⑴　資金運用表では貸借対照表欄だけですが、資金移動表の資金精算表には損益計算書欄があります。

⑵　資金運用表では資金欄が運転資金と固定資金に分けられていますが、資金移動表の精算表では資金欄として一本化されています。

②　資金精算表をもとに資金移動表の経常収支の部をまとめます。

③　資金精算表をもとに資金移動表の経常外収支の部をまとめます。

④　資金移動表をまとめます。

・キャッシュフロー計算書の意味

キャッシュフロー計算書は、企業内部での資金管理に主に使用される資金運用表や資金移動表とは異なり、貸借対照表や損益計算書と同様財務諸表に含まれ、上場企業では外部に公表されるものです。

①　営業活動によるキャッシュフロー

本業によるキャッシュフローを表し、企業が外部からの資金調達に頼ることなく、営業能力を維持し、新規投資や借入金返済、配当金支払を行うために、どれくらいの資金を営業活動から獲得したかを示します。

②　投資活動によるキャッシュフロー

将来の利益や資金の獲得のためにどの程度の資金を支出したのか、また支出した資金をどの程度回収し、投資の成果として営業活動以外の活動の中からどの程度の資金を獲得したのかを示します。

③　財務活動によるキャッシュフロー

営業活動や投資活動を維持するために、どの程度の資金が外部から調達されたのか、また営業活動や投資活動により得られた資金からどの程度の資金が株主資本の提供者に返済されたかを示します。

| 中分類 | 28.4
グローバル展開関連の
資金繰り | 小分類 | 28.4.1
グループキャッシュ
マネジメント | 28.4.2
効率的資金管理 | |

【用語解説】

・グループキャッシュマネジメント

　　連結決算の対象となる企業グループでは、海外拠点を含めた連結ベースでの財務基盤強化を図るためにグループキャッシュマネジメントを導入し資金効率化を図ることがある。

　　グローバル展開関連の資金繰りに関して、各地域の為替管理と税制対応が必要になる。

【ポイント・留意点】

・CMS（キャッシュマネジメントシステム）

　　国内企業グループの全体の資金状況を一元的に管理するシステムです。

　　CMS は主に金融機関が提供しています。

　　CMS の主な機能及び期待できる効果は以下のとおりです。

①　プーリング機能

　　グループ会社の各拠点の銀行口座からグループ統括企業の銀行口座に余剰資金を集中させる機能です。グループ全体の金利の削減、対金融機関の窓口の一本化が図れます。

②　ネッティング機能

　　グループ会社間の債権債務を相殺して差額のみの決済を行う機能です。金融機関への各種支払手数料の削減が図れます。

③　支払代行機能

　　各グループ会社の取引先への支払、従業員給与等の支払を代行する機能です。

　　グループ全体の事務作業量の削減、対金融機関への交渉力の強化を図ることができます。

・GCMS（グローバルキャッシュマネジメントシステム）

　　グローバル展開している企業グループを対象にしています。

　　基本的な機能は CMS と同様ですが、一般的に地域ごと（アメリカ・カナダ、ヨーロッパ、アジア等）に、それぞれ地域統括財務会社を設立し、その地域でのグループ企業全体のグローバルキャッシュマネジメントを行います。

　　更に、地域統括財務会社の上部にグローバル統括財務会社を置き、グループ全体の資金効率化を図ることがあります。

【参考資料・法的根拠（条文）等】

「キャッシュマネジメント入門」（西山茂著・東洋経済新報社）

「トレジャリーマネジメント」（岸本光永、昆政彦、大田研一、田尾啓一著・中央経済社）

| 29 | **大分類** 29 | 資産流動化業務 |

| 30 | **大分類** 30 | 企 業 買 収 |

| 31 | **大分類** 31 | 会 社 分 割 |

| 32 | **大分類** 32 | 解 散 ・ 清 算 |

| 33 | **大分類** 33 | 株 式 公 開 |

| 34 | **大分類** 34 | 株式発行増資 |

| 35 | **大分類** 35 | 資 本 政 策 |

| 36 | **大分類** 36 | ストックオプション |

（解説省略）

【参　考】 金融商品取引法に基づく内部統制報告制度（J-SOX）の概要

　会社法や金融商品取引法の施行などを背景として、経理・財務実務に従事する人材には、経理・財務サービスの業務プロセスを実施していく上で、内部統制管理上のスキル向上が求められてきています。つまり、正確な財務報告の保全や健全な企業経営の堅持を阻害するどのようなリスクが存在し、それに対してどのような統制（コントロール）が必要となるのか、ということを理解しなくてはなりません。

　特に、金融商品取引法に基づく内部統制報告制度（以下「J-SOX」という。）は、ディスクロージャーをめぐる不適正な事例が相次いで発生し、企業における内部統制が有効に機能していなかったのではないかという声を受けて導入された制度であり、上場会社は財務報告に係る内部統制の有効性に関して経営者による評価と公認会計士等による監査が義務付けられています。以下では、経理・財務実務に従事する人材が理解しておくことが望ましい J-SOX の概要と基本的な用語を説明します。

【概要解説】

１．内部統制の目的及びフレームワーク

　内部統制は、下記４つの目的が達成されているとの合理的な保証を得るために、業務に組み込まれ、組織内のすべての者によって遂行されるプロセスであり、６つの基本的要素から構成されます（会社が「目的」を達成するためには、６つの「基本的要素」をすべて適切に整備・運用することが必要です。）。

〔４つの目的〕

(1) 業務の有効性及び効率性

　　事業活動の目的の達成のため、業務の有効性及び効率性を高めること。業務の効率性とは、組織が目的を達成しようとする際に、時間、人員、コスト等の組織内外の資源が合理的に使用される程度をいいます。

(2) 財務報告の信頼性

　　財務諸表及び財務諸表に重要な影響を及ぼす可能性のある情報の信頼性を確保すること。

　　財務報告は、組織の内外の者が当該組織の活動を確認する上で、極めて重要な情報であり、財務報告の信頼性を確保することは組織に対する社会的な信用の維持・向上に資することになります。逆に、誤った財務報告は、多くの利害関係者に対して不測の損害を与えるだけでなく、組織に対する信頼を著しく失墜させることとなります。

(3) 事業活動に関わる法令等の遵守

　　事業活動に関わる法令、基準等、自社内外の行動規範の遵守を促進すること。

(4) 資産の保全

　　資産（有形の資産のほか、知的財産、顧客に関する情報など無形の資産）の取得、使用及び処分が正当な手続き及び承認の下に行われるよう、資産の保全を図ること。

　なお、J-SOX における内部統制の範囲は主に上記(2)の財務報告の信頼性に関するものといえます。

〔6つの基本的要素〕

　　内部統制の基本的要素とは、内部統制の目的を達成するために必要とされる内部統制の構成部分をいい、内部統制の有効性の判断の基準となります。組織において内部統制の目的が達成されるためには、6つの基本的要素がすべて適切に整備・運用されることが重要です。

(1)　統制環境

　　組織の気風を決定し、組織内のすべての者の統制に対する意識に影響を与えるとともに、他の基本的要素の基礎をなし、リスクの評価と対応、統制活動、情報と伝達、モニタリング及びITへの対応に影響を及ぼす最も重要な基本的要素。

(2)　リスクの評価と対応

　　「リスクの評価」は、組織目標の達成に影響を与える事象について、組織目標の達成を阻害する要因をリスクとして識別、分析及び評価を行う一連のプロセス。「リスクへの対応」においては、リスクの評価を受けて、当該リスクへの適切な対応が必要なリスクについて、その回避、低減（→統制活動）、移転又は受容等、適切な対応を選択します。

(3)　統制活動

　　経営者の命令及び指示が適切に実行されることを確保するために定める方針及び手続き。

(4)　情報と伝達

　　必要な情報が識別、把握、処理され、組織内外及び関係者相互に正しく伝えられることを確保すること。組織内のすべての者が各々の職務の遂行に必要とする情報は、適時かつ適切に、識別、把握、処理、伝達されなければなりません。また、必要な情報が伝達されるだけでなく、それが受け手に正しく理解され、その情報を必要とする組織内のすべての者に共有されることが重要です。

(5)　モニタリング（監視活動）

　　内部統制が有効に機能していることを継続的に評価するプロセス。モニタリングにより、内部統制は常に監視、評価、是正されることになります。

　　日常的モニタリング：通常の業務に組み込まれた一連の手続きを実施することで、内部統制の有効性を継続的に検討・評価すること。

　　独立的評価　　　　：日常的モニタリングでは発見できないような経営上の問題がないかを、別の視点から評価するために定期的又は随時に行われるもの。

(6)　IT（情報技術）への対応

　　組織目標を達成するためにあらかじめ適切な方針及び手続きを定め、それを踏まえて、業務の実施において組織の内外のITに対し適切に対応すること。

　　なお、現在の国際的な内部統制の議論はCOSO報告書をベースにしているという認識から、「財務報告に係る内部統制の評価及び監査の基準」（以下「基準」という）においては、COSO報告書が掲げる内部統制の3つの目的と5つの基本的要素という枠組みを踏襲しつつ、わが国の実情を反映し、目的に「資産保全」、基本的要素に「ITへの対応」が追加されています。

2．J-SOXにおける評価の主な関係者と役割

　　一義的には経営者自らが評価を行います。ただし、経営者がすべての評価を実施するのは困難であるので、評価を行う部署を設置するか、自らの業務を評価することとならない範囲において既設の部署を活用することができます。外部監査人は経営者の内部統制の有効性評価に対して意見を表明します（ダイレクトレポーティング（外部監査人が直接内部統制の整備及び運用状況を検証）の不採用）。

3．J-SOX における評価の範囲、子会社等の内部統制評価結果の利用

　　評価は原則として連結ベースで行います。なお、子会社が上場している場合、及び持分法適用会社が上場しているかあるいは他の上場会社の子会社である場合は、当該会社の内部統制報告書を利用できます。また、在外子会社は、第三国の適切な内部統制報告制度を利用できます。

4．内部統制関連法

(1)　会社法（2006年4月～）

　　内部統制という単語そのものは使用されていませんが、大会社・委員会設置会社に「取締役の職務の執行に係る情報の保存管理、損失の危険の管理、取締役の職務の執行の効率的実施、使用人の職務の法令及び定款への適合、企業集団における業務の適正を確保する体制」という表現で、「内部統制システムの構築」について、取締役会あるいは取締役の過半数の決議により決定することを義務付けています。

(2)　金融商品取引法（2008年4月～）

　　以下の条文において、財務報告に係る内部統制の有効性評価・監査について規定しています。

＜第24条の4の4＞

　　上場会社等は、事業年度ごとに財務報告に係る内部統制（当該会社の属する企業集団及び当該会社に係る財務計算に関する書類その他の情報の適正性を確保するために必要なものとして内閣府令で定める体制）について内閣府令で定めるところにより評価した報告書（内部統制報告書）を有価証券報告書とあわせて内閣総理大臣に提出しなければならない。

＜第193条の2第2項＞

　　内部統制報告書は、公認会計士又は監査法人の監査証明を受けなければならない。

5．J-SOX 対応のための関連規程

(1)　「意見書」（2007年2月（2011年3月改訂）・企業会計審議会）

　　「財務報告に係る内部統制の評価及び監査の基準並びに財務報告に係る内部統制の評価及び監査に関する実施基準の設定について（意見書）」をいい、経営者及び監査人の双方に向けて公表された J-SOX の最も基本的なルールを定めており、「基準」と、「財務報告に係る内部統制の評価及び監査に関する実施基準」（以下「実施基準」という）の2部構成となっています。

　　　「基準」　　　：基本ルール
　　　「実施基準」：実務対応のための補足

　　なお2011年3月の改訂においては、評価範囲の明確化や評価手続きの合理化・簡素化等、企業の過度な負担を軽減する内容が盛り込まれています。

(2)　「内部統制府令／府令ガイドライン」（2007年8月／10月（2011年3月改正）・金融庁）

　　「財務計算に関する書類その他の情報の適正性を確保するための体制に関する内閣府令」及びそのガイドラインをいい、「内部統制報告書」の用語・様式・作成方法、外国会社・SEC 対応会社の特例を定めています。

(3)　「Q&A」（2007年10月（2011年3月改訂）・金融庁）

　　「内部統制報告制度に関する Q&A」をいい、寄せられた質問に対する金融庁の回答集（随時追加）です。

(4)　「実務上の取扱い」（2007年10月（2012年6月改訂）・日本公認会計士協会）

　　「財務報告に係る内部統制の監査に関する実務上の取扱い」をいい、監査人が行う内部統制監査の監査手続き・留意事項・監査報告書文例等をまとめています。

(5) 「システム管理基準追補版」(2007年3月・経済産業省)

　　「システム管理基準追補版（財務報告に係る IT 統制ガイダンス）」のことをいい、「IT への対応」を行うための参考情報として具体的対応事例等をまとめています。

【用語解説】

（内部統制全般に関わる基本用語）

・内部統制とは

　　内部統制は、「業務を遂行する上での規則やルールが存在し、規則どおり業務・活動が行われていることを確認する組織的なチェック等の各種活動」と定義できる。

　　その目的の面から、「企業が持続的に成長・発展することを目的として、業務を適正かつ効率的に遂行するために、経営者が自主的に社内に整備し、全従業員によって運用される体制及びプロセスである」ともいえる。

・三様監査とは

　　「内部統制の有効性評価」は全く新しい概念ではなく従来から日本の企業内にも「内部監査」という形で存在しており、公認会計士の実施する「外部監査」及び監査役の実施する「監査役監査」とあわせて、三様監査と呼ばれている。

①　内部監査（実施主体は企業内の監査部門）

　　一般的に内部統制の妥当性・適正性を評価する業務監査であり、経営者に報告される。

②　外部監査（実施主体は企業外部の公認会計士又は監査法人）

　　株主・投資家のために財務諸表の適正性を証明するもの。

③　監査役監査（実施主体は監査役）

　　主に取締役の職務執行が法令及び定款に違反していないかをチェックし、また会社の財務諸表の適法性を検証するもの。

・COSO 報告書とは

　　1992年、アメリカの COSO（トレッドウェイ委員会支援組織委員会）が作成した内部統制の基本的枠組みに関する報告書（1992年（2013年5月改訂））。

・職務の分掌とは

　　経営者においては、不正又は誤謬等の行為が発生するリスクを減らすために、各担当者の権限及び職責を明確にし、各担当者が権限及び職責の範囲において適切に業務を遂行していく体制を整備していくことが重要となる。その際、職務を複数の者の間で適切に分担又は分離させることが重要であり、これを職務の分掌という。

　　（例）・取引の承認、取引の記録、資産の管理に関する職責をそれぞれ別の者に担当させることにより、それぞれの担当者間で適切に相互牽制を働かせる。

　　　　・IT における IT 利用組織と情報処理組織の分離、情報処理組織内における開発部門、運用部門、ライブラリ部門の分離により、プログラム及びデータの保護についての体制を整える。

（J-SOX の規定に基づく用語）

・財務報告とは

　　財務諸表だけでなく、財務諸表の信頼性に重要な影響を及ぼす開示事項等（「財務諸表の表示等を用いた記載」及び「関係会社の判定、連結の範囲の決定、持分法の適用の要否、関連当事者の判定、その他財務諸表の作成における判断に密接に係る事項」）に係る外部報告をいう。

・**アサーション（内部統制上の要点）とは**

　適正な財務諸表を作成するための要件のことをいう。内部統制の整備及び運用状況評価の際に、どのような内部統制が必要かを整理・記載（通常、「リスクコントロールマトリックス」として整理する）する際に必要となる。

① 　実在性：資産及び負債が実際に存在し、取引や会計事象が実際に発生していること。

② 　網羅性：計上すべき資産、負債、取引や会計事象をすべて記録していること。

③ 　権利と義務の帰属：計上されている資産に対する権利及び負債に対する義務が企業に帰属していること。

④ 　評価の妥当性：資産及び負債を適切な価額で計上していること。

⑤ 　期間配分の適切性：取引や会計事象を適切な金額で記録し、収益及び費用を適切な期間に配分していること。

⑥ 　表示の妥当性：取引や会計事象を適切に表示していること。

　（例）

プロセス	勘定科目	アサーション	リスク
売上	売上高	実在性	架空売上が計上されるリスク
決算財務報告	売掛金	評価の妥当性	回収可能性に疑義のある債権の把握が適切に行われず貸倒引当金が過少計上されるリスク

・**全社的な内部統制とは**

　企業集団全体に関わり連結ベースでの財務報告全体に重要な影響を及ぼす内部統制のことをいう。

・**業務プロセス統制とは**

　業務を実施するための一連の流れのことを業務プロセスというが、その業務プロセスを構成する各種チェックや承認手続きなどがその目的どおりに機能するための統制のことを業務プロセス統制という。

　＜トップダウン型のリスクアプローチとは＞

　　業務プロセスについて内部統制の評価を行うにあたっては、まず全社的な内部統制を評価し、その結果に応じて業務プロセスについての内部統制の評価範囲や評価方法を決定する。全社的な内部統制の評価結果が有効でない場合は、その影響を受ける業務プロセスに関する内部統制の評価について評価範囲の拡大や評価手続きを追加するなどの措置が必要である。

・**決算・財務報告プロセスとは**

　他の業務プロセスの結果として得られる会計・経営情報を分析、評価、集約又は組み替えて、経営者が外部に報告するための情報を作成するための一連の流れのことをいう。個別財務諸表の作成、連結財務諸表の作成、開示事項等の作成が含まれる。

・**IT 統制とは**

　IT を取り入れた情報システムに関する統制のことをいい、位置付けから次の 3 つの統制に区分される。

① 　全社的 IT 統制

　　「全社的な内部統制」の一環として、全社及び連結グループ全体のレベルで行われる統制のことをいう。項目例としては、IT に関する戦略計画と組織、IT 内部統制方針、IT のリスク対応などがあげられる。

② 　IT 全般統制

　　IT に係る業務処理統制が有効に機能する環境を保証するための統制活動のことをいう。通常

複数の業務処理統制に関係する方針と手続きであり、IT 業務処理統制に関連する IT インフラ／IT 基盤（ハードウェア・ネットワーク・オペレーションシステムなど）を対象とする。項目例としては、システムの開発・保守に係る管理、システムの運用・管理、内外からのアクセス管理などシステムの安全性の確保、外部委託に関する契約の管理などがあげられる。

③　IT 業務処理統制

　　財務報告の信頼性を確保するために業務プロセス及びアプリケーションシステムに組み込まれた統制のことをいう。評価の実施方法の観点から次の２つに区分される。

　　a　コンピュータプログラムに組み込まれている自動化された内部統制
　　　　入力統制、自動処理、セキュリティ・アクセス制限、電子承認、システム間インターフェース
　　b　人手とコンピュータ処理が一体となって機能している内部統制
　　　　チェックリスト／レポートの出力⇒担当者によるリスト／レポートの利用による統制

・整備状況評価とは

　　会社に潜在する財務報告の虚偽記載が発生するリスクを低減するために対応する内部統制が社内に存在するかどうかを確認すること。運用状況評価に先立って実施する必要があるため、適用年度の前年度から適用年度の上期にかけて確認を行う必要がある。

・運用状況評価（テスト）とは

　　整備状況の評価手続きによって有効と判断された統制（コントロール）について、それらが対象期間中、継続的に適切に運用されているかどうかを検証すること。整備状況の評価では、１件のサンプルによって整備状況をいわば１時点でのみ定点観測するが、運用状況の評価では、そのコントロールが期間中継続的に運用されているかを評価するため、コントロールが対象期間内に実施される頻度に合わせて１件ないし複数件のサンプルを取得し有効性を判断する。内部統制の有効性評価基準日は通常期末日であることから、期末日前後に評価を行うことも可能であるが、不備が発生した場合の是正期間が短いことから、当該不備が残存する可能性が高まる。また、当該不備が内部統制上の開示すべき重要な不備につながるような場合には、特に是正期間が長期にわたることが想定されることから、期中の段階で適時適切に評価を行うことが重要である。

・内部統制の有効性評価基準日とは

　　内部統制が有効に働いているかどうかについては毎年評価を行うが、一定の基準日を設けて、内部統制の有効性を証明しなければならない。その基準日を内部統制の有効性評価基準日という。通常「決算期末日」とする。

　　評価において有効性を証明できない場合は「不備」とされるが、「基準日」までに「不備」の状況を是正し、再評価を行い「有効」とすることは認められる。是正できない場合は「基準日」における「不備残存」とされる。

・ロールフォワード期間とは

　　期中における内部統制の整備・運用状況の評価時点と内部統制の有効性評価基準日（＝決算期末日）までの期間のことをいう。期中で行った整備・運用状況の評価はあくまで期中の評価時点での結論であり、この結論を有効性評価基準日の結論に更新するための手続きすなわちロールフォワード評価が必要となる。担当者への質問等により、評価対象とした内部統制の整備状況に重要な変更が無いことが確認された時には、新たに追加的な運用状況の評価は必要としない。

・有効性の判断／不備の評価とは

　　期中における整備状況・運用状況の評価及びロールフォワード期間における整備状況・運用状況の評価の結果、決算期末日時点における財務報告に係る内部統制が連結グループ全体として有効か否かを結論付けること。

・「開示すべき重要な不備」とは

　内部統制の不備のうち、一定の金額を上回る虚偽記載、又は質的に重要な虚偽記載をもたらす可能性が高いものをいう。内部統制報告書にてその内容及び是正されなかった理由を開示しなければならない。金額的重要性及び質的重要性を判断することにより決定される。

① 　金額的重要性の判断

　　連結総資産、連結売上高、連結税引前利益など代表的な経営指標などに対する比率を用いて判断する。ただし、これら比率は画一的に適用するのではなく、企業の業種、規模、特性など会社の状況に応じて適切に用いる必要がある。

　　〔金額的重要性の判断基準値の例〕

　　　　連結税引前利益のおおむね５％程度（実施基準）

　　　　　→発見された不備の財務報告に与える影響額がこれを上回る場合、「開示すべき重要な不備」（＝「有効でない」）とされる。

② 　質的重要性の判断

　　・上場廃止基準や財務制限条項に関わる記載事項などが投資判断に与える影響の程度。

　　・関連当事者との取引や大株主の状況に関する記載事項などが財務報告の信頼性に与える影響の程度。

・索引の用語として、「分類とポイント・解説」中の大分類・中分類・小分類それぞれの見出し、及び「詳細解説」中の「用語解説」を採り上げています。
・「分類・番号等」に【用語】及び（内部統制）とあるものは、用語解説の掲載ページを示しています。
・その他のものは、「分類とポイント・解説」の掲載ページを示しています。

（使用例）
「売上高確定 …小9.2.2………… 91」 → 小分類の9.2.2、91ページの「分類とポイント・解説」を参照
「一時差異 ……【用語】…………144」 → 144ページの「詳細解説」中の「用語解説」を参照
「IT 統制 ………（内部統制）……361」 → 【参考】中、361ページの「用語解説」を参照

一般社団法人　日本 CFO 協会

CFO を育て、日本における企業経営の
グローバルスタンダードを確立する

　グローバル規模のビジネス競争が激化し、企業を取り巻く経営環境が一段と不透明さを増す中、会計の国際化への流れや企業の透明性を求める資本市場の動きは、本格的なコーポレート・ガバナンスの強化を日本の企業経営に迫っています。いかにして収益性を高め、資本市場への透明性を高めていくのか…経営環境や社会構造の変化に対応した経営モデルの再構築は、グローバル展開した企業経営のリスクマネジメント機能の強化とともに、日本企業の喫緊の課題となっています。

　こうした課題をクリアするには、市場・社会対応型の経営モデルをリードする CFO を育て、日本における企業経営のグローバルスタンダードを確立することが必要です。

　このミッションを実現するため、JACFO は国内外のネットワークから経営・財務に関する最先端の概念・手法を入手して調査・研究を進め、その成果を軸に教育プログラムを構築。経営・財務に関する高い技術と倫理観を持った CFO の育成に努めるとともに、CFO 機能強化のための支援活動を展開しています。

経済産業省「経理・財務サービス・スキルスタンダード」を活用した
会社「経理・財務」の基本テキスト

（著者承認検印省略）

平成16年12月10日　初　版第一刷発行
令和 5 年 9 月15日　六訂版第一刷発行

ⓒ著　者　　一般社団法人日本ＣＦＯ協会
　発行所　　税　務　研　究　会　出　版　局

週刊「税務通信」「経営財務」発行所

代表者　山　根　　　毅
郵便番号　100－0005
東京都千代田区丸の内１－８－２
鉄鋼ビルディング

乱丁・落丁の場合は，お取替え致します。　　印刷・製本　藤原印刷
ISBN 978－4－7931－2747－2